廣松思想の地平

「事《こと》的世界観」を読み解く

Hiyama Michihiko
日山紀彦

御茶の水書房

まえがき

本書は、いわば、「私の廣松哲学再入門」の書である。それは、廣松哲学の世界観の画期的な新地平、すなわち「事《こと》的世界観」のヒュポダイムにおける発想枠とその理論構図と論理構制に関する筆者なりの再確認のための覚え書きノートといってもよい。

筆者の主要研究テーマは、哲学的視角からの『資本論』研究を基軸とするものであるが、ある時期から〝物象化論を視軸とする『資本論』の読み解き〟から決定的な影響を受けるようになった。この影響は、いうまでもなく、かかる視座に立脚した『資本論』研究の意味と意義そしてその重要性を、哲学的論拠を明示しつつ初めて主題的かつ本格的に問題提起し、精緻な手順と方法でその理論的展開を図った廣松渉の研究を中核とするものであった。

こうした著者の〝物象化論を視軸とする『資本論』研究〟のプロセスにおいて、そのさらなる展開のためには、廣松の『資本論』研究をフォローするだけでは不充分で、彼の提示したマルクス主義研究の理論的基盤をなす哲学的世界観の新しい地平ないしはヒュポダイムの改めての再確認・再整理・再吟味が、筆者にとって必須不可欠の前提作業であることが自覚されてくるようになった。それまでの漠然としたレヴェルの廣松理論に関する理解では通用しないことがたびたび痛感させられる事態が増えてきたからである。

本書は、このような筆者の問題意識と理論的問題背景において、廣松のいう「近代的世界観を超克する事的世界観のヒュポダイム」およびその問題構制のより本格的な検討・吟味、そしてそれと通底している「マルクス主義の地平」の再確認、この二つの課題を軸とする筆者の廣松思想との悪戦苦闘の記録である。そこには、多くの誤読や歪曲や理解の浅薄さが多々存するであろうこと、これは筆者もよく自覚している。それにもかかわらず、本書のような理論水準での廣松理論の〝齧《かじ》り取り〟の苦闘の痕跡の記録であっても、今や忘れ去りつつあるといってもよい廣松思想に新たにアプローチしようとする人々や廣松批判の展開者に対しても、何ほどかの意義と役割を有するのではないかとの手前勝手な想いもあって、本書の公刊を決意した次第である。

本書の構成は以下のようになっている。「序破章」と「本論」と「補論」である。「本論」それ自体は三部構成になっている。

まず「序破章」においては、廣松渉の〝人と思想〟の概括的な全体像が提示されている。「本論」への道標をあらかじめ設《しつら》えて、その稜線を見やすくしておくためである。

「本論」の第Ⅰ部では、廣松の「事的世界観」における認識論・存在論の新地平が開示され、その哲学的な理論前提枠と構図および論理構制が検討されている。ここでは、いわゆる廣松の「関係の第一次性」のヒュポダイムに依拠した存在観および「四肢的構造連関」図式に基づく認識論の独自の理論的構図と論理構制が考察されている。かかる「認識・存在」論の画期的な哲学的地平が、近代的世界観の「主－客」図式を前提枠とする「物《もの》的世界観」の地平との対比を介して、それが近代的世界観を超克する新たな地平を含意するものであると主張される由縁の論拠が検討される。

「本論」第Ⅱ部では、同じく「事的世界観」に立脚した廣松の人間観・社会観・国家観の独自性・画期性が討究されている。ここでは、アトム的自我観、実体主義的・純粋個人主義的な人間把握を基調とする近代的人間観とそれに依拠した近代的社会観の止揚・超克を企図する廣松「人間・社会・国家」論の構図と構制が論究される。それは、すなわち、「社会的諸関係の総体」を本質的な存在基盤とし、それを反照する人間存在すなわち「社会的個人」という人間観とそれを基調とする「社会・国家観」の独自性・画期性の構図と論理の考究という形で展開されている。

第Ⅲ部では、廣松「物象化論」の哲学的地平が討究されている。ここ第Ⅲ部においては特殊な方式での議論展開が図られている。すなわち、ここでは、張一兵がその著作『マルクスに帰れ』において提起した廣松「物象化論」批判への反批判・反駁という形で、廣松「物象化」論における〈Sache〉・〈Versachlichung〉と〈Ding〉・〈Verdinglichung〉、これら両種のカテゴリーの概念規定の差異およびその世界的地平の次元の違いが考察される。廣松においては、前者は関係概念であり、後者は実体概念として規定されているが、その哲学的論拠が検討・吟味されている。それは、また、物議をかもした廣松の問題提起すなわち件の〝「疎外論の論理」を止揚する「物象化論の論理」の新地平〟を明るみに出し、かかる主張の論拠を提示することにもつながっている。

最後に置かれた「補論」では、「本論」で考察された廣松「物象化論」のマルクス主義思想における立ち位置と意義そして役割を吟味していく作業の一端という意味で、とりあえずマルクスからルカーチまでのマルクス主義「物象化論」の展開をスケッチしておいた。

以上が、本書の構成とその概要であるが、最後に改めて強調しておきたいことは次のことである。すなわち、本書において著者が主題としているものは、廣松のいう意味での「近代の超克」の問題意識とプロブレマティック（問題のあり方、問題の問題たる由縁、問題のなりたち・構制）を浮び上らせ、その上で彼が提示した新たなヒュポダイム（メタ・パラダイム、理論原理枠）の構図と論理の構制をえぐり出すことである。これを遂行すべく筆者は、廣松に倣って、彼の新たな世界観たる「事的《こと》世界観」の哲学的な論理の地平を、それが超克せんとする「近代的世界観」(「物的《もの》世界観」)との対比において浮び上らせる手法を採用している。すなわち、筆者は、「物的世界観」との徹底した理論的対決を図った廣松に倣って、それとの対比において「事的世界観」の問題意識や問題論的・思想史的な背景およびこの新しい世界観のヒュポダイムの理論的な構図と論理と原理を抽出し明確化したいとの企図をもって本書をまとめた、ということである。

本書におけるこうした意図が、換言すれば本書における筆者の試行錯誤の廣松理論のこうした読み取りが、果たしてどの程度成功しているかいささか不安ではあるが、読者の厳しい批判と御教示を俟ちつつ、本題へ立ち入っていくことにしたい。

廣松思想の地平　目　次

目次

（附記）

＊　本書における［　］内の記述は、著者自身の解説・解釈および補足である。

＊　本書における引用は、「私の廣松再入門」という本書の性格上、廣松渉自身の著作からの引用を主とし、他の研究者達による廣松思想の入門書・解説書・専門書の類は可能な限り避けることにした。また外国文献やマルクス・エンゲルスの著作からの引用も最小限にし、原書の頁付けも行っていない。著者の廣松からの読み取りを強調したいが故である。

また、廣松の著述からの引用も、読者の入手可能性を考慮して、文庫・新書類を中心にして、やむをえない場合に限って『廣松渉著作集』（岩波書店）および『廣松渉コレクション』（情況出版）および刊行本から引用することにした。

（凡例）

廣松渉の著書名は以下の如く略記する。

『地平』：『マルクス主義の地平』講談社学術文庫、一九九一（初出一九六九）
『存在構造』：『世界の共同主観的存在構造』講談社学術文庫、一九九一（初出一九七二）
『国家論』：『唯物史観と国家論』講談社学術文庫、一九八九（初出一九八六）
『構図』：『物象化論の構図』岩波現代文庫、二〇〇一（初出一九八三）

『前哨』：『事的世界観の前哨――物象化論の認識論的＝存在論的位相』ちくま学芸文庫、二〇〇七（初出一九七五）
『資本論哲学』：『資本論の哲学』平凡社ライブラリー、二〇一〇（初出一九七四）
「相対化」：「学問を相対化すること」（小林昌人編『廣松渉小品集』所収、岩波同時代ライブラリー、一九九六（当該論文初出一九八三））
『原像』：『唯物史観の原像――その発想と射程』三一新書、一九七一
『入門』：『新哲学入門』岩波新書、一九八八
『一歩前』：『哲学入門一歩前――モノからコトへ』講談社現代新書、一九八八
『読み返す』：『今こそマルクスを読み返す』講談社現代新書、一九九〇
『意味①』：『存在と意味――事的世界観の定礎　第一巻』（『廣松渉著作集　第十五巻』所収）岩波書店、一九九五（初出一九八三）
『成立過程』：『マルクス主義の成立過程』（『廣松渉著作集　第八巻』所収）岩波書店、一九九七（初出一九六八）
『理路』：『マルクス主義の理路――ヘーゲルからマルクスへ』（『廣松渉著作集　第十巻』所収）岩波書店、一九九七（初出一九七四）
『ヘーゲル／マルクス』：『ヘーゲルそしてマルクス』（『廣松渉著作集　第七巻』所収）岩波書店、一九九七（初出一九九一）
「考案」：「科学論の今日的課題と考案――近代知の構制の対自化と超克のために」（『廣松渉コレクション　第五巻』所収）情況出版、一九九五（初出一九八三）
『根本意想』：『マルクスの根本意想は何であったか』情況出版、一九九四
「弁証法的唯物論」：「弁証法的唯物論」（生松敬三・木田元・伊藤俊太郎・岩田靖夫篇『西洋哲学史の基礎知識』所収　廣松渉執筆項目）有斐閣ブックス、一九七七

廣松思想の地平

——「事的《こと》世界観」を読み解く——

序破章　廣松渉の人と思想

われわれは、まずここ［序破章］において、廣松思想の全体像を粗描しておくことで、以下の本論における叙述の内容の概略的道案内の道標をしつらえておくことにしたい。

A　廣松の生涯と思索

戦後日本の思想界において、一九六〇年代後半から九〇年代初頭にかけて、衝撃的な波紋を残して駆け抜けた廣松渉は、一九三三年八月に山口県山陽小野田町厚狭（現）に生まれ、一九九四年東大退官直後の五月に一〇有余年に渡るガンとの闘病生活を経て六〇年の生涯を閉じた。日本思想界における独創的な思索家たち、西田幾多郎・三木清・和辻哲郎・丸山真男等々と並ぶ二〇世紀最後の巨星のあまりにも早すぎる死であった。

幼少期、父親の勤務の関係で一時朝鮮ですごすことはあったが、一九四三年以降は父の実家のあった福岡県柳川市（現）で少年期をすごしている。十歳の時に父を亡くし、その後は母と妹の母子家庭生活となる。小・中学校時代は、いわゆる腕白少年・ガキ大将の評判をとっていたようだが、同時に早くもその知的偉才ぶりを発揮するようになる。周囲の影響もあって、小学六年生頃から「赤旗」や左翼的文献を読み漁るようになり、また物語り風の自然科学系の読みものにも強い興味を示していたという。

中学生時代からすでに廣松は、母親とともに地元の共産党組織とかかわりをもち、社会運動や農民運動にも参与している。因みに、廣松は、弱冠一六歳で異例の共産党入党を許されている。後年、共産党を離れる。一九四六年、廣松は地元の柳川伝習館中学（旧制・現高校）に入学し、いくつかの投稿論文もどきのものを書いている。しかし、当時の朝鮮戦争やレッド・パージ反対のビラまき運動で退学処分を受け、独学で一九五一年に大学検定試験に合格。二浪の後、一九五四年東京大学文科Ⅱ類に合格。

東大合格後、家計の逼迫・学費調達の事情もあって、一年間の休学後、一九五五年一家そろって上京。家庭教師等の多くのアルバイトをこなしながら学業・学生運動に邁進。一九五九年学部卒業後、大学院へ進む。一九六五年大学院博士課程修了後、名古屋工業大学（一九六五年）および名古屋大学（一九六七年）に職を得たが、一九七〇年に当時の全学共闘運動への連帯を表わして大学辞職。以降、執筆・講演・非常勤講師等の活動に専念しながら生計を立てることになったが、一九七六年東京大学教養部に再就職。以降、一九九四年三月の定年まで勤務。直後の五月二二日入院先の虎の門病院にて永眠。同月、東京大学名誉教授。(1)

廣松の思想家としてのデビューは、マッハの研究・翻訳は今別にして、一九六〇年代末から七〇年代初頭におけるアドラツキー版『ドイツ・イデオロギー』の編集に対するテキスト・クリティークに基づいた批判と独自の同書第一篇「フォイエルバッハ」の再編集そしてそれに依拠したマルクスの思想形成における「疎外論から物象化論へ」のヒュポダイム・チェンジに関する問題提起を契機とするものであった。これは、当時、一つの事件であった。それは、日本の思想界に大きな衝撃を与え、物議をかもした画期的な問題提起であった。この問題については、後段において触れることにする。

これを契機にして、いわゆるニュー・レフト系の理論家としての活躍が始まり、六〇年代末から死の直前まで、廣松の旺盛な著述と著作の刊行が続く。その成果の大半は『廣松渉著作集』（全一六巻、岩波書店）および『廣松渉コレクション』（全六巻、情況出版）に収められている。主著としては、いうまでもなく、彼がライフ・ワークとして全力を傾注した『存在と意味——事的世界観の定礎』である。この全三巻構成において構想された大著は未完のまま残され、生前には第一巻（一九八二年、岩波書店）と第二巻の一部（一九九三年、岩波書店）のみが刊行されるに留まった。

廣松思想の全体像を、その研究対象をメルクマールにして類別すれば、三つに区分できるであろう。第一は「独自の哲学理論構築」、第二は「マルクス主義研究」、第三はマルクス主義実践家としての立場からの「革命論・組織論・運動論」等の社会的運動・実践論の類の領域である。ここでは、第三領域に対する筆者の力量の乏しさもあって、前二者すなわち「廣松の哲学研究」と「廣松マルクス主義研究」に的を絞って、その大まかな構図を概説していくことにしたい。

B　廣松の哲学研究

われわれは、まず、「廣松哲学」の全体構図を概観することから始めたい。この作業は、さしあたって伝統的な哲学における領域区分に従って、廣松哲学における存在論・認識論・実践論の独自性の確認という手順で進めていくことにする。それも思想内容それ自体というよりも、その思想史的意味と意義の検討・吟味に主眼がおかれる。

因みに、廣松渉の哲学・思想を貫徹する根本意想は、「近代の超克」ということになろう。廣松の企図する「近代の超克」とは、近代ブルジョア・イデオロギーとして機能している近代的世界観の構えを歴史的な背景を視野に収めつつその哲学的地平を明るみに出すという基礎作業を介して、その根源的な止揚あるいは乗り超えを図るものである。戦前の多くの近代超克論が陥った単純な反近代主義・反合理主義あるいは神秘主義的ロマン主義・反知性主義への回帰——フランクフルト学派流にいえば神話と野蛮への回帰——への廣松の批判には厳しいものがある。そうした旧来の超克論を批判的に継承する廣松のそれは、きわめて精緻かつ厳格な論理的基礎づけに裏打ちされ、独自の理論構制に基づいて根拠づけ・権利づけが図られているのが特徴である。

このような意味と意義を有する廣松の近代的世界観の超克の企図をさらに立ち入って表示すれば、「物《もの》的世界観から事《こと》的世界観へ」ということになろう。主著『存在と意味』の副題が「事的世界観の定礎」となっているのはこのことを端的に物語っている。ここで強調しておきたいのは、廣松のこの理論作業とその成果は次節でのべる彼の「マルクス主義研究」と連動する形で遂行されたものであり、この相伴作業において廣松哲学理論は彫塑されていったということである。

（1）さて、われわれはまず廣松の「存在論」の独自性とその論理構制の画期性をみていくことにしよう。近代的世界観における存在観のトータルな止揚・超克を企図する廣松の構想は「実体主義的存在観から関係主義的存在観へのヒュポダイム・チェンジ」という提題において表わされる。廣松自身は、これを存在規定における「実体の第一次性に代わる関係の第一次性への転換」とも呼んでいる。われわれは、その具体的内実を明らかにすべく、ここでは

「自然観」を例としてみていくことにしたい。

近代的自然観の形成・確立は、バターフィールドのいう一七世紀科学革命において定礎される。それは、前近代的な自然観とは異質・異次元の自然了解の構図、廣松流にいえば理論構成上の前提たる「基幹的発想の枠組としてのヒュポダイム」の転換を意味していた。前近代的自然観においては、人間・自然・宇宙は融合的全一態として超越的な霊的生命力・神秘的呪力によって満たされ、生み出され、支配されていると了解されていた。いわゆるアニミズム的・呪術的・神話的自然観である。廣松のいう「生態学的自然観」である。これに対して近代的な自然観においては、自然界から一切の霊魂・呪力が追放され（Entzauberung）、自然は単なる物質から構成されている機械であり（唯物論的機械論）、それは力学的な因果の法則に基づいて運動し（因果論的自然観）、この運動は数式によって表現されるアプリオリな構造・秩序を有しているとみなされた（数学的自然観）。このような機械じかけの自然は、部品としての諸要素から組み立てられており（要素主義的自然観）、こうした物的諸要素はこれ以上は分割不可能かつ不易の物的な自存的単位成素としてのアトム的実体から構成されていると前提された（アトム実体主義的自然観）。こうしたヒュポダイム（メタ・パラダイム）に依拠した自然像の原理を廣松は「実体の第一次性」と呼ぶのである。

「実体の第一次性」あるいは「物的《もの》自然観」においては、上述しておいたように、自然は独立・自存・不変・不可分の物質的実体――現代物理学でいう素粒子ないしはクォーク――の合成物であり、このような物的実体がまず先在して、そうした諸実体項が第二次的に相互関係をとり結び複雑な自然物・自然界を構成すると考える。これに対して廣松の新しいヒュポダイム「関係の第一次性」の主張にあっては、自然界における全ての構成諸契機・諸物質項は、本質的・本源的に相互連関作用において生成・存立・変化しているのであって、相互関係から独立・自存の実体項なるものの措定はある特定の枠組による理論的処理（科学的分析）の産物であって、これを自然そのもののあり方の第一次的原基とみなすのは「取り違えQuidproquo」、廣松流にいえば「錯認・錯視」だということになる。自然を構成する諸契機は、自然の「場」の状態のなかで相互連関状態で生成し変化し、そして新たな関係諸項の生成とその相互連関の「全体的関係の場」の状態へと変動・転態していく運動の統一的・全一的なあり方の諸契機として存在しているのであり、この運動過程こそが第一次的な自然のあり方なのだというのである。「実体としての自然」ではなく「関係としての自然」、今日流にいえば「環境としての自然」あるいは「生態系としての自然」という了解のしかたである。「項」なるものは「実体項」としてではなく、「場における関係結節項」ないしは「環境的自然・内・諸項」という構えにおいて規定され措定さるべしというヒュポダイムに立脚した主張である。[2]

（2）さて、われわれは、次に廣松「認識論」の哲学的地平を概観していくことにしよう。廣松の認識論の画期性・独自性は、近代的認識観における「主－客」関係図式に代えて、認識の「四肢的関係構造」図式を提起したところにある。これをみていく前に、あらかじめ強調しておきたいことがある。それは、廣松においては存在論と認識論と実践論とは不可分一体のものであり、ここでの議論に即していえば世界の存在論的規定と認識論的規定とは切り離すことができない理論構制になっているということ、このことである。従って、ここでの「廣松認識論」の概説は、上述した「廣松存在論」と相関する「存在≈認識」論ないしは「認識≈存在」論の構図においてのべていかなければなるまい。[3]

近代認識論の構図においては、先の例でいえば、自然は人間にとって独自に自存する物的な外的対象であり、それは人間の認識はおろか人間自体の存否とはかかわりなく客観的対象そのものとして厳として存在しているとみなされている。それゆえ、認識とは、この人間から切断・分離された客体としての対象（自然）を、「精神」を有する唯一の存在＝人間（主観）が、「取り入れる」・「取り込む」あるいは前者が後者に「入ってくる」ことであるとされる。従って、「真理」とは主観があるがままの自然（客観）をあるがままに歪みなく「取り入れる」ないしは「写し取る」ということになる。これが「実在論的模写説」を典型とするような近代認識論の「主－客」二元関係構図に基づく三項図式（〈外的対象〉─〈意識内容〉─〈意識作用〉）の構制である。

それを批判する廣松の認識論においては、われわれに第一次的に与えられる自然の姿は、本源的にある意味づけ、ある表情を帯びた自然として現われてくる具象的自然それ自体であり、これを廣松は現相（フェノメノン）としての自然と呼ぶ。廣松にいわせれば自然科学でいう物理学的自然なるものは、実はこの現相的自然（原初的所与）を科学主義的分析理性の特殊な理論枠組による抽象化を介して、第二次的に理論構成されたものにすぎない。われわれと独立にある「裸の自然」としての実体的自然（客観的自然）がまずあって、次にわれわれの主観が第二次的にこれを取り入れる──もしくは入り込む──という先の構図（「主－客」構図）において認識が成立しているわけではないということである。「裸の自然を裸の眼であるがままに見る」ことによってまず第一次的な経験主義的感覚データ（基礎事実）が与えられ、次にわれわれの帰納的な判断・推理等の意識の機能を介してこれを加工・処理して客観的な実体的実在対象の措定を行うとする近代認識論の実証主義的科学主義の基本図式は転倒しており「錯認 Quidproquo」の産物だと廣松は批判するのである。廣松にいわせれば、人間の対象認識のあり方は、本源的・本質的に「〃〈所与〉を〈所識〉〈意味〉〃として」あるいは「〈所識〉としての〈所与〉」を構成的に認知するという構制となっており、これこそが人間的認識の始源的かつ原理的構造なのだというのである。そしてこれが廣松のいわんとする人間の認識の「対象規定」における二肢的二重性の構造を表わす範式なのである。

重要なことは、廣松のこの認識論ヒュポダイムにおいては、対象の存在規定は主観の側の意識の働きとは独立・無縁の客観的な対象そのもの、あるいは裸のあるがままの実体的実在対象の規定とはなっていないし、そのような主観とは独立の実体的自然なるものは規定しようがないということである。

それでは、次に「所識としての所与」たる対象を認識する主観の側のあり様と働きは、どのようなものとして規定さるべきであろうか。近代認識論がいうように、純粋コギトとしての主観の意識の働きが件の「意識内に取り込まれたあるいは入り込んだ対象」の写像を成立せしめているのであろうか。しかしながら、廣松流にいうと、現相としての上述のごとき対象を覚知するのはもちろんわたし個人であるが、それは実は「歴史的・文化的存在者としてのわたし」という身分・資格においてである。例えばノート上〈BOOK〉という字体（線軌跡）を「本」としての英単語「BOOK」の意味で理解して認識できるのも「英語の知識のあるわたし」であるからだ。わたしが「〈日本人〉としての〈わたし〉」だからこそ鶏の鳴き声を「コケコッコー」として聴き取りできるのであり、決して「クックルードゥドゥー」とは聴き取ることはないのである。廣松のいう「〈われわれ〉としての〈われ〉」ないしは「cogito als cogitamus」という主観の共同主観的存在構造とはこの間の事情をさすものなのである。こうした諸個人の意識の二肢的二重性あるいは「共同主観的な主観性」を廣松は「能識者（われわれ）としての能知者（われ）」と呼ぶ。

かくして、人間が「認識するとはどういうことか」という問いに対して、廣松は「私のコギトの働きが外的対象を意識内容として取り入れる」という「主‐客」図式に立脚した近代認識論の件の三項図式の根源的批判とその超克を企図した「四肢的構造連関図式」をもって答えたのである。すなわち「認識する」とは「〈所与を所識〉として〈能知者が能識者〉として判断する」ということ、別様にいえば「〈能識者として能知者〉が〈所識としての所与〉を覚知する」ということであると答えるわけである。これが廣松「存在≈認識」論あるいは「認識≈存在」論における「能知‐能識＝所与‐所識」の四肢構造といわれるものである。

改めて強調しておく。この廣松の四肢構造論的「認識≈存在」論においては、人間にとっての認識と存在とは切り離すことはできない関係論的な構図と規定になっているということである。因みに、廣松の主著『存在と意味』第一巻が「認識的世界の存在構造」と題されているのもこのコンテキストにおいてであり、そこで展開されているのはまさに上述してきた廣松「認識≈存在」論を基調とするものである。(4)

（3）最後に、われわれは、「廣松実践論のヒュポダイム」をみていくことにしよう。実践論における廣松の近代主義の超克は、かの「役割行為論」において遂行される。そこにおいては、人間の行為の原基的なあり方は、近代的実践論が前提とするようなアトム的個人の主体的意志行為としてではなく、本質的・本源的に、「社会的に個人的な行為」あるいは「間主体的に主体的行為」として措定されている。すなわち、ある社会的諸関係の総体的編制のうちに投げ込まれている諸個人の行為は、その社会に固有の生活様式における「対自然－対他者」相互関係行為の一環として「共同主観的・間主体的 intersubjektiv な構制」において営まれているということである。つまり、主体的個人行為がまずあって、次に他者の主体的行為と第二次的に相互関係がとり結ばれるというのではなく、諸個人の行為は本源的に社会関係行為として営まれているということである。

このような諸個人の行為のあり方は、社会的・文化的・歴史的な拘束と規制を身に被っているばかりでなく、その都度他者からの要請・期待に応ずる構え（受容・拒否）において営まれているということ、すなわち「対他－対自＝対自－対他」もしくは「対自－対他＝対他－対自」的相互関係構造において遂行されているということである。このような人間の行為の構え、すなわち他者からさしむけられた期待への対応行為のあり方を廣松は「役割行為」と呼ぶのである。人間の行為の論理的・原理的な規定である。この役割行為は、社会的相互関係行為・間主体的行為であり

「対自－対他」的期待対応行為である以上、相互的な「共軛性」に裏打ちされていることを廣松は指摘する。しかしながら、その都度その都度の状況に応じてフレキシブルに遂行される共軛的に各自的な役割行為も、その総社会的生活過程においてはルーティン化・パターン化（物象化）されている。この諸個人の役割行為の社会的定型化・固定化の機制（しくみ・メカニズム）として、廣松は諸個人のその都度の行為遂行において負荷されてくる正・負のサンクションによる深層心理的条件反射のそれをとりわけ注視している。いずれにせよ、こうした社会的物象化を介した諸個人の営為のルーティン化・安定化・固着化に基づく行為の範型化・コード化を彼は「役割の役柄化」ないしは「役割行為の役柄行為化」と呼ぶ。この役柄行為の機能的社会編制において諸個人の立ち位置が「地位 status」や「部署 position」へと制度化（物象化）され、役柄行動としての重畳的・重層的な固着化・類型化が進展していくのである。かくして、「私」は日常生活においては、妻に対しては夫として、息子に対しては父親として、学生に対しては教師として、その都度の地位と部署に応じてそれにふさわしい特殊歴史社会的意味づけを内包している「役柄行為としての役割行為」を各々が具体的に遂行しているわけである。

以上が廣松のいう「役割行為論的論理構制」の概略構図である。これは、マルクス物象化論を拡張しつつ、マルクスが本格的には立ち入ることのなかった広義の「実践的世界の存在構造」――『存在と意味』の第二巻の題目――の分析のための基軸としての認識論・存在論を統合する「実践論ヒュポダイム」の定礎を企図するものであった(5)。

C　廣松のマルクス主義研究

（1）さて、われわれは、今や、廣松の「マルクス主義研究」の領域に立ち入っていくことにしたい。廣松の「マルクス主義研究」の根本意想は、さしあたっては一九六〇年代当時のマルクス主義の二大潮流であった正統派マルクス主義（科学主義的マルクス主義）および西欧マルクス主義（人間主義的マルクス主義）に対する両刀批判にあった。この批判の基軸は、両マルクス主義においては、マルクス・エンゲルスが彼らの時代の支配的な世界観として機能しその役割を担っている近代的世界観そのものを「トータルに相対化しつつ、それを超克しうべき新しい視界を拓いている」ことが等閑視というよりも看過されていることへの批判に据えられている。換言すると、「マルクス主義が資本主義体制の根底的な止揚を響動しうる所以」であるところのメタ準位での理論根拠をなす「マルクス主義の地平」の看過こそが二〇世紀マルクス主義の閉塞状況を招来せしめた元凶だという批判である。

それでは、彼らが切り拓いた「マルクス主義の地平」とは何か。それこそが、廣松用語でいえば既述の「事《こと》的世界観の地平」すなわち「関係論的存在観」・「四肢構造論的認識≈存在観」・「社会的役割行為論的実践観」およびそれらを基盤とした「物象化論の論理構制」に依拠した世界観上のヒュポダイムである。ここでは、マルクスの思想に焦点をあてて、廣松のマルクス主義研究の視軸をなす「物象化論の論理」をみていくことにしたい(6)。

（2）まず、廣松の初期マルクスの「自己疎外論」に対する批判に関してであるが、その眼目はしばしば誤解されてきたように、マルクスの当該社会における人間疎外の告発およびその克服の主張を否定するものではない。人々の類的生活における主体的な自己実現と社会解放を志向する諸営為とその成果が、現実の社会的生活過程においては人間から外在化し疎遠化して逆に人間を制御・支配するものへと転化し、諸個人の非人間化を余儀なくたらしめているという意味での「人間疎外」をいうのであれば、それは後期マルクスまで終始一貫している発想であり問題意識であった。このことは廣松自身も明確に認めている。後期マルクスも、例えば『経済学批判要綱』等々において、「疎外」という語を使用しているが、それは初期マルクスにおける用法とは異なっており、いわゆる社会現象における人間存在の非人間化現象あるいは人間にとって疎遠な状況の出来《しゅったい》を告発・非難するレトリックとして用いられているのであり、初期マルクスにおける哲学的内容を有する「疎外論の論理」を根拠とする論理の構制に基づく批判を意味するものではない。このことは、既に、何人かの研究者も指摘していることであるが、ここでは立ち入らない。

廣松が批判しているのは、このような日常的に理解されている意味での疎外論の問題意識や発想に対してではない。その批判は、資本制生産様式を基幹とする社会においては、かかる人間疎外の立ち現われは「なぜ・いかにして・なにをもって」生じ存続するに至っているかの解明は、一八四四年の『パリ手稿』時代の「疎外論の論理（理論装置）」においては不可能であったという批判である。事実、若きマルクスはこの『パリ手稿』の段階においては人間疎外の根拠づけに失敗し、その論究を中断し放棄を余儀なくされたのではなかったのかという指摘と批判である。

廣松が強調してきたのは、この問題の理論的解決は、マルクスのその後の思想的格闘（『聖家族』等）を経て、古典経済学研究の進展（「ブルッセル・ノート」および「マンチェスター・ノート」）・フォイエルバッハ的唯物論ののりこえ（「フォイエルバッハ・テーゼ」）を介し、エンゲルスとの共著『ドイツ・イデオロギー』において定礎された「物象化論の論理」をまって初めて可能となったという事態である。留意さるべきは、廣松のいう「疎外論から物象化論へ」というのは、俗流解釈とは違って、正確には「疎外論の論理構制から物象化論の論理構制へ」のヒュポダイム・チェンジということであり、それはマルクスの思想形成過程において、彼が立脚していた世界観の地平あるいは哲学的ヒュポダイムの論理構制が、乾坤一擲、革命的飛躍あるいは転換をとげたということを意味するものである。

それでは、このマルクスの新たな弁証法的な方法論的視座とその論理構制を含意する「物象化論」の論理と『パリ手稿』における「疎外論」の論理とはどこがどう違うのであろうか。「疎外論の論理」においては、件の人間疎外とは諸個人の主体的諸営為が客体的なものへと転化することによって生ずる現象――「主体の客体化」・「人格の物（象）化」――をいうのであり、それは「疎外された労働」の帰結ということになっている（自己疎外論）。また、この疎外された労働の結果が分業とされ、後期のマルクスとは構図が逆になっている。さらに、「なぜ・いかにして・なにをもって」疎外された労働（主体の客体化）が帰結してくるのかという肝心の問題へのアプローチもつめられてはいない、というよりつめることができなかった。しかも、こうした方法的視座と論理によって導出される人間疎外とは要するに、超歴史的・形而上学的な「人間の本来のあり方」あるいは「人間の本質」なるものが歪められることで人々は非人間的生き方を余儀なくされてしまっているという論理構制に陥っており、この疎外からの回復もこれまた「人間の本質」なるものの回復すなわち「客体の主体化」・「物象の人格化」という逆方向の主・客の相互転化の論理によって構想されていたにすぎない。こうした若きマルクスの疎外論の理論構図は、当時のドイツの思潮や彼の属していた青年ヘーゲル派の思考様式の影響にもかかわらず、基軸としては近代主義的世界観の「主－客」関係図式の大枠に収まる構図になっており、この段階の疎外論においては「疎外された労働」自体が、『ドイツ・イデオロギー』で定礎されるに至る視座、すなわち当該社会の分業的社会関係の物象化的編制に由来することの理論的把握の方法的視座はいまだ顕在化する準位に達していないというのが廣松の判定である。

以上、要するに、『ドイツ・イデオロギー』以降のマルクスの物象化論の理論装置においては、関係主義的な人間観・社会観・歴史観を根拠にして、諸個人の自由な営為の社会的な物象化・外在化（Versachlichung・Entäußerung）とその自律化の機制と構造成態化の構制が理論的に解明されうるに至り、そうした社会的構造成態化がそこに「内・存在」する人々に対して疎遠な対象として立ち現われるだけでなく、それが人々を支配していく運動の論理が定礎されるに至ったというわけである。これが廣松のいう「疎外論から物象化論へ」の提題の内実である。[7]

「歴史・内・存在」という構えをとる諸個人のいわゆる「被投企的投企」としての意識的行為は、無媒介的にではなく、その本質的で本源的な相互作用連関（「対自然－対他者」相互行為連関）の総社会的運動過程において具現される。重要なことは、こうした社会的統合化の編制に際してのいわば動力学的なベクトル合成化の機制を介した「特種的綜合化」・「構造的全体化」の運動における社会的物象態の外在化である。こうした社会的物象化の運動プロセスが、これまでの歴史において人々の意識や行為から独立したいわば「社会的な自然史的過程」という物象の相において現われ、逆にこの社会的物象態が人々を制御し支配してきたのである。廣松は、こうした物象化された社会および歴史の構造的存立性とその構造変動の運動の根拠とメカニズムを、マルクス理論そのもののなかに見出し発掘してみせたのである[8]。

（3）贅言たるを厭わず、マルクスの思想における「物象化論の論理構制」を視軸にしてマルクスを具体的に読み解いてみせた廣松の画期的なマルクス解釈の一例を、廣松の『資本論』の独自的にして画期的な読解に即して、ここでは〈物象〉概念に定位してごく簡単に紹介しておこう。廣松はいう。マルクスにあっては「商品」は「物 Ding」ではなく「物象 Sache」である。使用価値物としての財は、さしあたっての規定としては、「物」である。しかしながら商品とは特殊歴史的な社会的諸関係の総体的編成における「物としての財」の特殊な形態規定であり、当該の社会関係の反照規定において存立する特殊的歴史的な「社会的財の形態」である。マルクスが繰り返しのべる「商品・貨幣・資本は物ではなく社会関係である」という提題は、このことをいうのである。マルクスの強調する商品のみならず価値もまた Ding（実体概念）ではなく Sache（関係概念）であるというのはこの意味である。こうした「物象」（関係態）を「物」として実体化して把えるのは「取り違え Quidproquo」すなわち「錯視」であり、これこそが「物神性の秘密」の根拠をなすものである。廣松がマルクスの今日風にいえば「物象化論」を重視するのはそのためである。因みに、廣松の「物象化的錯視」という用語には、われわれにいわせると二つの次元における三つの意味が孕まれているが、ここでは立ち入らず後段において考察することにする。

「商品」規定に立ち戻っていえば、それは使用価値物としてはDingである。しかしながら、その価値物としての規定においては物の規定ではない。それは、財の総社会的な交換関係において規定されて生成・存立する社会的関係性・社会的普遍性を表示する社会的抽象態・物象態としての規定なのである。諸物の社会的関係規定なのである。社会的抽象態としての「価値」なるものは、それ自体としてみれば、廣松もいうように、イレアール・イデアールな存在性格を有する社会的普遍態なのであって、従って不可視で非計量的な存立態（Bestand）なのである。「商品」とは、「〈価値〉としての〈使用価値〉」あるいは「〈使用価値〉としての〈価値〉」として、使用価値に価値が受肉した「レアール・イデアール」な二肢的二重性の相において存立している特殊歴史的な社会的財のあり方なのである。それは廣松流にいえば、「価値的意義態が物的実在態に受肉した財的用在態」として存立している社会的物象態なのである。重要なことは、この使用価値への価値の受肉を介して初めて、不可視にして計量不可能な商品価値は可視化され計量化されうることになるということである。ある商品の価値（社会関係規定）は、社会的商品交換関係のなかで、他の商品の使用価値の物としての大きさでもって媒介的にしか表示され得ない。この価値の社会的媒介表現を特権的に有する商品が「貨幣」なのである。件の「価値形態論」における価値の生成と存立と表現の論理および貨幣生成の論理の考究は、まさにこうした「商品世界における物象化論の論理の構制」において初めて充全に読み取り可能となったのであり、また逆に「価値形態」論こそこの物象化の論理の読み取りを明らかにしうる端緒をなす個所でもあったのである。因みに、廣松の「商品世界の物象的存立構造」における「四肢構造論」もこれに依拠するものである。商品世界においては、人々のとり結ぶ社会関係は直接的な相互関係つまり「人格的依存関係」としては具現しない。それは、商品（物象）と商品（物象）との社会的交換関係において、つまり「物象的依存関係」を媒介にして間接的に実現される。ここでは、人々は「〈商品生産者・所有者〉としての〈諸個人〉」として、「〈価値〉としての〈使用価値〉」を相互に生産・交換することで生活の基盤を確保しているのである。これが廣松が『資本論』から読み取った「商品世界の物象的な四肢的存立構造」論の基軸をなすものである。こうした「物象化論の論理の構制」すなわち「物象化論のヒュポダイムの枠組・構図・構造範式」は、廣松において初めて本格的に討究されるようになったといっても過言ではあるまい(9)。

D　廣松思想との出会い

最後にここで、補論の形で、筆者と廣松渉との出会いに関してごく簡単にしるしておきたい。本書における筆者の廣松に対する立ち位置と姿勢とを表明しておくことも必要かと思われるからである。

私が廣松の名前を耳にしたのは七〇年代初頭であり、院生時代であった。当時の私にはその内容がよく理解できずほとんどきちんと読むこともなかった。ヘーゲル研究で名高いある東大教授が「廣松のマルクス解釈は才気あふれておもしろいが、マルクスその人の解釈としては誤っており、自分の見解を強引にマルクスにあてはめ再構成したものにすぎない」と批判していたが、私もそのように考え、その後も廣松理論に関与することはなく、あっても耳学問をこえるものではなかった。

廣松理論に遅まきながら関心をもつきっかけとなったのは、一九八三年の「マルクス没後百年」の記念講演会で彼の講演を聞いた時であった。彼の話がおもしろかったのと、「これだけ騒がれているのだから、まあ読んでおいても損はしないよ」との知人のすすめもあって読み始めたのが実情である。相変わらず難解でしばらくは消化不良の状態が続いたが、そのうち読書の進行につれて、これまでの解説書や研究書では不満足であったり、従来はほとんど問題にされないか、あるいは立ち入って考究されてこなかった問題群を含め、自分がこれまで懐いていた『資本論』解釈上のいくつかの疑問点解消のためのヒントを与えてくれるようになった。それだけでなく、彼の議論における厳密な論理と精緻な権利づけ・根拠づけにも感心した。独自の確固とした弁証法的な立証手続と手順に基づいたその理論構成、そしてそれに基づくマルクス読解も納得できるようになった。その読み解きに「目から鱗」の思いも何度か体験した。こうした経緯をへて、筆者の廣松との本格的な格闘が始まり今日に至っているわけである。筆者はその出会いと格闘の軌跡の一端を、次章以下で、彼の哲学理論に焦点をあててのべていきたいと企図しているわけである。

さて、少々場違いかと思うが、廣松思想の二一世紀的意義と課題についての筆者なりの見解を先取りしてのべておきたい。本書における廣松思想に対する筆者のスタンスを、あらかじめ示しておくことで以下の展開における筆者の企図を了解しておいて欲しいからである。

かつて、後期サルトルがマルクスを評して次のようなことをいったことがある。「その時代の状況が乗り超えられていない以上、マルクスの思想は今日でもいまだ乗り超え不可能である」と[10]。

このことばは廣松渉にもあてはまるであろう。廣松が対峙した歴史と思想の情況がいまだ乗り超えられていない以上、彼が提起した理論的プロブレマティックとそれとの対決を企図した新たな理論構制（ヒュポダイム）の提示はいまだ乗り超えられてはいないと筆者は考える。

今日の思想界は混迷と閉鎖の状態を脱してはいない。その打開の方途はカオスの状態にある。マルクスを始めとする先人たちの苦闘とその成果を継承しつつ、その拡張を企図した廣松の近代ブルジョワ的世界観の止揚・超克に向けた思想的投企は、まさに二一世紀の日本の思想界においてのみならず世界の思想史的課題として今もわれわれにつきつけられている挑戦状でもあろう。未完の形で残された廣松思想の全体像を、われわれはどのように継承・補完・拡張し、どのように展開することでこの挑戦に応ずべきか、ささやかながらも筆者は本書においてこの問題意識を自己流に展開していきたいと願っているわけである。

以上がわたしにとっての廣松思想の概観図である。本書においては、「まえがき」でのべておいたように、廣松理論の哲学的地平、それもいわゆる「存在論」・「認識論」・「物象化論」およびそれに依拠した「人間観」・「社会観」のみが取り扱われる。「実践論」・「歴史観」およびわたしにとっての本来の研究領域である「マルクス主義哲学・社会思想に関する主題的研究」とりわけ『資本論』研究に関しては、副次的にしか取り扱われていない。それらに関しては、別書を期すことにする。

註

（1）廣松渉の生涯と思想の概要に関しては、主として以下の著述を参照。
『戦後思想の一断面　哲学者廣松渉の軌跡』、熊野純彦、ナカニシヤ出版、二〇〇四
『哲学者廣松渉の告白的回想録』、小林敏明、河出書房新社、二〇〇六
『再発見 日本の哲学　廣松渉――近代の超克』、小林敏明、講談社、二〇〇七
『廣松渉 哲学小品集』：「Ⅴ そして自分のこと」、小林昌人編、岩波書店同時代ライブラリー、一九九六

「年譜」小林昌人 作成（『著作集⑮：存在と意味①』所収）岩波書店

（2）廣松「存在論」の独自性・画期性に関しては、第Ⅰ部の第一章のC、および同・第三章において立ち入って考究される。

（3）われわれが本書において用いている廣松流の「存在≈認識」論という表記における〈≈〉記号に関して、ここで先取り的に寸言しておきたい。それは、廣松のいうマルクスの新たな世界観の地平においては、認識論と存在論とは不可分一体の統一的契機をなすものであって、近代的世界観の地平における「主‐客」図式が原理的に前提としている認識論と存在論の二元性の構図に対する根源的な批判的超克の企図が孕まれているものなのである。廣松は、例えば、『前哨』の副題を「物象化論の認識論的≈存在論的位相」としているが、ここではわざわざ〈≈〉という記号を用いている。しかしながら、この著の二〇〇七年の文庫版（ちくま学芸文庫）への所収に際しては、この〈≈〉は〈＝〉に変えられている。その経緯は不明だが、廣松の企図を生かすには〈≈〉の方が適しいのではないか。

（4）廣松「認識論」の独自性・画期性に関しては、同じく第Ⅰ部の第一章のB、および同・第二章において立ち入って考究される。

（5）廣松「実践論」とりわけその「役割行為論」に関しては、先述しておいたように、本書では主題的には扱われない。この問題に関しては、さしあたっては彼の『入門』第三章および『越境』そして何よりも『存在と意味』第二巻が重要となる。因みに、廣松による「マルクス物象化論の拡張」および廣松自身の「物象化論」の展開における独自の企図をなすものは、マルクス物象化論の自然・歴史・意識・行為の領域への拡張・再構成であるが、とりわけその中核をなすものは「人間的行為とその社会的編制」における物象化論の拡張・展開にあったとみてよい。それは、役割行為論を核とする廣松実践論の理論的整備と拡充に基づく「実践的世界の形成と存立」の機制と構造を明るみに出し、その制度的世界の存立構制――『存在と意味』の第二巻第三篇のテーマであったが未完に終わった――を人々の歴史社会的実践的営為の物象化の論理構制に依拠して定礎することを企図するものであった、といってよかろう。さらには、廣松は、それを展開・拡張して、第三巻は「上部‐下部」構造の社会的全体化の運動に基づく「文化的世界の存在構造」ないしは歴史的「生活世界の総体の存在構造」の定礎を展望していたのではなかろうか。

廣松は次のようにいっている。「著者［廣松］としては、……マルクスの業績を継承的に拡張しつつ、『制度』の物象化、『規範』の物象化、『権力』の物象化、ひいては『技術』『芸術』『宗教』などの物象化をも射程に収めようと図る」。それは、また「家族・社会・民族・国家」といった次元だけでなく、「規範」それも「習慣や習俗から道徳を経て法にいたる一切の規制的有意義態を念頭において」、「要言すれば、一切の経済的・社会的・政治的・文化的な歴史的形態《ゲビルデ》の物象化を、統一的な視座、統一的な原理、統一的な方法のもとに論究しようと志向する。この志向の故に、著者の場合、『役割論的構制』を導入することが不可欠の戦略的要件となる」と。（『構図』三四八頁）

(6) 廣松「マルクス主義研究」に関しては、彼の最初の問題提起の著作『地平』が問題構制の概略図を提示する書として重要である。因みに、廣松「マルクス主義研究」とりわけ『資本論』研究は筆者の主要研究対象・領域に属するものであるが、『資本論』研究そのものは、既述しておいたように本書では主題的には扱われない。

(7) 廣松のいう物議をかもした件の「疎外論から物象化論へ」の問題構制に関しては、上記の『地平』「第四部 第八章 『疎外論』から『物象化論』へ」の他に『構図』の「I．第三節 疎外論の止揚と物象化論」および『原像』「第一章 第三節 疎外論から『物象化論』の地平へ」がとっかかりとしてはわかりやすい。

(8) こうした廣松の歴史・社会をめぐる「物象化論」に関しては、本書の第I部の第三章のC・D、および第Ⅲ部において立ち入って考究される。

(9) 廣松における『資本論』における「価値論」および「抽象的人間労働論」と物象化論をめぐる問題も本書においては主題的には取り扱われない。さしあたっては、廣松の「商品世界の物象的な四肢的存立構造」論に関しては『資本論の哲学』「第二章 三 価値的諸関係の『四肢的』存立構造」を参照されたい。因みに、筆者もこの問題を『「抽象的人間労働」の哲学』（御茶の水書房、二〇〇六年）で扱ったことがある。乞う！参照。

(10) サルトルは、このことを次のようないい方をもってこのことを言明している。「わたしはマルクス主義をわれわれの時代ののりこえ不可能な哲学とみなしている……。」（『方法の問題——弁証法的理性批判 序説』平井啓之訳、人文書院、一九六二年、六頁）その上で、さらに続ける。「デカルトとロック、カントとヘーゲル、最後にマルクス……この三つの哲学は、それぞれ順番に、すべての個々の思想をそだてる腐蝕土となり、すべての文化の地平線を限るものとなって、これらの哲学がその表現に他ならぬ歴史的契機がのりこえられない間は、のりこえ不可能なものとなる。……〈反マルクス主義的〉議論はマルクス以前の観念の明らかなむし返しにすぎないものである。マルクス主義の〈のりこえ〉を自称するものは、悪くするとマルクス以前の思想へのあと返りになるし、よりよい場合にも、のりこえたと信じられた哲学のなかにすでに含まれていた思想の再発見にしかすぎない」と。（同上書、一六頁）

第Ⅰ部　「事《こと》的世界観」における「認識≈存在」観の新地平

第一章　廣松「認識≈存在」論の構図と論理

われわれは、先の「序破章」での廣松思想の概括的全体像の概説を承けて、それを再説しつつ敷衍する形で、ここ第Ⅰ部ではまず、廣松哲学における認識観・存在観が立脚している世界観的地平の基本構図と論理構制を今少し立ち入って素描しておくことから議論を再展開していくことにしたい。既にのべておいたように、われわれが本書で主題的に考察していきたいのは、彼の「哲学理論」の基軸的企図をなす「近代の超克」の基本的な理論構図とその論理構制である。このいささか誤解を呼んできた廣松の「近代のトータルな超克」という理論的な営みを概観すべく、ここではまず彼の哲学的世界観の存在論・認識論の地平に焦点を絞って、その独自性・画期性を再確認していくことにしたい、ということである。われわれは、これを、できるだけ廣松自身からわれわれ流に学んだものをわれわれ流に咀嚼した言葉で浮き彫りにしていきたい。そのためにも、さしあたってここ第一章においては、われわれは、「近代的世界観の超克としての事的世界観の定礎」という廣松哲学の問題提起の企図するところのものとその視座に論点を絞って、廣松の「認識≈存在」をめぐる統一理論の具体的内実の全体像を概観的にスケッチしておくことにしたい。その上で、次章以下（第二章・第三章）において、認識論と存在論との個々の理論領域における思想史的・問題論的な背景とそこから廣松が読み取ったプロブレマティックを〝入門・案内〟風に、提示していくことにしたい。

A 「事的世界観」の問題論的背景

さて、廣松は、われわれの時代の哲学的課題に関して、様々な箇所で様々な表現を用いて提示しているが、その骨子を要約的にいえば凡そ次のようになるであろう。「所謂『近代的世界観』の抜本的な再検討とそれに代るべき革《あたら》しい世界観の構築が哲学界の課題となって既に久しい。しかし、記すまでもなく、これは至難の大事業であって、新しい世界観の体系的確説は一朝一夕にして成ろうはずがない。哲学徒の苦渋にみちた模索行は猶暫く続くことであろう[1]」。廣松の「近代的世界観の超克」とはこのような企図を出立点とする。そのためには、さしあたって「哲学がこの数十年しかるべくして陥っている閉塞状況を打開するために……、近代哲学の問題論的基盤と構制そのものを予め自覚的に問い返しておくことが必須の前提となる[2]」。廣松のみるところ、「人類文明はかなりの以前から世界観次元でのパラダイムの推転局面――十七世紀におけるいわゆる近代的世界観への転換期に次ぐ新たな現代的世界観への転換期――を即自的に径行しつつある。茲に胚胎している新しい世界観的パラダイムを対自化し、可及的に定式化すること、これが哲学の今日的一大課題[3]」になっている。このような問題意識に立って、ある一定の世界観上の地平において構築される〝学問的な知〟のあり方に関連させて上述の課題を言い換えると、「『近代知の構制』の自覚的把握と批判的超克[4]」ということになろう。廣松のみるところ、知の混迷と行き詰り状況ないしは閉塞状況は、何も哲学の領域に限られたものではない。いわゆる人文科学・社会科学の諸学においても同様であり、自然科学においてすら事態に変りはない。つまり、廣松の時代診断によれば「人類文化は、この半世紀間、学問的停滞期の袋小路に入り込んでいるように見受けられる[5]」。剴切にいえば、今日の諸科学は、理論原理上の深い危機のなかに閉塞する状況に陥っていると論定しても決して過言ではないということである。今、自然観の基礎的理論構図枠の転換ということに定位していえば、なるほど今日の科学・技術の実情をみれば、科学理論の実用化・技術化の領域ではまさに日進月歩の進展がみられる。また科学理論の専門諸領域においても、新事実の発見、データの蓄積、理論の修正的精緻化の進捗は目覚しい。しかし、基礎理論あるいは理論の原理レヴェルにおいては、「相対性論や量子力学のごとき革命的な新理論はこの半世紀絶えて登場していないのではないか？　人文科学においても社会科学においても、この半世紀間、革命的な新理論と呼べるほどのものは登場していない。近代自然科学を先導する基軸的分科であった物理学は、素粒子論の現状にみるように全く危機状況に陥っている。経済学の危機が叫ばれ、数学の危機すら叫ばれているのが昨今の情況である。そして、哲学の危機は何よりも深い」[6]。

しかし、「学問が基底的な次元で閉塞状況に陥っている現在の時期は、しかし、見方を変えれば、諸学が飛躍的な新展開を遂げる前夜にあると言うこともできる」[7]。つまり、「旧来の学問が行き詰まり、新しい学問的パラダイムが先駆的に登場しはじめている」ような時期にわれわれは際会しているともいえよう。それは、後段でみていくように、前近代的な生物態的自然観に依拠した中世のスコラ的自然像から、ケプラー、コペルニクス、ガリレオ等の営みを経て「十七世紀科学革命」において定礎されたデカルト・ニュートン的な自然観・自然像（機械論的・数学的・要素還元主義的なそれ）への根源的な転換――クーン流にいえばパラダイム・チェンジ――に対応するような学知の歴史的転換期にわれわれはいるのではないか、ということである。つまり、自然把握のみならず、人間・社会・歴史等々の把握をめぐる「新しい学問の地平が革命的に拓かれつつある」過渡期としての現代、廣松のいう「近代的世界観の超克」の企図はこのような知をめぐる時代診断と問題意識を背景として、独自の問いのたて方に立脚しているのである。

さて、上述しておいたように、廣松の仕事の基軸的な課題の一つは、デカルト以来の近代的な世界観の地平をトータルに止揚する新しい世界観の方法論的視座とその論理構制の定礎、すなわち新たな世界観上のパラダイム・チェンジないしヒュポダイム・チェンジの遂行にあった。このような営みは決して目新しいものではない。しかし、廣松の独自性は、この新しい世界観――デカルト以降、今日迄、科学や日常的ものの見方・感じ方・考え方・行為様式の基幹をなしている近代的世界観と対比してわれわれ流にいえば現代的世界観――を廣松は自らの言葉で「事的世界観」と呼び、近代的世界観のそれを「物的世界観」と対句的・相関的に用いながら、その画期的な理論的地平の精緻な論理的基礎づけを図ったところにある。彼は、この「事的世界観」における「存在≈認識」論の鳥瞰的概略図を次のような表現で描き出している。

著者が先学の正負の遺産に定位して模索してきたのは、「事的世界観」とでも呼びうる観方に照応する新しい世界了解の構図と枠組である。それは、認識論的な射影においては従前の「主観－客観」図式に代えて四肢的構造の範式になって現われ、存在論的な射影においては、対象界における「実体の第一次性」の了解に代えて「関係の第一次性」の対自化となって現われる。(これは理論の次元でいえば、同一性を原基的とみる視点に対して差異性を根源的範疇に据えることを意味し、また、成素複合型に対し函数聯関型の構制を立てる存在観となり、因果的説明原理に対し相作論的記述原理を立てる所以となるが、ここでは詳しく立ち入るに及ぶまい)。認識論的射影における間主観的四肢構造といっても所謂存在関係がそこに含まれ、存在論的射影における関係の第一次性といっても所謂認識関係がそこに含まれることは附記するまでもない。が、事的世界観の本諦はかかる射影――これはあくまで哲学的伝統と関連づけて講述するための便宜にすぎない――の原姿であって、そこにおいては、いわゆる存在論的・認識論的・論理学的諸契機が統一態をなしている。(8)

近代的世界観（「物的世界観」）を止揚・超克する廣松のいう「事的世界観」のパラダイムの骨子は、ここに濃縮的に素描されている。われわれは、これを、われわれ流に解読し、次章以下の論考への先取り的要約ないしは導入を兼ねて、ここで簡潔に言及しておくことにしたい。

B 「事的世界観」の認識論的構制

まず、認識論的局面における近代の超克の構図から始めよう。近代的世界観すなわち廣松のいう「物《もの》的世界観」における認識論の構図のとり方であるが、そこでは一方には意識を有する人間が独立・自存の実体的認識主観として――コギト的認識主観か超越論的なそれかは別として――措定され、他方には主観とは独立した自存的対象が実体的客観として措定される構図となっている。ここでは認識とは、主観（人間）が客観（対象）を何らかの形で取り入れる・取り込む、ないしは客観が主観のうちに入り込むという構制で成立すると考えられている。これが、近代的な認識観における「主観‐客観」図式である。認識とは主観（人間）と客観（対象）との二つの実体の二項関係を原基的構図として成立している、ということである。このような構図において、近代特有の意識観（意識の各自性・本源的同型性・透明性）あるいは件の「意識内在性の命題」が出来し、さらにはまた認識の三項図式＝「客観（対象）‐認識内容（観念）‐主観（意識作用）」が派生してくるわけである。

「事的世界観」の側からいわせれば、この「物的世界観」における認識の「主観‐客観」関係構図は――ことがらの簡略な概括的・初歩的説明としてはともかく――人間的認識の本質を捉え損ねている、ないしは先験的図式で錯視しているということになる。人間的認識とは主観が客観を写し取る、ないしは構成する、あるいは直接把持するという在り方で成立しているのではない。誤解を招く比喩かも知れないが、それは、歴史的・社会的・文化的に形成されて諸個人にインストールされているそれぞれの時代に固有の特殊歴史的な認識の基本マトリックスを、諸個人固有のやり方で内面化しつつこれを操作し、対象をこの基本ソフトを用いて情報処理して各自的に構成していくというあり方として理解されるべきである、というのである。人間は、意識においても行為においても、純粋個人・実存的単独者としてのあり方をしているのではない。本質的・本源的に「社会的な個体存在」＝「〈われわれ〉としての〈われ〉」というあり方をしているのである。ここに「物的世界観」と「事的世界観」とにおける人間観の決定的な違いがある。そこから認識（「知る」）とは、コギト的主観・アトム的自我（「知る者」）が、彼らとは独立に客観的に存在する対象（「知られるもの」）を模写・構成・取込むことで成立するのではなく、「〈われわれ〉としての〈われ〉」が「対象を所与の基本ソフトを用いて所識として情報処理」するところに成立するということになるのである。それは、「知る者」と「知られるもの」との統合的四肢的構造函聯態として、関係論的構造において成り立っているのである。動物ならいざしらず、人間が人間となったということは、その認識がこのような共同主観的・間主観的（intersubjektiv）なものとして、固有に「所与を所識として構造化（等値化的統一）」ないしは「所与と所識の象徴的統合化」されたレヴェルの認識水準に至ったということである。

以上を、改めて要約的にいえば、次のようになる。「主－客」の二項的実体関係図式に仮託していえば、能知主観（知る側）はアトム的コギト実体として存在しているのではなく、歴史・社会的認識ソフト＝認識パラダイムを操作する諸個人（諸主観）として、廣松流にいえば「能識者としての能知者」として存立しているのである。「日本人としてのわたし」には、犬の鳴き声に由来する空気振動が耳に入った時、先にものべておいたようにそれは「バウアウ」ではなくて「ワンワン」として、鶏の場合は「クックルールードゥ」ではなくて「コケコッコー」として情報処理され、解読・意味づけられて現われるというわけである。

このことは、所与対象＝客観の側の契機に即していえば、所与の犬が発した物理的所与＝空気振動を、「それ以上」・「それ以外」の「ワンワン」という音声として聴取し、さらにはこれを「犬の鳴き声」として了解するということである。この「知られる側」の事態を廣松は「所識としての所与」（犬としてのこの個体）として意味づけられて規定されるとする。要するに、廣松の認識論的＝存在論的な理論構制において鍵鑰をなすものは、「所知がその都度所与以上のものであること、レアール・イデアールの二肢的な構造成態であること」、また「能知がその都度人称的誰某以上の共同主観的或者［日本人としての私］であること、レアール・イデアールの二重的構造成態であること」[9]、この点の理解にある。このような視座と論理と理論枠から人間的認識の構制を省察してみる時、認識とは主観と客観の二項間の外的関係としてではなく、〝「所与を所識」として「能識者としての能知者」〟が解読するという「函数態的連関構図」になっている、というわけである。これが、廣松のいう「能知－能識＝所与－所識」（もしくは「所与－所識＝能知－能識」）という認識の統合的・統一的な構制における「四肢的相互媒介的存立構造」成態をいうのである。

廣松は、われわれにとって、さしあたり素朴に現前《フォルコメン》してくる現相的分節態に定位しつつ、以上の如き事態を次のように概括する。

> ……現相世界の現前《フォルコメン》は四肢的連関態の一総体によって媒介的に支えられているのであり、現相世界の現前という事態は四肢的構造成態なのである。現相世界が能知的主体に現前するという事態を、われわれは、「現相的所与」が「意味的所識」として「能識的或者」としての「能知的誰某」に対妥当すると言い、現前の対他者性・対自己

性を明示するさいには「意味的所識」が「現相的所与」に即して「能識的或者」としての「能知的誰某」に帰属すると言う。また、現相の能知による被媒介性を明示するためには、「能識的或者」としての「能知的誰某」が質料的契機たる「現相的所与」に形相的契機たる「意味的所識」を向妥当せしめると言う。われわれは、これを簡略化して「与件」が「或るもの」として、「或る者」としての「誰か」に現前するGegebens als etwas vorkommt jemandem als etwemと標記する場合もある。……われわれは「意識」の、剴切には「現相」現前の、原基的構造範式として、……「現相的所与」が「意味的所識」として「能識的或者」としての「能知的誰某」に対妥当するという両つのレアール・イデアールな二肢的成態の連関、都合、四肢的な構造的連環態を挙示する。そして、この四肢的構制態をわれわれは「事」と呼ぶ。[10]

C　「事的世界観」の存在論的構制

さて、われわれは次に、廣松においては「認識論」とは不可分・一体の論理構制契機にある存在論的射影における「物的世界観」の超克に基づく「事的世界観」の定礎に関してみていくことにしよう。廣松はこれを先述したように、「実体の第一次性」に代えて「関係の第一次性」への存在了解への転換とフレーズ化している。これは、世界のあり様、ないしは「ものごと・できごと」を独立・自存・不易の実体的諸項の複合的総和として了解する近代的世界観の存在了解の批判的超克を企図するものである。これまた誤解を招きやすい稚拙な例であることをいとわず、実証主義的合理主義もしくは科学主義的実証主義に依拠する「自然」了解を俎上にあげて対比的に説明していくことにしよう。

「事的世界観」の立場からいえば、自然のものごと・できごととは、「物的世界観」に立脚した近代科学主義の理論前提枠によって了解されているように究極的な物質的実体たる素粒子やクォークの如きアトム的実体成素の複合およびそれらの離合・集散によってでき上っているわけではない。「事的世界観」のパラダイムからすれば、近代科学のいうこれらの究極的な物質的諸単位要素は独立・自存・不易の実体ではない。また、この先在する実体項たる窮極的な物質的粒子が相互に複雑な関係を結ぶことで様々な物的存在物ができ上り、それらの粒子の離合・集散によってものごとの生成・変化・消滅が起こるわけではない。これらの諸項は本質的・本源的に、序章でも既述しておいたように「場の状態における相互連関」を前提にして生成・変化するのである。基本的な実体的素粒子が独立にかつ先在的にあって、それがビック・バン以降に様々な形で結合・変化して諸物が生成・展開してきたわけではない。かのビック・バンによる場の創発に相即して、また引き続いて、その宇宙場の状態と相関的に、件の基本的な諸素粒子が本源的・本質的に相互に関係する諸項として生成し、しかもこれらは本源的な相互依存・連関において生成・展開してきたし、またしていると了解されるべきである。地球の誕生もしかりである。地球は独立・不変の実体項として先在していたわけではあるまい。宇宙的場の特殊な状態、そこにおける特殊な項的関係状態において生成・変化してきたし、消滅していくのではないか。地球場における生命の誕生も、人間諸個体も、諸項の諸関係の総体の織りなす特殊な場の状態において初めて生成・存在可能となり、今もなっているのではないのか。自然を一つの動態的な生態系として了解・把握するということは、そういうことではないのか。

廣松の誤解されやすい「実体の第一次性」に代わる「関係の第一次性」の存在了解は、このような内実を有するものである。これを論理的次元での存在論的な原基規定として言い換えれば、存在の窮極規定を独立・自存・不易の実体的同一性を前提とし、そうした実体を根拠に据える立場から、運動・変化の過程的状態における関係する諸項の差異性——現象する実体の存立根拠としての差異性——を根拠に据える存在観の転換を意味する。従って、われわれに立ち現われてくるものごと・できごとの生成機序と存立構造の了解のしかたは、成素複合型——窮極的実体項（基本成素）の集計的総和・複合として了解する立場、すなわち要素還元主義的な機械論的存在了解する立場——から、函数聯関型——存在を全一的運動として、その運動場において生起するないしは生起している諸関係の全一的状態を「確率変項を含む多価函数的連続観」において了解する立場——へと転換せしめられている、ということである。前者の一義的・一価函数的（＝機械論的）な存在観を超克する弁証法的存在観へのパラダイム・チェンジである。そこから、世界の因果的説明原理から相作論的記述原理への転換が要請される。前者は、運動・変化を実体的諸項間に外的に作用する原因とそれに由来する結果との関連相において把え、この因果関係を時間の前後における「質点の位置移動」に収斂させて説明する。後者は、運動・変化を原理的に相互作用として了解する。この相互作用は、①時間的に同時である。前者のように、作用と反作用とを時間的に前後する因果作用として了解する立場とは決定的に異なる。そしてこれは、②実体的二項間とその延長線での相互作用ではなく、「場の諸項関係の全一的状態」において作用している運動として了解・記述される。変化は、ある全一的状態の別の全一的状態への変化として解読される。これが廣松のいう「因果論的説明原理」に対する「相作論的記述原理」の骨子である。[11]

D　「事的世界観」の「認識≈存在」論的構制

ここで先取り的に強調しておきたいことがある。それは、廣松における存在論と認識論と実践論との弁証法的統一にかかわる問題である。廣松にあっては前二者は実践論上の契機として統合される態のものであるが、ここでは彼の「実践論」は措くことにして、廣松理論における存在論と認識論との不可分離的統一性について寸言しておく。先にのべておいた廣松のいうところの人間的認識の四肢的構造成態すなわち「能知・能識＝所与・所識」の構図からもわかるように、ここでは、世界のあり方は「所与・所識」成態として与えられるわけであるが、この存在の立ち現われは「能知・能識」すなわち認識のあり方と本質的・本源的に相関的である。わ
れわれにとって
の世界は認識主観とは独立に客観的対象として厳然と実在しているわけではない。近代の「主－客」関係図式では、対象は主観とは独立に実在しており、科学とは、このあるがままの裸の実在対象をあるがままに裸の眼で把えることによって真理を獲得するとされてきた。しかし、この近代科学流の構図にあっては、われわれにとっての（われわれに立ち現われてくる）直接的所与＝第一次的所与は「意識内容＝観念」ということになり、客観的自然それ自体、すなわち「物それ自体」はいかにしても与えられないということになる。これが、いわゆる近代認識論における件の「意識内在性の命題」による客観的実在把握の原理的な破綻の論理的根拠の一つをなすものである。これは、二〇世紀の自然科学の内部において「観測問題」ないしは「観測者問題」としてより複雑かつ本格的なテーマとして新たな現代科学理論上の深刻な課題として再浮上することになる。因みに、科学知の出発点たる裸の事実＝データなるものが、われわれの認識とは独立の客観的なものではないことは、N・ハンソン等のいう「事実の理論負荷性」の命題が二〇世紀科学論に与えたショッキングな問題提起となっただけでなく、科学史・科学哲学における「二〇世紀的転回」をうながすものであったことは忘失されるべきではない。それは、また、二〇世紀科学論におけるスキャンダルと揶揄されることもあったのである。因みに廣松も「現代科学論」のある個所で批判的にこの問題に言及しているが、いずれにしても「事実」なるものは本質的に理論負荷的であること、すなわち「事実」の確定には認識論上の基本パラダイムの負荷がかかっ

ているということは、存在論と認識論とは不可分離であって本質的・本源的な相互被媒介的連関をなしているということである。T・クーンのいう「パラダイム・チェンジ」論のいわんとするものもこれにあたる。上述しておいたように、廣松が「認識論的射影における間主観的四肢構造といっても所謂存在関係がそこに含まれ、存在論的射影における関係の第一次性といっても所謂認識関係がそこに含まれる[12]」とはこの謂いである。

さて、われわれはここで、これまでの廣松の「物的世界観」の相対化の作業を介した「事的世界観」の骨格を概観してきたわけであるが、くどいようであるがこれを要約的に再確認すべく、今少し廣松自身をして語らしめておこう。まず、廣松は近代的世界観＝「物的世界観」に立脚する「世界像」に関して次のようにいう。「旧来の物的世界像というのは、世界すなわち全存在界を諸々の『物』から成っているものと感ずる世界像の謂いであって――但し、『物』とは狭義の物質的物体とは限らず、『事』との対比における広義の『もの』の謂いである――、それは詮ずるところ、実体主義的世界観と相即する。この世界観にあっては、まずは独立自存する存在体（実体）が在って、それら実体が諸々の性質を具備し、相互に第二次的に関係を結ぶ、という描像になる[13]」と。

これに対し、事的世界像にあっては、――われわれの日常意識においては、なるほど「実体的な自存項が在ってはじめて事後的に関係が成立する」ように見え続けるにもかかわらず――「いわゆる実体は関係的規定性の反照的〝結節〟であって存在論的《オントローギッシュ》には独立自存体ではないこと、自存的実体なるものは物象化的錯認に基因するものであって関係規定性こそが第一次的存在であること[14]」、この事態が「実体主義的既成観念を内在的に批判しつつ」基礎づけられていく。簡約化していえば、「物」は「事」の反照規定であるということ、「物」の実体化は「事」の物象化的錯視Quidproquo に由来するものであるということである。「因みに『事』というのは、事件や事象の謂いではなく、それの物象化に俟って初めて時空間的な event が現成し、また、その構造的契機の物象化によって「物」（広義の「もの」）が現成するごとき或る基底的な存在構制であるのだが——、さしあたり物的世界像の実体主義との相違という視角で言えば、一種の関係主義的存在観であると言うことができる。関係主義は、いわゆる物の〝性質〟はおろか〝実体〟と目されるものも、実は関係規定の〝結節〟にほかならないと観ずる。この存在観にあっては、実体が自存して第二次的に関係し合うのではなく、関係規定態こそが第一次的な存在であると了解される[15]。廣松の場合、「関係の第一次性というのは、……『事』としての関係性が汎通的・根源的な存在規定であることを表明するものである[16]」。

先述しておいた廣松の言説、すなわち「従来〝認識論の構図的大前提〟をなしてきた『主観－客観』図式を芟除《せんじょ》すべく、認識的世界の如実の四肢的存在構造を究明し、それに基いた新しいパラダイムのもとに『認識論のアポリア』を打開しつつ、認識のいわゆる間主観的＝共同主観的妥当性《ギュルティッヒカイト》を権利《ベレヒティゲン》づけ、『事的世界観』の基底的構図《ヒュポダイム》をひとまず認識論的に定礎」しようという企図は、この「主観－客観」図式は「実体主義的世界像に由来するものであって、この前提図式こそがこれまで認識論［およびそれに相即する存在論］を理路閉塞《アポリア》に陥れてきた〝元凶〟である[17]」とする論判に基づいていたのである。

以上が、廣松がいう「事的世界観」の世界把握（「認識≈存在」論ないしは「存在≈認識」論）の要諦であり、近代的世界観すなわち「物的世界観」の分析的把握とその批判的超克の論理構制の概要である。廣松は既述しておいたように、こうした認識論と存在論との不可分離性ないしは統一的統合性を表示すべく「認識≈存在」論という表記をもって表現している（『前哨』）。この〈≈〉という記号の含意するものをわれわれは看過すべきではないことをここでも改めて強調しておきたい。

さて、それでは、以上のべてきたような廣松の哲学理論とマルクス主義論に通底している「近代的世界観の超克」の意想は、二一世紀の歴史的現状においていかなる意味と意義を有するものであろうか。あるいは、また、かかる内実を有する廣松理論とそのマルクス主義論は、はたして二一世紀的有効性を有するものであろうか。

われわれとしては、まさに二一世紀こそが、この「未完の近代の超克のプログラムの完遂」が求められている時代だと診断する。それは歴史的な現実と理論の双方から要請されている緊急の課題となっていると考える。例えば、エクスターナルな視点からいえば、二〇世紀が生み出し、積み残し、今や喫緊の解決が求められている諸問題、例えば、環境問題の深刻化およびグローバリゼーション・バイオテクノロジー・情報テクノロジー等のもたらした事態の革命的な進展と日常生活への侵入・汎化は、われわれの生活世界のあり様を一変させ、今や政治・経済・社会・文化の諸現象を地球的規模での相互連関作用相で全体的かつ統合的に把えることが要請される時代に入っている。文字通り地球は一つという世界史の新段階にある。そこでは、全体化された関係論的視点、相互依存連関の相で事態を捉えることが求められ、必須化してきている。

このような時代背景にあって、理論内在的なインターナルな視点からみても、従来の実体論的・要素還元主義的あるいは原子論的発想に依拠する近代科学主義流のアプローチでは、現今の諸問題に理論的にも十全に対処できない状況が輩出してきている。実際、二〇世紀に現われたいくつかの新理論は、近代的世界観の発想と理論枠に入りきらず、むしろ原理的にそれとは異質なパラダイムに立脚したものが陸続と現われているのではないか。相対論、量子論はいうに及ばず、昨今の宇宙論、生命論、生態学、環境学、複雑系理論さらにはシステム論、現象学、構造主義、ゲシュタルト心理学、精神分析学、等々は、何らかの形で科学的合理主義ないしは分析理性の実体主義的発想枠や論理構制と異質な、あるいはこれを超える関係主義的－物象化論的な契機を孕む新たな地平を切り拓いてきているのではないか。以上が「認識≈存在」論をめぐるわれわれの暫定的で先取り的な結論である。

註

(1)『前哨』、〇〇九頁。
(2) 同上書、〇一七頁。
(3)『意味Ⅰ』、xv 頁。
(4)「考案」、一九六頁。
(5)「相対化」、一六〇頁。
(6) 同上書、一六〇－六一頁。
(7) 同上書、一六一頁。
(8)『前哨』、〇一〇－〇一一頁。
(9)『意味Ⅰ』、一九九頁。
(10) 同上書、一九八－九九頁。
(11)『前哨』、〇一〇頁。
(12) 同上。
(13)『意味Ⅰ』、xii 頁。
(14) 同上書、xiii–xiv 頁。
(15) 同上書、xii–xiii 頁。
(16) 同上書、xviii 頁。
(17) 同上書、xvii–xviii 頁。

第二章　廣松「認識論」の前哨

われわれは、先の「第一章」において、廣松による近代的世界観の超克に向けた新たな存在論・認識論の全体的な理論構図あるいは鳥瞰的な理論前提枠を粗描しておいた。以下の第二・三章では、これを踏まえて、この廣松の新たな存在了解・認識了解あるいは「存在＝認識」論の内実を、伝統的な哲学の区分に従って認識論と存在論とに分離して、より具体的にその問題論的背景を含めてわれわれが了解し得たところを開陳していくことにしたい。

この作業において、われわれは、資料としては廣松の難解にして複雑に入り組んだ高度の理論的専門書は避け、彼の一般読者を対象とした入門書レヴェルのものを対象として解読していくことにしたい。「新書」類・講演・対話・事典の類を中心とした比較的にわかりやすい資料である。とはいえ、これらもまた、相当に難解な廣松特有の文体・用語・論理構成となっているため、われわれもまた頭を悩ませ内容理解に苦しんできたところのものである。この難解さゆえに、われわれは自己了解あるいは再確認の作業として、しつこい程の自己解読の繰り返しを重ねてきたし、これからもしていく所存である。誤読とのありうべき批判を恐れず、とにもかくにも、われわれ流に廣松から学び得たもの、あるいは継承すべき課題と受けとめた問題のありかと構図と構成とを、前章の内容を下敷きにして、これを敷衍する形でわれわれ流の解読を展開していくことにしたい。

さて、廣松の問題提起の基軸が、近代的世界観の理論前提枠としての近代的パラダイムもしくはヒュポダイムのトータルな乗り超えという理論的な構えに据えられているため、われわれの日常的・常識的・通念的な発想や理論図式を前提にすると容易には理解不可能な提題が多々あり、それがまた廣松理論の誤読や誤解さらには無理解・無視につながってきた。こうしたこれまでの経過もあり、われわれとしては、ここでは、われわれにとっては常識視されてきたし今もされている近代合理主義的・科学主義的・実証主義的な世界了解や理論地平との対比において、これまでの議論との重複をいとわず論を展開・構成していくこととしたい。このことによって、廣松の提起し続けてきた「近代的世界観のトータルな乗り超え・止揚・Aufhebenとはどういうことか」という問題提起の企図が、たとえ初次的であっても、認識論および存在論のそれぞれの領域における問題性に即してよりよく理解されうるであろうからである。

というわけで、われわれは、ここでは、まず、「第一章」での議論の順に従って、廣松「認識論」の新地平の吟味から出立しよう。因みに、廣松「認識論」の主題は、「認識とは何か」ではなく、「認識するとはどういうことか」の検討・吟味にある。このことは決定的に重要である。[1]

さて、われわれは、とりあえず、「近代的世界観」の行き詰りとその理論上の危機の一端を照射すべく、本章では、対象をまず伝統的な意味での哲学的「認識論」の理論上の構成に的を絞り、さしあたって「近代知」といわれる知のあり方が前提している基本的構図と論理構制を概観しつつ、その限界と批判的超克のための廣松「認識論」の問題提起を軸にして、その新たな理論構図と論理構制の「読み解き」のための初次的前提を明るみに出していくことから始めよう。

A　近代認識論のパラダイムとそのアポリア

デカルトによって本格的に定礎された近代哲学は、一般によくいわれるように、認識論を基軸にして展開されたといってよい。この動向は、二〇世紀に入っていわゆる哲学の「存在論的転回」といわれる事態が生ずるまで主潮をなしてきた。この事態にはそれなりの歴史的背景があったといえる。それは、一つには、前近代から近代に渡る西欧的生活世界・生活様式の歴史的変遷のプロセスすなわち社会の近代化の過程における現実肯定・人間肯定（リアリズム・ヒューマニズム）という事態があげられよう。それは、意識の近代化に伴う人間の理性とその認識能力への積極的な信頼を基礎にした「真理」の獲得可能性、およびこのエスピテーメとしての知識の現実的世界への適用力の自覚と自信を相伴させるものでもあった。近代以前は、一般には、真理とは人知を超えるものであって、全知・全能なる神ならざる有限なる人間の認識能力の対象外とされてきた。今や、真理は人間の理性の可能的範囲・射程距離内にあるとみなされるに至る。問題は、理性の正しい使用であり、その方法ということになってくる。ここから、デカルトに始まりロックを典型とする人間の認識能力およびその産出成果たる知識の起源・方法・範囲・限界等をめぐる自覚的な検討・吟味が開始される。既に早くもヒュームに至って近代認識論・知識論の原理的難題が顕になってしまうのであるが、それはともかくとして、このような認識論という形での新しい哲学の本格的な開始と展開が近代哲学の主流をなしたという次第である。

さて、われわれは、まず近代認識論のパラダイムの基本構図とその論理構制を概観しておこう。廣松の「近代認識論」の地平のトータルな止揚の問題提起の理論構図をより鮮明にせんがためにである。

近代哲学の認識観にあっては、そのヴァリエーションは多彩であったとしても、一般的かつ原理的には、認識とは、「知る側」と「知られる側」との関係において「知る側」（主観）にもたらされる「知られる側」（外的対象）に関する認知作用の産物と考えられている。別様に表現すれば、認識するとは、知る側の人間主体とは独立に自存する外的客観対象を主観の意識的認知の能力・作用を介して把えるということであり、その産物が知識というわけである。

ここでは、原理的には認識における「主－客」関係構図を前提にして、認識するとは主観が客観を取り込むこと、従って知識とは主観によって取り込まれた――あるいは主観に入来した――客観としての外的対象の何らかの形の写像のことであるとするいわゆる「写像説」が基調となっている。しかしながらこの近代認識論・知識論の理論枠たる「主－客」図式をより立ち入って吟味していけば、認識とは外的認識対象を人間の意識作用（認識活動）によって意識内容として取り込むないしは入り込むという事態であるから、件の「主－客」二項図式は、「対象－意識内容－意識作用」という三項図式化されてより具体的かつ精緻な形で措定されることになる。これが、近代哲学の認識論における「主－客」の実体的二項の存在論的関係図式を基本とする「認識論の三項図式」といわれるものである。(2)

というわけで、この「主－客」関係に依拠する認識論的三項図式を前提とする場合、上述しておいたように、人間的認識の結果としての知識とは認識する側（主観）の内部に取り込まれた「意識内容」として与えられるものということになっている。ということは、知識は、あくまで、主観の側に帰属する対象に関する「意識内容」ということである。それでは、主観とは無縁にして独立・不易に自存する客観的実体たる対象と近代認識論の前提とする認識主観すなわちコギトとしての主観の側の意識内容（観念）としての知識、この二項の関係は一体どうなるのか。後述するように、近代認識論・知識論において最も素朴に前提とされている上述の立場に即していえば、真の認識（正しい知識・真理としての知識・エピステーメ）とは、主観が客観をあるがままに取り込むことによって成立するものであり、従って知識の真理性は主観の側の意識内容（観念）と客観の側の対象（実在）との一致によって確証され保証されるということになる。「主−客」一致としての真理ということである。しかし、それでは、意識内容と対象との一致はどのように確保され保証されうるのか。というのは、認識主観に与えられるものは「意識内容」であって、客観的対象は決して直接に意識にもたらされることはないからだ。この近代認識論の理論図式においては、原理上、外的実在対象としての客観・客体は、意識内容としてしか与えられない論理構制になっているからだ。近代認識論・真理論の最大のアポリアは既にしてここに懐胎されている。それは、近代認識論・知識論の危機として解決され得ぬまま未だに残された難題でもある。というより、結論を先取りする形で断言しておけば、このアポリアは近代認識論の構図と論理構制をもってしては解決不可能である。再度、強調しておきたい。少なくとも、近代認識論・知識論のパラダイムあるいは世界観上の地平においては、近代知をめぐるこの理論原理上の行き詰りは突破不可能である。その「主−客」関係に基づく二項図式に依拠したパラダイムそのもののアウフヘーベンなくしては解決不可能である。この間の事情を簡単にみておこう(3)。

さて、近代認識論・知識論の理論原理上のアポリアをわかりやすい形で明るみに出すべく、われわれはここでは人間的認識の最も初次的な階梯に位置する「知覚的認識」に定位して問題のありかの概略図を描いていくことにしよう。そして、それも、思考的認識（知性的認識）とはさしあたって区別されるこの知覚的認識（感性的認識）に定位するに際しては、とりあえずわれわれは「視覚」をもって知覚一般を代表させることにして、その問題のありかをみていくことにしたい。さて、この視覚知をモデルとしていえば、視覚知とは、例えば「このリンゴは赤い」というレヴェルの感性知ということになろう。問題は、先にものべておいたように、人間の視覚器官によって取り込まれた意識内容としての認識（視覚像）が、人間の自我とは独立に実在する外的対象の正確な写像であるということがいかなる根拠と論拠によって正当化され権利づけられるかというところにある。

この問題に対する哲学的な理論的対応を吟味すべく、われわれは近代認識論において対立する二つの立場設定すなわち「実在論」と「観念論」のうち、まず「実在論」の主張から検討していこう。近代認識論における初発的な実在論は、それが素朴実在論と呼ばれるゆえんでもあるのだが、きわめて素朴かつ無条件に、客観的実在の自立性、すなわちデカルト流の物質的実体の主観的意識から独立した不易的自存性・実在性を独断的に主張する。そして認識とは外的実在対象（客観）の意識（主観）による写し取りであり、従って理性による明晰判明な視覚知とは客観的対象の模像ということになり、その真理性は人間固有の認識能力たる理性の正しい使用による対象の正確な取り込み・模写・鏡映ということである。そして、それは対象自体と模写像との比較による一致によってチェックされるという。上述した近代認識論・知識論における理論構図の最も素朴な形での主張であり、従ってその原理的問題のありかそのものが典型的な形で示されている。また、そこから種々の素朴な難問が輩出してくる。

例えば、他の動物の視覚像は、色・形・大きさ等に関して人間のそれとは一致しない。しかし、人間の視覚のみが最も高度で精密で完璧なものであり、対象をあるがままに正確に鏡映ないしは写し取ることができるのだという主張はいかにして正当化できるのか。当初は、神の恩恵による理性の付与という根拠づけを前提にして正当化（権利付け）されていたわけであるが、神をもち出せないとなるといかなる根拠づけが可能なのか。また、数百万年後に、地球上の生物進化のプロセスにおいてより高度な能力を有する生命体が出現し、現今の人間の認識能力以上のものをもち、外的に実在するとされる対象のより正確な写像を可能とするといった事態は果たしてあり得ないのか。人間は進化の究極に位置するのだと規定してもいいのか。また理性の正しい使用は必然的に対象の真理像をもたらすというが、正しい使用とはどのような基準・方法等をいうのか。真理像をめぐる見解の不一致・対立があった場面、それはどのように解決されるのか。[4] 素朴実在論はこうした問題には全く無頓着といってよい。

他方、この「実在論」と対極的立場に位置するもう一方の「観念論」においては、われわれにとっての認識上の第一次的所与は意識内容であって、意識内容を超えて対象それ自体は決して与えられることはできないとする。つまり、対象それ自体は、直接的かつ第一次的に意識内容という形で、すなわち観念としてのみわれわれに与えられ提示されるのであるから、従って対象それ自体を直接に認識できないばかりかその本当の像がいかなるものであるかはいかにしても知りようがないではないか、というわけである。さらには、この「観念論」の立場からは、実在論が素朴かつ独断的に主張するように、そもそも客観的な実在がわれわれ主観の働きとは独立に、それ自体として客観的に存在するかどうか自体が不可知ではないかとまで主張されるに至る。これまた、全ての認識・知識はわれわれにとっての第一次的所与たる意識内容すなわち観念を基礎にし媒介するしかないという論拠からだ。こうした問題のありかと問題性を今少し立ち入ってみておこう。

観念論による実在論への批判、すなわち客観的実在の存在を無条件に前提とし、この実在を主観の側から模写したものが知識であるという理論構図に依拠する実在論の主張に対する観念論の批判は、確しかに理にかなっている。原理的に、実在論は、それがどれ程われわれの常識ないしは通念にぴったりくるものであれ、観念論の上述の実在論批判を論破することはできない。ここから、われわれに現れる実在的世界は意識内容・内的心像としてのみ与えられ、従って世界は観念もしくは観念の複合態にすぎないという一見したところ奇妙なそして受け入れがたいこの観念論の主張――例えばバークレイのそれ――は、近代認識論・知識論の理論構図においては、不可避にして解決不可能な理論的問題提起として認めざるを得ず、われわれの行く手に立ちはだかってきたわけである。

事実、こうした認識論・知識論における観念論の主張は、いわゆる近代科学主義的発想になじまないにもかかわらず、理論構制上からいって重大かつ深刻な問題提起を行っているがゆえに、それは近代認識論・知識論を全くの袋小路・閉塞状態に追いこんでいくのである。因みに、この外的世界の情報・知識は意識内容としてのみわれわれにもたらされるという立場すなわち「与件の意識内在主義の立場」は、哲学史上「意識の命題」とか「内在性の命題」とか「現象性の命題」とか様々に呼ばれてきた。問題は、この立場の論理的に不可避の帰結としての「不可知論」である。ここでいう「不可知論」とは、第一に外界は直截にではなく意識内容すなわち観念を介して把えられるのであるから、外的対象それ自体のありよう・真実像はいかにしても不可知すなわち知りようがないということである。そればかりではない。問題はさらに深刻である。「不可知論」のいわんとする第二は、われわれの主観とは独立に、客観的対象そのものが真に実在するか否かそれ自体が権利づけ不可能であるという意味での懐疑論的不可知論である。観念論の主張が含意するこのプロブレマティックを別様に表現すれば、まさにカントのいう「認識不可能な物自体」の問題提起の基軸をなすものであり、そのアポリアとして立ちはだかるということになろう[5]。

実在論にとっては致命的な観念論の「内在主義」の主張ではあるが、しかしこの「内在主義」から帰結する「不可知論」と並ぶもう一つの深刻なアポリアは、「独我論」である。意識内在主義でいう意識とは、近代以降にあっては諸個人の身体に内属するデカルト的なコギトと解するのが一般であろう。となると、意識内容とは諸個人の自我すなわち自己の意識（「意識の各私性」）にとっての所与であるから、そして他我は自我とは独立無縁の思惟する別の実体であるから、他我の意識内容はいかにしても知りようがない。それどころではない。認識不可能であるのは他我の意識内容だけではない。他我そのものの実在が権利づけられない。目の前にいる人間の姿をした他者が、自己と同じ意識的作用と機能を有し、同一対象に対する同一の意識内容を保持している「別の他我」であるのかどうかさえもが確定不可能であるからだ。こうして、「独我論」が帰結すると同時にそこから、いわゆる「他我問題」が近代哲学に固有のアポリアとして立ち現われることになる[6]。

以上が、要するに、近代的認識論の「主－客」関係構図を前提枠とする三項図式に由来するアポリア、すなわち自己の意識にとっての外的な対象的世界の実在性および他己の意識の存在に対する「不可知論」ひいては「懐疑論」そして「独我論」の大雑把な概要である。このアポリアは、実は実在論および観念論を問わず、理論原理上、行きあたらざるを得ない難題である。しかしながら、この不可知論および懐疑論そして独我論の論理的延長線上に、これとは別の意味のコンテキストにおいて、近代認識論・知識論におけるもう一つの深刻な問題が出てくる。われわれは、次にこの問題を再び視覚的な認識・知識の準位に定位してみていこう。

視覚像は、基本的に、外的対象から入来した刺激が網膜上に結像し、それを知覚・認識するという構図で了解するのが一般的である。そのメカニズムの説明方式がいわゆる廣松のいう「カメラ・モデル」の視覚理論である。問題の一つは、入来した刺激の結像たる身体内部の映像（「内部的心像」・「表象心像」）を誰がいかにして視るのかということである。身体内部にある「心」なるものが視るのか。「脳」が視るのか。

「心」なるものが実在してそれが心の外部にある対象を取り込み、それが身体内部に結像した網膜像を心なるものが視るというのであれば、上述しておいた問題構制がより内部化された形で先送りされたにすぎない。つまり、身体内部の視る主体としての心が視るということは、――霊的実体ないしは心的実体なるものを認めるのかという議論は今措くとして――要するに身体内部にある心的機能を有するある種の主体ないしは小人が網膜上の内的結像を視るということであるから、問題構制自体は何ら変わってはいないということである(7)。

また、「脳」が視るというのであれば、視る脳というのは、網膜から伝達・入来した脳生理化学的刺激情報をどこに結像させ、いかなる認識主観がそれを視るのか。脳なる主観（体）――脳なる小人――が外来刺激の第一の写像たる網膜像をどこに結像させそしてどのように視るのかという問題は、結局、心が対象を視るとはどういうことで、どうなっているのかという問題構制と全く同じであって、これを科学的なつくろいをしながら内部化した形で先送りしたものにすぎない。脳科学は、その生理学的メカニズムの分析・解明に著しい進歩をとげてきたし、今もとげている。しかしながら、脳内の生化学的反応の探究ではなく、脳が視るあるいは考えるということはどういうことなのか、その結像と視認の機制と機能とその役割はどうなっているのかについては何ら問題としない。そもそも、脳科学は、視るということはどういうことか、そして視て知るということをどのように意味づけ、どのような理論枠と構制で説明すればよいのかというメタ・レヴェルの問題に関しては、実は件の「主－客」構図・三項図式の前提枠そのものを自明の前提としているのである。要するにそれは、いかに科学的と称されようとも実在論の立場を崩してはおらず、従って上述の問題のありかにも何らの関心も示さず解答も提示してはいないといわざるを得ない。そもそも、科学主義的合理主義・実証主義的合理主義は、近代認識論の上記の如きプロブレマティックにはなべて無頓着であり、知識の成立と存立の権利問題をめぐる件の問題の問題性――問題の問題たる所以――が当然のことながら理解されていないし、またそれは科学の問いの範囲外の問題として理解する必要性も感じていないのである。

意識の「内在主義」と「各私性」――その人の意識は身体の内部に存在し機能すると同時にその人独自のものであるということ――の理論前提から必然的に帰結せざるを得ない近代認識論の理論構制におけるもう一つの致命的アポ

リアは、かの内在的視覚像がどのような機序と論理で外的対象のあると思われる位置に視認されうるのかをめぐる根拠づけ・論理づけの問題である。われわれは、通常、われわれの身体の外部のある空間的な位置に、例えば、目の前一メートルの机の上に一個の丸い赤いリンゴをみる。それに基づいて「これは私の手前にある丸い赤いリンゴである」――目の前にあるこのリンゴは赤くて丸い――という視覚知識がもたらされる。しかし、われわれに直接かつ第一次的に与えられるものは、繰り返すようであるが、身体の内なる意識内容としての視覚像（「内的視覚心像」）である。この身体の内なる視覚像がなぜ・どのようにして身体外部のあの位置に定位されて視認されるのか。この問題に対応すべく、いわゆる「視覚像投射説」ないしは「先験的内在説」なる主張や「先験的主観」ないしは「認識論的主観」なる概念がもち出されたりするが――ここでこれらの説を検討する余裕はないが――結論的にいえばこうした概念や理論はオカルト的神秘主義といわざるを得ないものであって、とうてい理論的に納得いくものではない。(8)

以上、要するに近代認識論におけるそのメタ・レヴェルでの権利づけをめぐっては、一方の実在論は確かに近代的唯物論（機械論的唯物論）に立脚した立論といえるし、近代科学の常識的前提にも叶ってはいる。しかし既にみてきたようにこの実在論は哲学的認識論・知識論の視座から提起された観念論の批判を理論的に反駁できないという難題をかかえている。それでは、他方の観念論の立場は正しく、われわれは理論的にそれに与するしかないのか。しかしながら観念論は、一見したところ理論整合的であっても、世界観上の立場設定においては所詮は観念論であって、われわれの立脚する唯物論（弁証法的唯物論）の立場からいわせれば、その基礎づけは人間の生活世界からは宙に浮いたままである。われわれとしてはそれを受け入れるわけにはいかない。それでは第三の方途がありうるのかといえば、件の「主－客」構図に基づく「三項図式」に依拠するかぎり、既に先取りする形で断定的にのべておいたように、われわれとしては「ない」と裁定せざるを得ない。「近代知の行き詰りとその超克」は近代的「認識・知識」観の地平の総体的な転換を不可欠とするとわれわれがいうのは、この事態を根拠にしているのである。

われわれは、今や近代知識論の限界を批判的に超克せんとする廣松認識論を検討するための準備作業に向かう段であるが、その前に迂遠すぎるようであるが、これまでのべてきたような近代知識論の直面してきた理論的アポリアを今少し具体的な準位で再認識しておくために、現代科学論が二〇世紀において同じ問題を科学論の視座から提起した事態を概観しておくことにしよう。

B　近代認識論のパラダイム・チェンジの潮動――現代科学論の問題提起を手がかりに

われわれは、これまで、知識とは外的対象の写像であり、「その真理性は外的実在対象と意識内容として取り込まれた写像との一致をいう」とする近代知識論の基本構図はもはや維持しがたいという事情を概観してきた。にもかかわらず、近代科学は、一般的にいえばまさにこうした知識観を前提にして進歩・発展してきたわけである。そして大きな成果をあげてきたのである。しかしながら上述してきた問題そのものには一顧だにしてこなかったと極言しても過言ではないと思われる。ところが、前述しておいたように二〇世紀をむかえて科学界にある異変ともいえる事態が生じてきた。それは、近代知の典型的代表モデルとしての科学知に対する科学界内部からの本源的・本質的・原理的な批判の契機を孕む問題提起である。われわれはこの哲学的科学論あるいは科学哲学から提起されたプロブレマティックをN・ハンソンとT・クーンを軸に考察していくことで今少し立ち入って論じていくことにしたい。

一九世紀中葉から登場してきたといえる科学史・科学哲学あるいは科学論は、二〇世紀前半までは、その主潮はニュートン以来の近代科学知はいかに精緻なものであり信頼に足るものであるかを積極的に基礎づけかつ啓蒙していくというところにあった。しかしながら、二〇世紀に入ってから登場してきたいわゆる新「科学史・科学哲学」は、近代科学知それ自体の原理的アポリアおよび限界を鋭く批判するものに変化する。その背景には一九世紀末から二〇世紀初頭における諸科学の危機といわれる状況、とりわけ相対論や量子論の登場、数学や論理学や言語学における革命的新理論の登場といった学問的背景がある。こうした理論背景のみならず現実的な歴史の進行における生活世界・生活様式・生活意識の大転換さらには科学技術文明への楽観的信頼感の疑問視や懐疑等の一般化という状況が横たわっているのであるが、この問題には立ち入らないことにする。

さて、ハンソンおよびクーンの科学論の画期性とその近代知批判のポイントであるが、ここでは特に注目すべき問題として「事実の理論負荷性」と「パラダイム・チェンジ」の二つを取り上げておくことにしたい。ここでも、これまでと同様、思考知（判断・推理 etc.）ではなく知覚知それも件の「視覚知」に定位して問題を扱うことにしたい。因みに、知覚知それ自体が、既に、廣松も指摘しているように判断成態として存立しているのであるが、この問題は今は問わないことにする。

「事実の理論負荷性」とは、要約していえば、〝裸の眼で裸の事実をあるがままに認識する〟ということはありえず、どのような原基的事実・基礎的事実（データ）・原本的所与も純粋無垢な真空中において得られたものではなく、それらはある理論枠を前提にして初めて事実としての身分と資格を与えられたものだという主張である。すなわち、「事実」は全くの無前提の立場から出来してくるものではなく、「理論的負荷」がかかっているということである。観察事実や実験事実のレヴェルで既にそうだということである。ということは、近代科学が常識とするごとく〝事実から理論が導出される〟のではなく、逆に根源的かつ本質的な事態に即していえば、〝理論から事実が導出される〟ということである。これは、伝統的な近代科学知の常識を真向からひっくりかえす主張である。科学は公平・中立・客観的な知識としてあるべきであって、科学的認識とは一切の先入観・信念・信条・価値観を排除して、通俗的に表現していえば対象を色眼鏡を介して観察することなしに純粋にあるがままに把えることで得られる基本事実（データ・原基的所与）から出発することを要請してきた。すなわち、近代科学は次のような方法的前提に立脚している。それは〝常に、直截「事実」にあたれ。予め仮説的な理論や秩序の存在を想定するな〟、〝「事実」は「事実」であって動かしがたい。科学理論の妥当性は、いうまでもなく「事実」と「世界」との照合によって一義的に確保される〟。「事実」が承認する理論は「真」であり、「事実」が否認する理論は「真」ではない。理論体系の真偽は最終的には「事実」が定める。「事実」はその意味では理論の真偽を決定するクライテリオン（判定基準）である。言い換えれば、「事実」は理論の外にあって、理論を審判するレフリーの役割を果たす。等々命題がそれである。このいわゆる「ベーコン主義」の立場こそが近代科学知の公理前提をなすものであったはずだ。

しかしながら、かの「事実の理論負荷性」の主張にあっては、人間の事実認識においては、視覚的データの準位において既に色眼鏡を介してものをみているのであって、色眼鏡を外して白紙の状態であるがままにみるということはできないというのである。人間は特有の色眼鏡を掛けてしか物事をみることができないのであって、しかもこの眼鏡は内側に掛けられているので外すことはできないということである。このことは、要するに、科学がいうような白紙のデータから出発して理論を構成すべしといい、データは一切の理論的・宗教的・民族的・価値観的前提なしに純粋事実として収集すべし、といってもこの前提は成立しないし、実際成立していないということである(9)。

このような「観察事実の理論負荷性」の主張は、科学論に大きな衝撃ないし拒絶反応を引き起こしたが、既にのべておいたように哲学的認識論の領域においては、既に二〇〇年も前にヒュームが提起していた問題であり、それを請けてカントが構成説的認識論によってこの隘路を克服すべく苦闘してきた問題であった。その後も哲学的認識論領域ではこの問題をめぐって、新カント派、現象学派、さらにはヴィトゲンシュタインをはじめとする新しい論理学や言語学の立場からも様々な苦闘が演じられ、今日まで引き続き論じられてきてもいる。しかしながら、これらの理論的営みはあくまで哲学的認識論・知識論のごく狭い領域でこそ周知の問題であるとはいえ、一般にはほとんど問題とされることはなく、問題の問題たる所以のものも理解されることが少なかったといえる。

この問題が知の最先端をいく科学の領域から問題提起されたのである。なるほど、当初は、哲学的理論に比していえば、その内容は陳腐にして理論水準もそれ程高くはなかったかも知れない。しかし、科学技術文明の支配する二〇世紀において、その科学知の内部からのこの問題提起は、自然科学・社会科学・人間科学のあらゆる領域で大きな衝撃を与えたことは理の当然といえよう。少なくとも、このことによって問題のありかそのものに対する理解は大幅に広がり、ひいてはこの問題そのものが市民権を獲るに至ったことは事実である。この新科学論から提起されたある種の近代知の超克論は、一九三〇年代の件の反科学主義・神秘主義そして野蛮・神話への回帰と陥ったいわばロマン主義的「近代の超克論」とは異なったコンテキストからなされた科学知それ自体の理論的妥当性の再吟味を要請するに至り、そしてそれはその種のいわば神秘主義的・ロマン主義的超克論の限界の確定のみならず近代的科学知そのもののアウフヘーベンの必要性を直截に問うものであった。

この延長線に位置するのが、第二の「パラダイム・チェンジ」論の問題提起である。これは先の「事実の理論負荷性」説を前提として展開されている。一般に科学知の生成と展開の手順・方法・視座は、常識的には次のように考えられている。まず、①事実を一切の前提・偏見・先入観なしに経験的な観察・実験を介してあるがままに把える（基礎的事実所与＝データの収集）、②このデータの整理と帰納的推理によってデータ間の共通性および有意味な規則性を抽出・認知しそこから仮設的に導出された理論（仮説）を設定する、③この仮説を正しいと仮定した上でそこから演繹的推論に基づいて論理必然的に帰結する予測事実を導出する、④この予測事実を新たな観察・実験によるデータを介してチェック（検証）する、⑤この検証によって実証された仮説はより確からしさを増したより高次の仮設的法則知ないしはより高度化された科学知として資格づけられるが、検証に耐えられなかった（反証された）場合はこの仮説の修正もしくは全面書き換えということになる。この方法的手順の無限の繰り返しにより、科学的仮説としての理論は精度を高め、より確度の高い法則へと格上げされ、絶対的真理に無限に近づいていくと考えられている。これこそが、近代主義的な科学知の進歩史観の構図をなすものである。

要するに、この科学的実証主義ないしは実証主義的科学主義においては、科学知というものはあくまで経験的事実に関する基礎データから出発して理論構成され、また最終的に経験的基礎データ・事実によって実証的に検証されることでその真理性が担保され修正されていくものなのである。しかしながら、先の「観察事実の理論負荷性」論によれば、事実それ自体がある一定の理論枠を前提とすることで初めて事実として措定されうるものであるということであるから、データとして与えられる事実そのものだけではなくこの事実から構成される科学知そのものが、ある理論的前提枠を基礎にして成立していることになる。科学知は全くの無前提の立場から出発した総枠に白紙の公平・中立・普遍的なものとして成立・存立しているわけではなく、特定の前提理論枠＝基盤理論枠＝公理的理論枠を母胎にして構成されているということである。特定の理論上の立場設定をメタのレヴェルで前提としているというわけである。近代科学知の起点としての事実およびこの事実を基礎にする理論そのものの全体系が、一切の先入見を排除した客観的なものとしてあるわけではなく、ある特定の「原《ウア》・理論」ともいうべき前提枠に依拠して生成し存立しているということである。この前提的理論枠とされるものが「パラダイム」と称されるものである。「パラダイム論」は、一般に、T・クーンによって人口に膾炙されるようになったものだが——クーンは後にこの「パラダイム」なる概念をより精緻化すべく「科学のマトリックス」なる語を使用するようになるが——このパラダイム論において注目すべきは科学知の進歩の二つの類型である。科学知の進展の第一のタイプは、同一パラダイム上での科学知の精度の向上・進歩をいうもので、新たなデータの獲得による理論の改良・修正をいうものであり、これにより科学知はより深く・より広く・より精緻になっていく（知の包括的高度化）という立場である。これは、上述しておいたいわゆる常識的な科学の進歩史観の前提をなすものである。クーンのいう「通常科学」における科学の進歩あるいは科学知の高度化なるものである。

もう一つの科学知の展開・転変を表示するタイプが、件の「パラダイム・チェンジ」による科学知の全面的な組み替え、科学知の体系の総体的な質的構造転換をいうものである。この立場にあっては、事実や理論を構成する基盤前提そのものを取り替えることで知識およびその体系そのものを根本的に異質・異次元の準位に定位し直して了解し、組み立て直すことが問題となる。これを別様に表現すれば、事実の措定に際しての公理前提たるパラダイムの相異は、例えば同じ対象を視たとしてもそこから措定される事実そのものが全く異なるものとして措定されるということである。これは決定的に重要かつ重大な論点である。すなわち同一対象に対する観察・実験による事実の確定作業であっても、これをパラダイムAを前提とすれば事実ａとして理解され意味づけられて措定されるが、他面でこれをパラダイムBを前提にして捉えれば事実ｂとして理解され意味づけられて措定されるということになる。事実ａと事実ｂとは知の成立と存立の母胎を異にしており、両者は通約不可能だということである。比喩的にいえば、一方での神の存在を前提とする立場からの世界の捉え方・理解の仕方・説明の仕方・知識のあり方・理論の体系（前近代知）

と、他方での機械をモデルにするような立場からの世界の捉え方・理解の仕方・説明の仕方・知識のあり方・理論体系（近代科学知）とでは、全く次元の異なる異質な認識のしかたおよび知のあり方であって、双方の共約ないしは通約は不可能（「共約不可能性・Incommensurabilty」）であるということである。

このような知識の成立と存立の公理的前提理論枠＝パラダイムの取り換えによる知識の根源的・総体的な組み替えないしは意味づけの転換に基づく科学の変革を、クーンは「科学革命」と名づけ、先にのべておいた「通常科学」における科学的な修正・改良的な進歩・発展と根本的に区別したわけである。

廣松の近代認識論の超克の問題提起は、人間科学・社会科学の諸領域における二〇世紀的兆候のみならず、以上のような現代科学論における理論原理上の危機ないしはメタ・レヴェルでの認識論の行き詰り・閉塞状況をも視野に入れた問題提起をも踏まえたものであった。それは、近代ヨーロッパ哲学に端を発し今日の科学技術文明における知識観のヒュポダイムたる「主観－客観」図式、そしてそれに依拠した件の「意識対象－意識内容－意識作用」という「三項図式」、こうした近代哲学のドグマを克服して新しい知識観および知識構造論を確立していくことが時代の課題となっているという問題提起でもあった。

われわれはこれまでの考察を承けて、近代知の相対的な乗り超えを図るべく新しい知識論の構図と論理の構制を討究する段であるが、またしてもその前にいささか隔靴掻痒の感があるが、件のパラダイムの転換と新しい知のあり方の成立の機制と構造との不可分な関連を、別の視角からのコンテキストから、改めて再確認しておきたい。そのためにまず「一七世紀科学革命と知識革命」のもたらした世界の了解のしかた、捉え方、説明のしかた等をめぐるパラダイム・チェンジの意味と意義を、さらに検討しておくことにする。というのもわれわれの時代は、この一七世紀の科学と知識の革命的転回に匹敵する新たな学と知のあり方の地殻変動すなわち知のあり方をめぐる了解のしかたの一大転換期・革命期にあると思われ、そのためにも知識革命あるいは認識論的転換といわれる事態の構図と構制そしてその意味と意義を一七世紀科学革命を先例としてみておきたいからである。

科学史家バターフィールドによって特記された一七世紀の「科学革命 Scientific Revolution」は大文字によって固有名詞化されて表記されることになる。というのは、それがやがて歴史社会的に公認された――共同主観的に妥当し通用することになる――人類史上の一つの大きな知識革命として位置づけられることになったからである。事実、この科学革命・知識革命は今日まで近代的な知識のあり方を確立する上で深い影響を与え続けることになった歴史上の一大事件であったといってよい。それは、バターフィールドもいうように、ルネッサンスや宗教革命以上に近代世界の成立と展開に影響を及ぼすものであった。この革命は、二〇世紀の世界の科学技術文明のあり方の母胎をなす知識革命でもあったといえよう。

この近代科学革命による自然のできごと・ものごとを理解し説明するための知の前提枠たるパラダイムの転換は、それまでの前近代的な自然了解とそれに基づく自然像（自然知）とは根源的に異質・異次元な意味づけと説明・記述方式への転換をもたらすことになった。われわれは、この間の事情と内実を、近代的な自然観と自然像の特質を前近代的なそれと対質させながら明るみに出していくことにしたい。このことによって、われわれは、知の存立基盤としてのパラダイム・チェンジあるいは自然観の転換と、知識革命ないしは自然像の描き方の革命との理論内在的な関連を描出することができるであろう。

る。既にのべておいたように前近代的な自然観にあっては、人間をも包摂する宇宙・自然には超物質的な霊的生命力（アニマ）が宿っており、その神秘的な霊力の働きにより宇宙・自然は構成され動かされているという発想が一般的であった。いわゆる「呪術的・神話的・宗教的」な自然観・自然像である。これに対して近代的なそれにあっては、自然から一切の霊的契機が追放・払拭され、自然は純粋に物質的な素材から成り立っているという了解に転換する。いわゆる自然の脱呪術化 Entzauberung であり、自然の近代化のプロセスの始まりである。

この自然の脱呪術化＝近代化に相即して、人間観・人間像の近代化が進行する。自然から追放された霊的なものは、人間にのみ固有な精神（理性）として了解されるに至り、かくして精神を内在せしめる人間と物的存在としての自然とが分離され、両者の間に存在論的切れ目が入るに至る。人間と自然との近代化および「人間－自然」関係の近代化である。そして、これこそが、近代哲学の父たるデカルトのいう「res cogitans（思惟実体・精神）」と「res extensa（延長実体・物質）」との実体的分離による「主－客」図式に基づく近代二元論の定礎の理論構図である。因みに、人間の近代化のもう一つの契機たる意識の近代化に関説しておけば、人間の意識の本質である思惟にあっては、デカルトのいう「cogito＝我思う」としての各自的な意識こそが意識の本源的なあり方であり、このコギトが疑い得ない思惟の起点をなすものとされる。このことによって近代的自我が哲学的に定礎され、個人としての人間の独立宣言が遂行されることに相成ったのである。

この物質としての自然の姿態は、人間理性の射程内にあるとされる。いわゆる近代知の前提にあっては、自然把握に際しては人間の感覚的・知覚的な経験的事実を基点とする帰納的方法を基盤とする演繹的手順による知の獲得と、同じく経験的検証による獲得された知の吟味・実証が基本的な方法・基準となる。前近代的な知の有する強い思弁的性格を排斥する近代知の経験主義的合理主義あるいは実証主義的合理主義への転轍である。

近代的な自然観・自然像の特質の第二は、機械論的な自然観とメカニカルな自然の説明方式にある。前近代とは異なり、一切の霊的な契機や働きを抜き取られた純然たる物質としての自然は単なる機械とみなされ、その作用は機械じかけによって生じるものと説明される。機械モデルに基づく自然の理解と説明である。一般に前近代的自然観・自然像にあっては、宇宙自然の働きは霊的あるいは神秘的力の働きによって生じ支配されていると観ぜられていたわけであるから、従ってまたその運動はある目的を有していると了解されていた。これに対し近代の物質的かつ機械じかけの自然の運動観にあっては、こうした目的論的自然観は斥けられ、運動はメカニカルな「原因と結果」の必然的な関連において生起しているものと説明される。それゆえ、前近代のような擬人主義的な説明は極力排除され、専門的なもの言葉によって記述する志向が強まり、因果法則に基づく決定論的な自然観を前提とした自然像が描出されるに至る。

第三の近代的な自然観・自然像の特質として取り上げておきたいものは、要素主義的・実体主義的な自然観の構図における自然像の抽出である。

要素主義あるいは要素還元主義的な自然了解および自然の説明ということが含意するものは、人間理性による自然の把握は、複雑な自然の全体をその構成要素あるいは個々の構成部分に分解し、その各々の単純な部分の正確な分析に基づいて、部分の集計和としての全体を綜合していくべしという方法的視座である。機械としての自然は部品から組み立てられており、精密な部品こそが精巧な機械の組み立てを可能にするからだ。複雑な自然の全体を一気に捉えることはできない。自然を構成する個々の領域・部分・要素をまずもって精確に把握し、この部分知を組み合わせて全体知に至るという発想である。

このような方法的視座の出立が、いわゆるデカルト的意味での「分析と綜合」のいわんとするところのものである。分析的理性としての近代理性の哲学的な定礎である。近代知は、それゆえ、前近代の如き思弁的全体知でなく経験主義的・実証主義的な科の学知（個別科学知）を基本とすることになる。部分知の総和が全体知を組み立てるということである。部分は全体の機械的一部品として全体を反映し構成する一契機とされる。Simple Location の発想はこれに依拠しているといえる。

もう一方の実体主義的な自然観・自然像ということが含意するのは、要素還元主義的発想とかならずしも連接するものではないが、自然の究極的な成素を物質的実体として措定し、その窮極的なアトム的成素の機械的な離合集散として様々な物質存在と運動・変化を了解するということにある。実体（ens per se）とは独立自存の不可分・不易不変の究極的な物質単位成素をいい、自然自体をこうした実体から合成された「主観の外部に実在する客観的対象」として了解し描き出すのが近代科学主義の自然像である。原子論的実体主義の発想に基づく自然像の描出である。それは、生物モデルに依拠して自然を有機的一総体として了解し、擬人的・思弁的に描出し説明する前近代的な生物態（Biomorphe）的な自然観・自然像とは対照的なものになっている。

前近代とは対照的な特質を示す近代的な自然観・自然像の第四のものは、数学的な自然観と自然像の描出である。既にのべておいたように、近代においては、自然はカオス的存在としてではなく、一定の秩序すなわち因果法則が貫徹している決定論的自然観が前提とされている。そしてこの自然の秩序は数学的な構造を有しており、その自然法則は数式によって表現できると了解される。これが、近代的自然観の第四の特質たる数学的な自然観および数学的な自然像の描出ということの含意するところのものである。単なる記号としての数による自然の数学化であり、自然の合理的かつ数量化的処理である。

前近代においても、例えばユークリッドや新プラトン主義における如く、宇宙自然における数学的秩序の想定や表現がなかったわけではない。しかしながら、そこでは、数とは今日のように単なる記号ではなく霊的な作用力を有する存在として了解され、それが宇宙・自然とその秩序をつくり動かしていると想定されていたといえよう。また中世の自然観のみならず近代科学を準備し定礎したコペルニクス、ケプラー、ガリレオ、ニュートンにおいてさえ、自然は神の被造物でありそこには神の意図・計画が書き込まれており、それは数学の言葉によって表示されていると了解されていたのである。だからこそ、彼らにとっては、神によって数学の言葉で自然界に書き込まれた計画を解きあかすことは神の栄光と偉大さを明るみに出す敬虔なる熱き信仰心の発露以外の何ものでもなかったのである。たとえそれが今日からみて近代的自然像の定礎として意味づけられ位置づけられるとしてでもある。

この科学の営みが信仰の聖なる地盤から離脱し、神が棚上げされつつ科学が物としての自然の解明と技術としての現実的な応用という世俗的営みへと転成していくのは、実は一七世紀科学革命に続く一八世紀の啓蒙主義的科学観においてであった。今日の常識的な科学観は、実はこの啓蒙主義的な科学の見方をまって初めて成立したのである。村上陽一郎はこうした事態に注意をうながしつつ、これを一八世紀における科学の「聖俗革命」と呼ぶ。

以上、われわれは、認識・知識の成立と存立におけるパラダイム・チェンジすなわち科学研究を導く認識関心、研究対象の選択、モデルの設定方法、測定基準、数量化の手続き、解答とみなされるべき基準等々をめぐる「先行的了解の構図」あるいは「理論前提枠」ひいては「存在了解の基本的な構え」の構造転換が、知そのものの革命的転換といかに本質的かつ根源的に結びついているかを概観してきた。われわれは、これをさしあたって前近代知から近代知への質的転換あるいは乗り超えの歴史的プロセスとしての近代科学革命に即して討究してきたわけである。迂回的にこのような作業を行ったのは、先にのべておいたように、われわれの時代がかの近代科学革命に匹敵する近代知から現代知への転換を用意する新しい科学革命の時代に入ってきているのではないか、知の生成と存立の母胎としてのパラダイムのゲシュタルト・チェンジあるいはヒュポダイム・シフトが始まっているのではないか、と考えているからである。廣松流にいえば、現代の歴史的生活背景において、そしてなによりも二〇世紀科学の理論的展開そのもののプロセスにおいて、新しい科学革命とパラダイム・チェンジが要請され、二〇世紀科学理論の展開そのものにおいて革命的なパラダイム・シフトの契機が陰に陽に孕まれ準備されているのではないか、という問題意識があるからである。新たな科学革命における新たなパラダイム・チェンジ、そしてそれに基づく近代知から現代知への新しい認識論的地平の転換あるいは知識革命の歴史的な過渡期、それがわれわれの今日の時代ではないかというわけである。廣松「科学論」の意味と意義の一つは、ここにある。

C　廣松「認識論」の地平——認識的世界の四肢的存立構造

われわれは、前節において、一七世紀を軸にした近代科学革命におけるパラダイム転換によって、前近代の自然に関する知識の根本的な転換としての知識革命の実態を概観しておいた。それは前近代的自然観の近代的自然観への転轍に相即する自然像の刷新、つまり前近代的自然知の近代的自然知への転換の解明であった。

ここで要約的にそれを再説しておけば、①霊的生命態としての自然了解・自然像から霊魂抜きの純粋物質的なそれへの転化、②生物態的目的論的自然観・自然像から機械論的かつ因果法則の支配する決定論的なそれへの転化、③有機的総体主義的自然観・自然像から要素還元主義的かつ実体主義的・原子論的なそれへの転化、④擬人主義的自然の了解・説明から数学的なそれへの転化（自然の数学化）等をさすものであった。

われわれは、これに匹敵する自然観・自然像の転換が、今日、新たな形で要請されまた進行しつつあるのではないかという問題意識において議論を展開しているわけであるが、それでは近代の実証主義的科学主義あるいは科学主義的合理主義に立脚する自然観・自然像はどのような内実を有する自然観・自然像へと転換していくと考えられるであろうか。われわれはこれを廣松流の弁証法的自然観・自然像と呼びたいのであるが、ここではこの新しい自然観・自然像の可能的地平の一端を寸描しておき、そこから新しい認識論・知識観の論理構制の考究へと橋渡しすることにしたい。

われわれとしては、まず第一に近代科学の〈物質〉概念の狭隘性は克服されるべきものと考える。それは、物的アトム（窮極的成素）を根拠として実体主義的・要素結合主義的に措定されている自然観・物質観の転換を意味する。概して近代科学は実体主義的存在了解に立脚して自然を描き出すが、われわれとしては、既述しておいたように、物質とは存在論的な本質規定においては、近代主義的に理解されているような独立・自存・不易の狭い意味での物質的な実体（アトム）ではなく、相互作用的連関からなる場の状態の函数的関係項として生成し存立しているものと了解する。これは素粒子を場の状態の反照態として捉える現代物理学の知見からも裏打ちされるような「関係主義的な物質概念」あるいは「事《こと》的物質概念」をもって表現されるものといえよう。また、このような意味での物質概念は、今日では自然的物質のみならず、生活世界の場における人間の歴史的・社会的な相互作用（「対自然－対他者」行為連関）から産出される社会的威力（合成力）・社会的法則性といった物象的存立成態・構造成態も含むものでもなくてはならない。因みに、自然的物質なるものの生成と存立の機制および構造と歴史的・社会的な物質性のそれとは、実は次元の違いはあってもその論理上の構制は原理的に全く同一なのである。共に物象化の機制において生成・存立している事象＝「事としての物」なのである。

第二に指摘さるべきは、機械論的発想と要素還元主義的視座の克服である。自然は、部品から組み立てられており、そうした部分的諸要素の因果法則に基づく運動の総和として成り立っているという理解では自然の全体像は充全に把握し得ないというのが今日の自然了解の前提となっているといってよい。むしろ自然の運動は場の全一的かつ有機的な状態として了解さるべきであって、全体は部分の単なる集計・総和とは異質な運動態として現れるということである。それは、実体的・実在的な諸項間の因果法則に基づく機械論的・決定論的な運動としてではなく、自然と人間・社会との歴史的相互作用関係の全一的な動態性として統一的に捉えられるべきものである。付言しておけば、この全一的な自然の動態性——例えばシステム・生態系・複雑系・シナジェティックス・ガイア等の概念や発想に垣間みられるものであるが——の数学的把握は今日の数学の水準では充分でないといわれ、改めて数学革命が要請されているようであるが、これは今後の課題となるものであり、その成果が待たれるところである[10]。

さしあたっては以上の二つの例だけに論を留めるが、このような基幹的パラダイムの革命的転換を基盤とした新しい自然観・自然了解への刷新を展望しつつ、今やわれわれは新しい自然像の構築に向けて、廣松に依拠しつつ、新しい認識観・知識観の考究に向かうことにしたい。新しい認識観・知識観の考究に際しては近代的意識観——意識の内在性・各私性・同型性——の抜本的な再検討の作業が必須の前提となるが、ここではこの作業は措いたまま、論点を近代的知識論の批判的乗り超えとしての現代知識論の全体構図と論理構制の討究に向かうことにしたい。

近代的認識論における知識観の基本構図は、認識とは主観による客観の取り込みによる何らかの形の転写であるという形で「主－客」図式を前提枠として描かれていることは既にのべておいた。この立場では、主観の外部にある客観的な物質的実在対象を主観が意識内容として取り入れる、ないしは取り込むことで得られる対象の写像（観念・表象ないしは命題・判断等）が知識というわけだ。所与を主観が転写的に取り込むことによって知識が成立するということであった。

この近代的な知識論の構図においては、例えば件の「実在論」の主張にあっては、客観的な対象の実在が自明のことがらとして前提されているだけでなく、主観はそれをあるがままの姿で取り入れる能力を有する、ないしは対象的所与は主観にありのままの姿で入り込むことができるのだということも独断的に前提とされていることになる。他方の「観念論」の立場では、客観的な実在対象の真の姿は不可知であり、それは意識内容として主観に与えられるのみであるというが、これをつき詰めていけば身体を含む全ての外界は観念あるいは印象の束ということにもなりかねない。そこから、例えばバークレイ流に、身体をもった人間と世界との現実的なかかわりは、「観念としての身体的存在としての人間」が「観念としての世界」に観念的にかかわり、その生を具現・実現しているのだと言い表わすことになり、観念の源泉としての神さえももち出すことにもなるが、このような表現・説明をわれわれは到底納得して受け入れるというわけにはいかない[11]。

さらにいえば――これは近代的実在論にも共通にあてはまることであるが――この意識主観はコギトとしての実体であり、従って各自的ないしは各私的なあり方をしていることになるが、それではこの各自的意識相互の共約性・コミュニケーション可能性はいかにして保証されうるのか。近代的認識論・知識論においては、一般に各自の意識の内在性とともに同型性が独断的に前提されているが、それはいかなる根拠と権利において担保されうるのであろうか。生物学的メカニズムの同型性によってであろうか。もし、そうなら、知識の歴史的・文化的・個人的なズレや相対性の現実はどう考えたらよいのだろうか。それらは、非本質的・副次的な契機にすぎないと片づけてよいのだろうか。

件の内的表象の外的対象像化のアポリアはここでは問うまい(12)。

以上の如き近代認識論・知識論の理論原理上の行き詰り・袋小路は、その理論構成の前提枠たる件の「主－客」図式に依拠する「対象－意識内容－意識作用」の認識論・知識論上の三項図式そのものに由来するものとわれわれは考えてきた。このことは前章および前節において既にのべておいた。この理論的な危機ないしは破産状態は、近代的な認識論・知識論のパラダイムそのものの根源的な見直しおよび組み直しという意味でのパラダイム・チェンジを要請するものであると考える。ひいては、これは、認識論・知識論の領域においてのみ要請される事態に尽きず、存在論・実践論といった領域を含む哲学的世界観そのもののパラダイム・シフトとして考究されるべきものといえる。しかしながら、さしあたってここでわれわれが直面している課題は、認識論・知識論レヴェルでの新たなるパラダイム・チェンジと知識革命との関係の討究であるので——因みにわれわれの近代的世界観の超克 Aufheben の準位においては、存在論・認識論・実践論の三契機は、廣松も強調しているように、人間的生活過程の哲学的考察に際しては全一的・統一的な分離不可分の諸契機であるが、ここでは伝統的区分に従って認識論・知識論の契機を意図的に分離して考察していく手順に従って——まずわれわれは近代知のパラダイムの超克とはどのような形で提起されているのかという問題から出立することにしよう。

われわれは、この問題をめぐる以下の考察を、とりあえず廣松渉の認識論をめぐる画期的・衝撃的な問題提起を俎上にのせて検討していくことにする。廣松の認識論、従って知識論の要点は、「意識観」の根源的な刷新・転換に基づく「認識観・知識観」をめぐる次の四点となろう。ここでは近代的意識観の批判的超克の契機は措くことにして、ポイントを「知識」の生成と存立の機制と構造をめぐる問題に限ることにする。その要点が以下の四つの問題構制となっているということである。[13]

（ｉ）知識の四肢的存立構造
（ii）知識の共同主観性
（iii）知識の歴史社会的存在被拘束性およびイデオロギー性
（iv）知識の成立と存立の物象化論的論理構制

われわれは、ここではこの廣松の四つの問題提起の内、（ｉ）の「知識の四肢的存立構造論」に論点を絞って議論を展開していくことにする。

廣松は、先に指摘しておいたように、近代の意識観（内在性・各私性・同型性）と件の三項図式を厳しく批判しながら新たに「意識の四肢的存立構造」を開示し、「内在的表象像としての知」ないしは「写像としての知」という近代的な「認識・知識」観を斥け、「認識・知識の四肢的存立構造」を次のように定礎してみせた。

すなわち、彼によれば、認識とは所与としての客観的な実在対象を主観が意識内容として写し取るないしは取り込むのではなく、とりあえず対象的契機に即していうと「所与を所識として把握する」こと、もう少し詳しくいえば、それは認識対象として意識に立ち現われる「所与としての対象」を解釈ないしは解読して「所識として意味理解する」ということであると。[14]

いささか稚拙な例であるが、このことを具体的にわかりやすく例示してみよう。例えば、黒板上に白チョークによって描かれた「五」という五つの線からなる図像を、私はアラビア数字でいえば〈5〉の漢数字として意味理解する。実は、この事態こそがわれわれ人間の最も始源的な認知のあり方であるということである。つまりわれわれは、まず第一段階で「五」なる線軌跡を視覚的にセンスデータとしてとらえ、次の第二段階においてこの「五」の視覚的所与を数字の〈5〉として理解するあるいは意味づけるというプロセスで認知しているのではないというわけである。われわれにとって始源的事態はゲシュタルトとしての「五」なる図像を数字の〈5〉という意味において読み取り理解する」ということである。廣松のいう「所与を所識として」覚知するという態勢は、本源的に「所与を所識として解読するもしくは意味づけ理解する」という構制になっているということなのである。これは、知の最も初次的準位における知覚的事実知において既にそうなっており、例えば視覚知の成立に際しての「見る」ということを例にしていえば、ここには理解する、解釈する、意味として捉えるという契機が不可欠の契機として含まれているということである。

先に言及しておいたハンソンに即していえば、彼は後期ヴィトゲンシュタインを踏まえて、「みる」ということはseeing asという構制になっていること、さらにそれはseeing thatという判断構制と絡み合っていることを論じていた。要するに「みる」は〝ある所与XをAとしてみる〟すなわち〝seeingX as A=seeing that X is A〟という構制になっているということである。重要なことは、ハンソンとしては、まず第一段階としてXが現認され、次に第二段階でAとして解釈されるといった二段構えで認識が行われるという見解を排し、〝〈AとしてのX〉をみる〟という統一相で「みる」という知覚が第一次的に成就するというのが実態である、と主張している点である。留意されるべきは、彼は〝ある所与XをAとしてみる〟ことは「理論負荷的な操作」であり「観察者の知識——前提理論枠・パラダイム——に相関的なものである」とする主張である。(15) われわれの視覚に現前する黒板上の白い線軌跡〝〈五〉を五つの線の集まりとしてではなく、一つのまとまりを有する全体つまり一つのゲシュタルトとして捉え、かつそれを数学記号としての〈5〉として知る〟というのが視覚知の第一次的・原初的な事態であるというのはこのことをいうのである。

因みに、認識・知識とは「所与をそれ以上・それ以外のetwasとして捉える」ことと廣松が表現するのはまさにこの事態をさすのである。蛇足ながら再度留意をうながしておけば、この「所与−所識」の知の二肢的構造においては、原基的な純粋所与なるものはないということである。いかなる〈所与〉も既に〈所識としての所与〉形態を身に纏って立ち現われているのであって、「〈所与〉を〈所識〉として覚知する」という構造はこれ以上は分解できない人間的認知の始源的・原基的な二肢的二重性なのである。

以上は、近代的な「主−客」関係図式に仮託した形でいえば、客観の側に定位しての「知られる側」にかかわる知のあり方における二肢的二重性に関する規定であった。それでは、〝「知られる客観」を「知るのは誰」〟であるのか。それは黒板上に「五」の線軌跡を数字の〈5〉として理解してみているある人物「A君」である。しかしながら、「A君」が「五」を数字の〈5〉としてみることができるのは、あくまでA君が初歩的ではあっても算数の知識をもっているからであり、また線「五」が他の「二」「三」等の線軌跡との関係で漢数字の記号であることを読み取った限りである。つまり「所与〈五〉を数字の〈5〉という所識として知った」のは、一つには「算数の知識を有する者としてのA君」であり、一つには「日本語の知識を有する者としてのA君」という身分および資格においてである。

人間は純粋個人として実体的に存在する実存的な存在ではない。人間は意識においても行為においても「社会的に個人的な存在」である。その原基的な存在の構えは〈われ〉ではなく「〈われわれ〉としての〈われ〉」というあり方をしているのである。廣松式にいえば、人間は「Ich als Wir」ないしは「Wir als Ich」という存在の基礎的構えをとっているということである。つまり「五」を数字の〈5〉として理解したのは純粋〈われ〉としての〈A君〉ではなく「〈われわれ〉としての〈われ〉」としての〈A君〉であったということである。この意味において、廣松がいうように、各個的主観は「この私としての契機と、いわば〝共同主観化された主観〟としての契機との、二肢的な構造をもっている」のである。これを術語的に表現すれば「〈能識者〉（〈われわれ〉）としての〈能知者〉（〈われ〉）」たるA君が知るということである。

以上の所知の側と能知の側との各々の二肢的二重性の契機を統合的・統一的に表現すれば、要するに、人間の認識・知識とは客観的に実在する対象（所与）の「写像」ではなく、〝「所与を所識」・として・「能識者としての能知者」が覚知する〟ことによって成立すると規定さるべきものである。これを廣松流に表現すれば、「認識主観は、単なる特個的能知者誰某より以上の能識者的或者（＝共同主観的に同型的な認識論的主観）として認識活動を営なむ、と呼べる態勢が現成している次第」なのであり、「斯くして、認識的意識は、『所与をそれ以上の所識として』覚知するという所知の側の二肢的二重性と『能知者がそれ以上の能識者として』覚知するという能知の側の二肢的二重性との、双方併せ四肢的存在構造を呈する、と言わるべき構制になっている[16]」、ということになる。

以上の事態を、今度は別の例、すなわち一枚のレントゲン写真上にガン細胞をみる医師Bに即して説明してみよう。この例では、医師としての教育を受けたBなる能知者は、「医師の資格を有する者（能識者）」としての「具体的人物B（能知者）」として、一枚のレントゲン写真の「ある一定の映像（所与）」を「ガン細胞像（所識）」として読み取る、という認識・知識の構制になっているということである。この場合、Bが医師としての能識者（判断主観一般）でない場合、このレントゲン写真の画像（所与）は、単なる白黒の映像図としての意味における所識としてしか認知されず、そこに「ガンの細胞像という意味での所識」としてはこの所与からは読み取ることはできないであろうということである。

このことは、「もっとも単純かつ素朴な知覚知のレヴェルにおいてさえ既にそうである」と先に論じておいた。すなわち、われわれの認識・知識は、知覚知のレヴェル——これまでは視覚知をもって代表させているが——において既に理解する・解釈するという契機が介在しているのである。「リンゴは赤い」ないしは「ここに赤い丸いリンゴが一個ある」という視覚的事実知においても一定の理論枠が前提にされているのであって、「裸の眼で裸の対象を見る」ことによってこの「リンゴがある」という事実が写し取られているのではないのである。「リンゴ」という認知においては、〈リンゴ〉なる概念が修得されていることが前提にされているだけでなく、例えば「くだものとしてのリンゴ」さらには「食べものとしてのリンゴ」という複雑な体系知のコンテキストのなかで読み取られ了解されて成立している認識および知識となっているということなのである。先にのべておいたハンソンの「観察事実の理論負荷性」の命題はまさにこの事態をさしているのであって、この事実知を成立させる前提理論枠の形式と内容が、観察事実という準位にあってさえ、既に事実を事実として成立せしめる基幹的理論枠として機能しているということである。このことが、自然的・生物的あるいは本能的な認知枠に依拠する他の生物の知と認知の水準が決定的に異なる人間の概念的認識および思考的知識の特質でありメルクマールであるということである。こうした事実をさらに高次化し判断や推理の手順・手続・方法・基準等の理論前提枠の準位まで含んだものが、クーンのパラダイム概念の含意するところのものなのである。

このような一定の時代を支配し一般的に承認され通用している解釈図式を修得している身分（能識者）において、あるいはそれを基盤として、諸個人（能知者）は各人独自の読み取りを行っているのである。要するに、人間は各々の諸個人に立ち現われる所与的対象を、それ以上・それ以外の意味的所識として各自的に理解し解釈学的意味づけを行っているのである。知識はこのプロセスを介して成立し存立・存続しているのである。

われわれは、「認識・知識」論をめぐる廣松の四肢構造論にいう「能知・能識－所与・所識」図式をこのように捉えることで新しい知識論のための礎石にしたいと考えているわけである。

D　廣松「真理論」の新パラダイム

われわれは、前節での知識の四肢的存立構造論を踏まえて、今やその延長線上で、現代真理論のための新たなプロブレマティックと論理の構制を討究・吟味していくことにしたいと思う。

近代知識論における真理論をめぐる理論構図においては、知識の真偽は意識内容として与えられる対象の写像としての観念ないしは表象・理論と客観的対象そのもの、この二項の比較・校合による一致・不一致によって評定されるという構制になっていた。しかしながら、意識内容と客観的対象との校合は、対象それ自体の把握ということが基礎づけ・権利づけができない以上、不可能ということであった。われわれの立場からいえば、認識・知識とは、いわゆる主・客の協働的相互作用の産物として措定されるところの共同主観的に妥当する、それゆえ社会的に妥当する客観的な知的構造成態であって、主観と客観との実体的二項関係を前提とした写像の如きものではないということであった。別様にいえば、知識とは主・客の協働による「〝〈所与〉を〈所職〉〟として〝〈能識者〉としての〈能知者〉〟が解釈学的な意味付与」を共同主観的に遂行することにおいて成立し存立している諸個人の認知行為の公共的な成果なのだということである。

それでは、われわれのいう〝「〈所与〉を〈所職〉として」＝「〈能識者〉としての〈能知者〉」〟が把捉するという件の四肢的存立構造論においては、認識・知識の真理性はどのように根拠づけられ基礎づけられるのであろうか。ここにおいてポイントとなるのは〈能識者〉と〈所識〉なるものとの身分と資格である。結論を先取りしていえば、われわれの立場からすれば、真理とは当該の知ないしは理論が社会的に正しいと承認され資格づけられることによってである。社会的にというのは、さしあたって科学知においては、当該の研究領域の専門家研究者集団・学界ということになるが、この問題には後に立ち帰ることにする。

先に「事実の理論負荷性」の命題を討究しておいた際に明らかになったように、最も素朴な基礎的事実・データの準位においてさえ、それは裸の眼で裸の対象をみることによって得られるというようなものではなく、それはある原基的な理論構制枠すなわちパラダイムを前提としているのであって、全ての知はその成立に際してのこうした理論的な負荷あるいはパラダイムに依拠しているということであった。因みに、パラダイムには世界観的次元での経験的対象の構成前提枠という原基的準位でのパラダイム（廣松流にいえば原基的パラダイムとしてのヒュポダイム）と、この構成された経験的対象ないしは事実の理論化に際しての手続・方法・基準等々に関する準位でのパラダイム（理論構成的パラダイム）とが下位的に区別されるべきと考えるが、ここではこの問題には立ち入らないことにする。

ところで、こうした理論前提枠ないしはパラダイムは、それに基づく知識が社会的な妥当性・通用性を有するものであるとした場合、当然ながらそれは純粋に主観的なものであるはずがなく、何らかの形で社会的に同意・承認されて資格付与されているはずである。それでは、ある知識が社会的にその正しさを承認されて受け入れられているということはどういうことであろうか。その論理構制を少々検討しておこう。既にのべていたように、そもそも、人間は本源的・本質的に「社会的に個人的な存在」であった。その基礎的な存在の構えは「社会・内・存在」として規定されるあり方をしており、人間の原基的あり方は〈われ〉ではなく「〈われわれ〉としての〈われ〉」という存在構造において規定されるべきものであった。従ってまた「意識」の原本的なあり方も「純粋な自己の意識」としてではなく、「社会的な自己の意識」すなわち「〈われわれ〉としての〈われ〉」の意識として規定されるべきものである。廣松がいう「*cogito* すなわち *cogitamus*」あるいは「*cogitamus* としての *cogito*」とはこの意味である。Subjektivität は Intersubjektivität としての生成を媒介にして、かつ母胎にして、人間の社会化のプロセスにおいて形成され存立・存続しているのである。廣松はこのことを、要約的に次のようにいっている。〝社会的に個人的な人間〟の相互のかかわり合いにおいて、他人は「一定の社会的歴史的な関わり合いにある者として、そのような共同現存在《ミットダーザイン》としてのみ介在する。かかる他人たちの介在が、discursive な思考の方式はおろか、ものの感じかた、知覚の仕方まで規制し、いうなれば意識作用のはたらきかたを規制するのであるから、『私が考える』cogito ということは『我々が考える』cogitamus という性格を本源的にそなえている、ということができよう。意識主体は、生まれつき同型的なのではなく、社会的交通《フェアケール》、社会的協働《ツーザンメンヴィルクング》を通じて共同主観的になるのであり、かかる共同主観的なコギタームスの主体 I as We、We as I として自己形成をとげることにおいて、はじめて人は認識の主体となる」のだと。[17]

さて、まず「能識者なるもの」の身分に関してであるが、今いうところの「能識者」とは、社会的に一般的な承認と資格付与されたものの見方・考え方、理論化の方法的視座すなわち「対象と問いの設定の仕方、方法、手順、理論構成、問いの解き方」等々を自己の社会化のプロセスにおける体験・教育・訓練等を介して修得した「〈われわれ〉としての〈われ〉」たる諸個人という存在規定における〈われわれ〉にあたる契機をいうものである。前節でのレントゲン映像を読み取る「〈医者〉としての〈B〉」の例に即していえば、〈医者〉なる一般的主観の契機にあたるのが〈能識者〉である。この能識者なるものは「〈能識者〉としての〈能知者〉」という認識主観の統一的二肢性の一契機なのであって、これを分離して単独に〈能識者〉の契機のみを取り出して考察すれば、それはイレアール・イデアールな存在性格を有する社会的普遍概念でしかないのである。現代の医者としての知識と技能を修得した者ならば——

読み取りに際しての個人差すなわち〈わたし〉契機における一定のぶれ・差異はあるにしても——このレントゲン写真から合理的にガンの部位を読み取ることは可能だとされる「〈医者〉としての〈B〉」の〈医者〉にあたるいわゆる認識論的主観が〈能識者〉なるものである。

次に「所識なるもの」に関してであるが、上記の例に即していえば、標準的な医者ならば読み取るであろうこの部位の映像所与をガンという意味に理解した際の〈ガン〉なる所知規定が〈所識〉なるものである。純粋個人としての〈B〉（能知者）が〈ガン〉（所与）を模写的に写し取るのではない。「医者としての一般的な能力を有するB」が、「レントゲン写真から医学的な意味でのガン」と解読して認知するのである。因みに、この〈所識〉なるものも、あくまで「〈所識〉としての〈所与〉」という二肢的二重性の一契機であって、単独に切り離して考察すれば、〈意味〉という一般的な社会的抽象概念としてイレアール・イデアールな存在性格を有する規定でしかないことは〈能識者〉の場合と同じである。

医者とは、例えば今日の日本においては専門家集団の公認基準をクリヤーしたと国家的に公認され資格付与された特定の人物のことであって、彼は医者という専門家集団〈われわれ〉の一人としての〈われ〉であり、その限りで「医者としてのB」なのである。この医者という〈われわれ〉の契機が「能識者」と規定されるものであったが、この契機は社会的つまり共同主観的な規定であり、従って能識者とはそのような身分と資格の保持者なのである。そして、ガンという認知は医者一般の医学的に正当とされる判断すなわち社会的つまり共同主観的に承認されうる医学的な認知なのである。従ってこの場合の真理とは、B（能知者）が医者（能識者）として、このレントゲン写真のこの部位の映像（所与）をガン（所識）として正しく診断したということである。別様に言い換えれば、この事態は「共同主観的な主観（能識者としての能知者）」が「対象を共同主観的なある意味において（所与を所識として）」個人的に正当に認知したということである。

ここにおいて新しい真理論の可能性が拓けている。真理とは、「能知者の所与把握」が「能識者の所識規定」として社会的つまり共同主観的に妥当する判断として承認され資格づけされて、それゆえに社会的一般性をもって通用しうるということである。さしあたっての上記の例では、この医師B（能知者）の診断が医学的にみて（共同主観的能識者の立場からみて）正当な専門家の判断（共同主観的所識）であると社会的に承認・認可されうるということである。重要なことは、ここには廣松がいうような認識・知識ひいては真理の Intersubjektivität の構制が示されているという事態である。すなわち、それは、一方ではかの「映像をガンとして識る」認識・知識の二肢的構造における所識的契機〈ガン〉が、「間主観的（相互主観的・共同主観的）に同調化的に形成されるものでありつつ、かつその間主観的形成が歴史的・社会的に存在被拘束的なものであるという構制」であり、他方では「カント流の先験的構成形式すなわち認識主観に同型的に具っている〝構制形式〟なるものが、実は歴史的・社会的に存在被拘束的な間主観的交通（intersubjektiver Verkehr）を通じて同型化的に形成される」こと、およびかの医師一般という「認識主観は先験的に同型的であるのではなく、歴史的・社会的な間主観的交通を通じて同型的な認識論的主観として形成されて存在する」に至ったものであるという独自の共同主観性の構制である[18]。

因みにここでいう「歴史的・社会的に」とは、さしあたっては、現代の内科医の世界（内科医専門家集団）の一般的・支配的な知見・基準に照らして妥当な診断と承認・許可される水準において、ということである。またこの認知の理論上の一般的な大枠は、個別内科医専門家集団のパラダイムを超えて各種の医師全体の専門家集団においてもその基本的理論枠が了解され受容されている一般理論枠として通用しているものであるし、ひいては医学界のみならず科学者全体の専門家集団にも受け入れられている一般的発想枠とも齟齬をきたさない構図として理解されうるものである。そして、最終的には、当該の生活世界のメンバー一般にも――細かい専門的なことは別として――その生活世界における生活様式にあって納得・理解・受容されているパラダイムの大枠になっているはずである。というのは、こうしたパラダイムの大枠は、日常的生活世界の生活様式における常識の範囲に収まりうるものおよび現実的な効果・有効性を有するからこそ専門家集団に承認・認可されることになるからである。

ここで、以上のようなことを蛇足的に付言しておいたのは、「存在と意識」・「生活世界と知識」の本源的な関連を暗示しておきたかったからである。マンハイムやマートン流の「知識社会学」にいう知識の歴史社会的・文化的被拘束性は、こうして歴史社会科学あるいは人間科学に固有なものではない。それは自然科学的知識を含めて、知識一般に妥当することがらである。このことが白日のもとにさらされ論議を呼びさますようになったのは、一九六〇年代以降に急速に浮上してきた「新科学哲学」が提起した件の現代科学論の問題群だったのである。その象徴的な代表者であるハンソンとクーンの問題提起に関しては既にみておいた。

以上の要約をかねて、パラダイムと認識・知識の本質的な関係および「真理の共同主観性」をめぐる廣松とも縁の深い野家啓一の箇にして要を得た表現を借用して本節のまとめとしておこう。「パラダイムとは、現場の科学者たちが暗黙のうちに共有する〈価値理念〉や〈認識関心〉の総体であると同時に、より具体的には科学研究を導く指針や手続きの体系、すなわち『何をいかに探究すべきか』という研究のオリエンテーションを行う実践的枠組みのことにほかならない」[19]。そしてそれは「一つの時代の科学者共同体の〈黙約（convention）〉であり〈合意（consensus）〉である」[20]。この科学者共同体における共同主観的な黙約こそが、科学の問題と対象と方法と解決基準等を決定するものなのである。「それゆえ、科学研究とは科学者が何の前提ももたずに〈虚心〉に自然と対することによって遂行されるものではない。科学者は常に、一定の〈先行的了解〉あるいは〈先入見〉をもって自然に臨むのである。……〈先入見〉は科学的認識の障害物なのではなく、むしろ認識が〈科学的〉であるための不可欠の基盤なのだと言うべきであろう。この先行的了解は、いわば研究を主導し規制する一群のルールであり、科学者たちの行動を律する一種の〈共同規範〉にほかならない[21]」。この研究に先立つ暗黙の了解事項は、「歴史的・社会的文脈を離れた超越的規範として機能するものではなく、あくまでも一定の時代の科学者共同体あるいはハーバーマスの言う『コミュニケーション共同体』の存在を前提とし、それによって生成、維持されていることに注目すべきであろう。この先行的了解は科学共同体の〈研究伝統〉を形作っているのであり、人はこの〈伝統〉に参与し帰属することによって自らを一個の〈科学者〉として馴化するのである[22]」。

かくして、真理とは、知識がこの科学者共同体の研究伝統にのっとり、そこでの共同規範としての真理基準枠に収まっている知識として承認・認知されることをいう。真理の共同主観性とはこの事態をいうのである。サール流にいえば、知識が科学者共同体における共同主観的な「構成的規則（constitutive rule）」に合致した構成となっていること、それが真理とみなされるのである。

以上、われわれは、本章（第二章）において、知識とは、近代知識論が前提にするように、「主－客」図式に基づく主観による客観の転写という構図においてではなく、再度廣松説に仮託する形でいえば、認識主観が「『所与をそれ以上の所識として』覚知するという所知の側の二肢的二重性と、『能知者がそれ以上の能識者として』覚知するという能知の側の二肢的二重性との双方併せて四肢的存在構造を呈する、と言われるべき構制[23]」における認識の成果なのだということ、これを明らかにし得たと思う。そして、そこからまた近代真理論を超克する現代真理論の新しいパラダイムの一端をなす論理構制、すなわち能識者としての身分・資格における件の「〈判断主観一般〉の判断的措定内容、それがいわゆる「真理」である（そして、〈判断主観一般〉）が否認する命題内容が『虚偽』であり、誰か具体的判断主観の虚偽的主張が『誤謬』である」[24]とする知識の真偽をめぐる論理構制も解明し得たと考える。因みに廣松はこうした「真理観」に関して、別の所では次のようにもいっている。すなわち「『私』の判断意識をメタ・レヴェルにおいて省察するとき、『私』［能知者］に帰属する判断意味成体が、判断主観一般［能識者］に帰属する判断意味成体（真理）と合致する場合に、『私』の判断は正しい richtig 判断であり、合致しないとき正しくない falsch 判断である。前者がいわゆる真なる認識となり、後者が誤謬にほかならない」[25]。まさにこの事態こそが近代知を超克すべき「知識の四肢的存立構造」と「真理の共同主観性」の内実をなすものである。

本来なら、われわれは、さらに①真なる知識の共同主観性の生成のプロセスとそうした意識における物象化機制、②真理の歴史的・社会的・文化的な被拘束性とイデオロギー性、③通用的真理と妥当的真理および「真理革命」の構制の討究に立ち入るべきであろうが、これらの諸個人の各自的意識の形成と存立の物象化（「共同主観的主観性の定礎」）およびそうした諸個人の意識活動の社会的物象化（歴史的パラダイムの生成と客観化の機制）問題の討究はここでは立ち入らない。

註

（1）近代的な認識事実学と認識権利学の暗黙の前提をなす「認識観・意識観を根本から改めるべき理由」の開示をその重要な課題の一つとする廣松「認識論」にとって、この「問いのたて方」の転換は――「認識とは何か」から「認識するとはどういうことか」への転轍——決定的に重要である。それは、存在論・実践論における「存在するとはどういうことか」・「実践するとはどういうことか」という「問いのたて方」にもみられる廣松哲学の根幹的な意想を表示するものである。

『入門』、一六頁。

『存在構造』、三八頁。

(2) 本章における廣松「認識論」の提起したプロブレマティック(問いのたて方・問題構制・方法的視座)に関する概要・概説は、以下のものが比較的にわかりやすく、われわれの読み取りも、主として、それらの入門的啓蒙書類の悪戦苦闘のかじり取りによるものである。

『入門』「第一章・第一節 認識の存立構造」

『一歩前』「第二章 一 写像的知覚像の破綻」

『存在構造』「I.序章 哲学の逼塞情況と認識論の課題」

『地平』「附論II マルクス主義認識論のために」

(3) 上記註(2)の当該個所を参照。以下、同じ。

(4) 以上は、主として廣松渉『一歩前』、「第二章 一 写像的知覚観の破綻」を参照。

(5) 「……『三項図式』のもとでは、外的な対象については認識することが不可能であるという『外的な対象についての認識不可能論』、つまり『不可知論』に陥るということである」(『一歩前』、六八-六九頁)

同じことを廣松は次のようにもいっている。

「近代認識論流儀の『三項図式』のもとでは、他人の意識内実については認識することが不可能であるという『他人の意識についての認識不可能論』に陥り、そこから『独我論』への傾斜が生じる……」。(同上書、六六頁)いわゆる近代哲学流の「写像的知覚観」——因みに廣松はこれを「写眞機《カメラ》モデルの知覚観」と揶揄しているが——に見合う意識観からすれば「自分以外に別の(他人という)意識主体が実在するかどうか、積極的には立言できない仕儀に陥ることは確かであって、現に近代哲学は常に独我論の脅威にさらされ続けてきた次第である」。(同上書、六八頁)

（6）『一歩前』、五八－六四頁。
（7）『入門』、三四－四二頁。
（8）以下の叙述は、次の文献を、適宜、参照・要約したものである。専門研究書および廣松科学論は除く。
N・R・ハンソン『科学的発見のパターン』村上陽一郎訳、講談社学術文庫、一九八六
同『知覚と発見』野家啓一他訳、紀伊國屋書店、一九八二
A・ケストラー『ホロン革命』田中三彦訳、工作舎、一九八三
同『還元主義を超えて』池田善昭監訳、工作舎、一九八四
I・プリコジーヌ他『散逸構造』小畠陽之助、相沢洋二訳、岩波書店、一九八四
同『現代科学の巨人一〇』田中三彦ほか訳、旺文社、一九八五
A・F・チャルマーズ『科学論の展開——科学とは何か？』高田紀代志、佐野正博訳、一九八三
『科学論の展開——科学と呼ばれているものは何なのか』、恒星社厚生閣、一九八五
C＋Fコミュニケーションズ編著『パラダイム・ブック 新しい世界観——新時代のコンセプトを求めて』、日本実業出版社、一九八六
村上陽一郎『西洋近代科学——その自然観の歴史と構造』、一九七一
同『新しい科学論——『事実』は理論をたおせるか』講談社ブルーバックス、一九七九
同『近代科学を超えて』講談社学術文庫、一九八六
野家啓一『［増補］科学の解釈学』ちくま学芸文庫、二〇〇七
佐藤勝彦『宇宙論入門——誕生から未来へ』岩波新書、二〇〇八
ルーシー＆スティーヴン・ホーキング『宇宙への秘密の鍵①、②』さくまゆみこ訳、岩崎書店、①二〇〇八、②二〇〇九
日山紀彦編・解説『廣松哲学と現代科学論』情況出版、一九九九
（9）以上の「事実の理論負荷性」ないしは「パラダイム負荷性」をめぐる廣松の科学論としては、以下のものを参照。

『前哨』「第二部 物的世界像の問題論的構制」
「構案」「第一節 科学論の今日的状況」

(10) この問題に関しては、廣松の著述としては上記の註九の『前哨』、「第二節」を参照されたい。

(11) このバークレイ批判は、同時にマッハ批判に通じるものである。『前哨』〇三二、一一一頁を参照。

(12) 上記の註（7）を参照されたい。

(13) 『地平』「附論Ⅱ マルクス主義認識論のために」を参照。

(14) 「所与がそれ以上・以外の或るものとして覚知される『所識』、この〈或るもの〉のことを私は認知論的場面では『意味』と総称します」。（『入門』四七および五九頁）いわゆる、廣松のいう所与と所識の「等値化的統一」とはこのことをいう。因みに、この「『所与－所識』等値化《として》的統一は『所与－記号』の象徴的結合《シュンボレイン》と不即不離な態勢になっているのが実態である」。（同上書、七六頁）

(15) 『構案』、二一六－一一七頁。

(16) 『入門』、九四頁。

(17) 『存在構造』、三五頁。

(18) 廣松は、このことを次のようにもいっている。「カントがアプリオリに同型的であるとみなしたところの先天的形式、よってもって各々の認識主観がアプリオリに同型的であると彼がみなした所以のもの、それは初めから同型的なものとして各人にアプリオリに具っているものではなく、実は共同主観的＝間主体的 intersubjektiv な交通 Verkehr を通じて歴史的・社会的に形成される意味形象であること、それは決して時空と十二の範疇に局限されるものではないこと、これが指摘されねばならない。」（『前哨』、七五頁）

(19) 野家啓一『[増補]科学の解釈学』ちくま学芸文庫、二〇〇七、〇四八頁。

(20) 同上書、〇四六頁。

(21) 同上

(22) 同上書、〇四七頁。

(23)『入門』、九四頁。
(24) 同上書、九六頁。
(25)『存在構造』、三四六頁。

第三章　廣松「存在論」の前哨

前章における廣松渉の「認識論」の新地平の哲学史的問題背景とコンテキスト、そしてその問題論的構制と新たな認識論の論理構制およびパラダイムの概要の検討・吟味に引き続き、本章では「存在論」に視軸を据えて、彼の提示した存在論の新地平の背景を検討・吟味していくことにしたい。とはいえ、既に強論しておいたように、廣松においては、存在論・認識論・論理学は三位一体の論理構造・連関において三者不可分離の規定性において理論構築されており、それらはまた実践論において統合される構制となっている。従ってここでは、存在論に視軸を置くといっても、それは前章のいわば「認識論の読み解きのための前哨」の叙述が実質的には「認識≈存在」論の構成となっていたがゆえに改めての廣松「存在論」の考察は不必要かもしれない。しかしながら、われわれは本章で、「存在≈認識」論の論理構制を視軸とした廣松「存在論」の読み解きを、その独自の存在論的構制を強調すべく、前章との重複をも厭わず、別の観点と視座から改めて廣松に固有な〝「存在論」の問題論的な前提・前哨〟をみていくことにしたい。

廣松「存在論」の独自性・画期性は、先に第一章で概括しておいたように、その「事的世界観」に基づく存在了解すなわち「関係主義的存在観」の基幹的構制において近代的存在了解（「実体主義的存在観」）の批判的超克を企図する論理にあった。この企図をキャッチフレーズ的にいえば「物《もの》的存在観から事《こと》的存在観へのパラダイム・チェンジ」

ということになる。

ところで、近代的存在観の主流は、近代科学主義の存在了解がその典型であるが、いうまでもなく「唯物論」に立脚したものである。当然ながら廣松理論もまた唯物論の立場に定礎されている。しかしながら、廣松「唯物論」――われわれはさしあたってそれを廣松流「弁証法的唯物論」と呼ぶ――は近代科学主義的唯物論とは存在了解の内実も、存在規定の論理構制も、その理論的把握のパラダイムも、決定的に異なっている。上述しておいたように、近代的存在観のトータルなパラダイム・シフト、根源的な乗り超え、理論前提枠の全面的な転轍こそが廣松「存在論」の企図するところのものであり、問題提起なのであった。それは、また、いわゆる伝統的マルクス主義のいわゆる俗流「弁証法的唯物論」への厳しい徹底した批判をも含意され企図された理論構成となっていることも亡失されるべきではない。

さて、現代唯物論がその論理的根拠づけをめぐって深い混迷の状況にあり、一種の閉塞状況に陥っていることは、改めて指摘するまでもないであろう。われわれは、今日、いわゆる近代科学主義にいう物理学的「物質」なるものをもって唯物論を基礎づけることは不可能である。自然であれ社会であれ客観的に実在する世界のあり方を、近代科学主義流に物理学な意味での物的実在性としての実体的究極物質や社会の原基的構成単位としての純粋アトム的個人に定位して了解することも、あるいは認識なるものをかかる実在的世界を何らかの形で実体的諸個人がその意識に取り込むという図式で了解することも、先述しておいたように、いずれも決定的な理論的アポリアに直面することは、二〇世紀の先端的な知的営みが改めて確認したことである。

このような現代唯物論の直面している深刻な理論的な危機の打開の試みにおいて、伝統的な近代唯物論へのラディカルな批判と超克を企図した廣松哲学、とりわけ物象化論のもたらした衝撃力は大きいものがあった。しかしながら、他面では、廣松理論は所詮は認識論偏重の観念論でしかないという根強い誤読的批判も当初からつきまとってきたことも事実である。

本論では、現代唯物論の再構築の可能性を探るべく、この廣松存在論を新たな唯物論に向けての問題構制・プロブレマティックとかかわらせつつ、それを批判的に検討・吟味することで「事的存在観」の新地平を明るみに出すことを課題としたい。われわれのみるところ、廣松「存在論」は、マルクス主義唯物論の批判的再構成の作業と相即しながら、同時に廣松独自の哲学的な理論構築を図るプロセスにおいて形成されたものである。重要なことは、それは廣松の画期的なマルクス研究を象徴する形で提起された後述する物象化論の理論構制を基調とするものであって、そこではマルクス主義唯物論の解釈＝改釈の新地平が問題となるばかりではなく、現代唯物論の新たな可能的地平そのものが問題となっているということ、これである。換言すれば、廣松唯物論およびその運動の論理としての物象化論とその存在論的帰結は、伝統的な唯物論の批判的超克という構えになっているというわけである。もう少し敷衍していえば、廣松唯物論は、マルクス主義唯物論の再構成を通じて、いわゆる伝統的マルクス・レーニン主義唯物論の徹底した批判を試みたものとしてばかりではなく、それはより直截には近代科学を典型とする近代ブルジョワ唯物論の徹底的な批判を企図するものであり、その哲学的地平を超克する新たな唯物論的地平とヒュポダイムを提示しようとするものであったということである。

このような廣松の大胆な試みが、どのような論拠と論理をもって展開され、それが果たしてどの程度、納得・理解しうるものとなっているのかを論定するために、われわれは、ここでは第一章での論考とはやや異なった視座から、廣松唯物論（＝物象化論）の哲学的な特質を検討することから始めたいと思う。そのため、問題のありかをわかりやすくするべく、ここでも廣松の入門書・啓蒙書の類いを参照しつつ、彼のマルクス主義唯物論研究をも視野に入れた形で論考していくことにしたい[1]。

A　廣松「唯物論」における関係主義的存在了解

近代唯物論批判としての廣松の物象化論の論理に立脚する唯物論は、彼自身も認めているようにいわゆる上述の特殊な意味での「弁証法的唯物論」として規定されうるものだが、この廣松物象化論の哲学的基盤をなす「弁証法的唯物論」の世界観の特質として、まず第一にあげられるべきは近代科学主義的唯物論とは次元を異にするその独自の存在観にあるといえよう。それは、繰り返しのべてきたように「関係の第一次性」という存在了解に立脚する、いわばわれわれ流にいい直せば関係主義的運動実在論の構えをとる唯物論である[2]。別様に表現すれば、この唯物論は世界を「対自然－対他者」相互連関の動態的過程あるいはその生態系的総体性の運動態として捉える立場に立脚するものである。

ところで、ヘーゲルは「形而上学的」と「弁証的」とを対句的・対比的に用いたが、ヘーゲルのいう「形而上学」とは伝統的な意味ないし実証主義流の意味でのそれではない。それは、自己完結的に固定的でかつ不易な実体を原基とし、しかる後にその相互連関を考え、そのようなあり方を存在の真実態とみなす立場をさす。ヘーゲルにおいては、既に廣松のいう「実体の第一次性」に立脚する存在了解に対する根源的な批判がみてとれる。廣松は、マルクス・エンゲルスがこのような意味でのヘーゲルの形而上学に対する批判を唯物論的に改鋳しつつ継承した事態を解明しつつ、彼らの唯物論の特質を諸個人の「対自然－対他者」相互連関に定位する「関係の第一次性」に立脚したところのわれわれのいう関係主義的運動実在論的な存在了解にあると論定する。廣松思想の唯物論的基盤は、何よりもこのような意味での弁証法的存在了解を前提とするものである。

マルクスの哲学的世界観の特質は、存在論的視点から言えば、筆者が特別の意味で謂う relationisme に存する。関係主義と謂うのは、……所謂「実体」に対する「関係」の第一次性を主張する存在論上の立場である。――ヘーゲルは単なる示差の体系という域を超えて、関係規定・反照規定を強調したのではあったが、彼はまだ一種の有機体主義・全体主義的な〝実体主義〟を残していた。それに対して、マルクスは、原子論的・要素主義的な実体主義ばかりでなく、有機体論的・全体主義的な実体主義をも克服し、「関係」主義を斉合的に推し進めたのであった。(3)

このような「マルクスの関係主義は、伝統的存在観のパラダイム・チェンジを促進するものであり」「存在論史上、劃期的な新地平を拓いたものであると筆者は考える」(4)と廣松は、その意義を宣揚する。

弁証法的存在観にあっては、その「運動観」にも独特なものがある。アトム的実体の第一次性に依拠する存在観は、何よりも近代における自然科学を前提とする唯物論の特質であり、それはひいては近代社会における全ての経験主義的実証主義が立脚する近代ブルジョワ唯物論（＝市民社会の唯物論）の暗黙の基本前提である。この唯物論においては運動は機械論的に把握され、基本的には「質点の位置の変化」と了解されている。これに対し弁証法的な存在観においては、運動は「状態の変化」と了解され、自然・人間の織り成す協働連関態の総体性としての状態の動態性（ダイナミズム）において了解される。機械論的メカニズムに対する生態学的ダイナミズムの視座である。メカニズムはダイナミズムに包摂されることになる。

マルクス・エンゲルスは、同じく唯物論といっても、一八世紀流の力学主義的な唯物論や一九世紀の生理学主義的な唯物論に対しては、それらが機械論的な存在観に立っており、ヘーゲルのいう意味で形而上学＝非弁証法的であることを厳しく批判し、弁証的な存在観と相即するごとき唯物論を標榜した。これは、不偏不易な自己完結的な実体的存在を認めず、万象を生成流転と汎通的な相互連関・相互浸透の相で観ずる存在観である。[5]

マルクス主義唯物論の批判的継承＝継承的批判を企図する廣松唯物論は、まさにかかる弁証法的存在観を基盤として展開・構築されているものである。

B　廣松「唯物論」における質料主義的存在了解

それでは、廣松の強調する弁証法的存在観の唯物論的な基盤はどのように根拠づけられているのであろうか。近代唯物論が典型的にそうであるが、奇妙なことに二〇世紀の正統的マルクス・レーニン主義唯物論においても、「唯物論の内実が多分に科学主義的な唯物論に近くなっている」論理構制を厳しく批判する廣松は、「マルクス・エンゲルスは、形相主義に対する質料主義の含意で『唯物論』の立場を自己規定した」[6]事態に注意を喚起する。

唯物論の物質的な根拠づけは、近代科学が明らかにした物理学的実在たるアトム的実体としての「物質」それ自体に定位される立場は、廣松においては、既にのべておいたように、「物象化的錯視」として斥けられる。ここで物象化的錯視というのは現相的事象の固定化に基づいて事象を把える錯認をいい、それに対して弁証法的唯物論の唯物論たる根拠は、関係の総体性としての世界の動態的過程の物質的実在性＝質料性に定位して基礎づけられているということにあるのであって、それは実体的な物質それ自体やアトム的個人なるものを原基とする把握とは次元の異なるものである。より具体的にいえば、この存在論的了解は、歴史的な生活世界における人々の「対環境的自然－対社会的人間」の相互連関態の質料性・実在性を基盤とするものである。

　そもそも自然的物質なるものからして、本質的には、全宇宙的な関係の場においてその存立の実体性に支えられて現象しているものであって、この質料的場の状態から切り離されたアトム的実体としての物質（素粒子・クォーク）なるものは悟性的抽象規定以外の何物でもない。繰り返しになるが、現代物理学が明るみに出したように、物理学的実在としての〈物質〉なるものは、今や人間から独立した客観的な自存体としての「物質」なるものとして規定されるべきものではない。それは「自然とわれわれ［認識主観］との関係の像」でもある。「一方に時空間内の客観的経過、他方にその客観的経過を写し取る精神、この対立的二項に分ける旧来の分割、……デカルト的区別はもはや……適切ではない」。自然科学においてさえ、人間は「もはや観察者として自然に対向しているのではなく」、自然科学の描く自然像は「人間と自然との相互作用の一部」であり、既述しておいた意味での「存在論≈認識論」的な相互媒介的統一像として規定されるべきものとなっているのである。「ニールス・ボーアがのべたように、われわれは単なる観客ではなく、［対象的自然との］共演者でもある、ということに気付かなければならない」。廣松が現代物理学における相対性論・量子論の哲学的理論構制を剔抉すべく「ローレンツ変換」「不確定性原理」「素粒子の没自己同一性」あるいは「観測問題」（量子力学）、「観測者問題」（相対性）、とりわけ「波束の収縮」と呼ばれる事態の哲学的な吟味に拘泥するのは、とりも直さず現代エピステーメの極北にあるこうした科学知における存在論的・認識論的なパラダイム・チェンジないしはヒュポダイム転換の先駆的な問題提起をみてとっているからである。[7]

　要するに、事の重要性に鑑み再説しておくと、廣松が発掘したマルクス・エンゲルス的唯物論の基本構制、そしてそれを敷衍しつつ展開した廣松唯物論は、「裸の所与」としての「裸の事実」ひいては「裸の物質」そのものを根拠とする近代唯物論とはパラダイムを異にして、個々の要素を「対環境的自然－対社会的人間」の相互依存的連関の総体性を反照する「場における結節項」として、その歴史的な「質料性＝物質性」を根拠として構成されたものである、ということである。それは、最終的には「生活世界」の歴史的質料性に定位する唯物論ということである。

マルクス・エンゲルスの関係主義的存在観が「歴史」の場面においては生産の場における「諸個人の対自然ならびに相互間の諸関係〔Verhältnisse zur Natur und Individuen zueinander〕」という生態学的な関係を機軸とするものになっている[8]……。

彼ら（マルクス・エンゲルス）は哲学的設問の対象を転換した。今日風に言えば、彼らは「歴史的生活世界」を哲学の対象にしたのである[9]。

廣松にいわせると、マルクス・エンゲルスの歴史的自然という概念規定は、自然・人間・社会を「歴史・内・存在」という視座からトータルに把握することを根拠とするものであり、それゆえ「自然界と人事界を包括する単一の歴史、その単一の歴史界を対象とする学、それが元々唯物史観（die materialistische Auffassung der Geschichte）[10]」なのである。

ここでは、自然は歴史化された自然として問われることになり、人間・社会は歴史的存在として自然との相互連関において問題とされなければならないことは既にのべておいた。かかる唯物論は、存在論的契機と認識論的契機とが、実践論的視座において、相互媒介的にかつ統合的に把握されうるような新たな地平を開示する態のものでなければならないことも既にのべておいた。しかしながら、このような重大な問題は、これまで問われることは少なかったといってよい。それゆえ改めて注意を喚起しておきたいのは、「質料主義としての唯物論」における存在論と認識論の相互媒介的な統一という問題である。われわれにいわせると、このことの看過が廣松思想の認識論偏重という批判につながってきた一つの論拠であったように思う。

廣松によれば、マルクス・エンゲルスが、初期における存在論上の「唯物論－唯心論」と認識論上の「実在論－観念論」という伝統的なアカデミックな対概念の使用から、「唯物論－観念論」という対概念の使用に転換したのは、まさにこの問題を核心とするものであったのである。それは、廣松にいわせれば、さしあたり「ライプニッツ、フォイエルバッハの用語法を踏んだものであり、現前する世界が超越的なイデーによって存在を支えられているとするイデア主義に対して、現与の世界それ自身に存在性を認める質料主義の撰取と相即するものであった。それは弁証法的な存在観を採るとはいっても、ヘーゲル主義のごとき超越的なイデー主義（Idealismus ＝観念論）とは反対に、質料主義（Materialismus ＝唯物論）を採ることの表明にほかならない[11]」ということである。

しかし、その際重要なのは「マルクス・エンゲルスの唯物論は、……所謂古代唯物論や十八世紀の機械的唯物論や十九世紀の俗流唯物論とは凡そ違って、物質とやらの全一性（Alleinigkeit）を主張する立場ではない[12]」ということ、これである。廣松は、唯物論を定義するにあたって、次のようなエンゲルスの言辞を引用して以下のようにいっている。マルクス・エンゲルスの唯物論とは現実的運動に定位して「事物をあるがままに wie sie sind 見る立場」（『ドイデ』）、「自然と歴史とをそれらが自己現示するがままに把える auffassen wie sie sich selbst geben 立場」、「この現実的世界を観念論的な先入的妄想なしにそれに近づく誰にでも、それが自己現示するがままに把えようとする立場 die wirkliche Welt so aufzufassen, wie sie sich selbst einem jeden gibt, der ohne vorgefasste idealistische Schrullen an sie herantritt」(『フォイエルバッハ論[13]』)に立脚するものであると。留意さるべきはそれが存在論的認識論＝認識論的存在論の構制となっていることの画期性である。それが、存在論と認識論とを截然と区別する科学主義的・実証主義的唯物論と異なるのは、第一に「関係の全体性としての状態」としての現実世界の物質性＝質料性に定位する唯物論であるということ、第二にこの世界の実在の関係性の現前が、社会化されつつ社会へとアンガーシュしていく諸個人の目的意識的協働が産出する前述した人間と自然の相互連関態としての「間主体的－共同主観的」な生活世界に定位された実践的唯物論であるということにある。それは、「主－客」関係図式を基軸とする近代的な世界観を超克せんとする新たな理論枠＝パラダイムを前提とするものであり、それゆえ、伝統的な「唯物論－唯心論」「実在論－観念論」の対概念もしくは対立図式の根源的な組み替えを要請する態のものであったということである。〃存在論上の概念「唯物論」〃と〃認識論上の概念「観念論」〃との結合による対概念の組み替えである。

廣松「唯物論」は、このようなマルクス主義唯物論の画期的な方法論的視座・問題論的構制を敷衍する形で、「存在≈認識」論ないしは「認識≈存在」論的に規定された世界の質料性の統一理論として展開されていることは看過されるべきではない。

C　廣松における唯物論と物象化論

「マルクス・エンゲルスの理論を、単に形成史的及び構造的に復元しつつ研究するだけでなく、継承的に展開する作業――アカデミックな研究を踏まえて――に従事[14]」することの必要性と重要性を強調する廣松は、マルクス思想の形成過程を伝統的なマルクス研究を一変するかの如き広い視角と精緻さで踏査しながら、独自の問題論的構制において、次のような論定を下す。それは、「一八四五年を境にしてマルクスの思想に弁証法的飛躍が生じた」という論判である。廣松はいう。「それを象徴する語として、疎外論から物象化論へ、と筆者は唱える。疎外論がまだヘーゲル主義的な『主体－客体』図式の埒内にあったのに対し、物象化論は『主体－客体』図式を超克しつつ、しかも関係主義的存在観への自覚的な徹底化に即応したものである[15]」と。すなわち「マルクスの物象化論は、彼の関係主義的な存在観や革新的な意識概念に支えられており」、このことによって初めてマルクスは独自の思想的立場を定礎し得たのであり、近代的世界観の地平を乗り超え可能とする視座と論理を獲得することができたのであると。廣松はいう。「彼［マルクス］の物象化論は、体系的哲学的な根拠づけの方面においても、その具体的な適用の方面においても、継承的展開が残された課題をなすが、彼の物象化論が哲学史的に見ても画期的な功績であることには疑いを容れない[16]」。

このような廣松のマルクス研究から導出された弁証法的唯物論に立脚した物象化論、この廣松物象化論の視座を基軸とする世界像は、近代的世界観の地平において構成された伝統的な世界像とは根本的に異質なものとして理論化される。すなわち、既述したような「関係の第一次性」という存在了解を基本前提とする質料主義としての「マテリアリズム」において、社会的存在者としての諸個人（「〝われわれ〟としての〝われ〟」もしくは「歴史・内・存在」という構えをとる諸個人）に、その都度立ち現われてくる世界の現相は、「対環境的自然（歴史的自然）－対社会的人間（歴史的諸個人）」の相互連関態としての歴史的状態の総体的な運動過程を本質とするものである。これを、認知的関心に拓けてくる世界の存立構造に視軸を据えて表現すれば、既述しておいたように、そこでは「所与がそれ以上・それ以外の何かあるもの」として、「能知－能識」の二重性と統合されて意味を懐胎した「間主体的・共同主観的」な歴史的世界として存立しているということである。廣松のいう「事的世界」とは、このような「場の状態の総体性」の変化としての運動の過程に定位されて把握された歴史的世界の謂いであって、人間存在とは独立した客観的な物質的過程を表現するものではない。後者は近代科学的合理主義の描く「物《もの》的世界」であり、廣松にいわせれば、それは世界の原基的なあり方たる「事《こと》的世界」・この世界のあり方の物象化的事態として現相的世界において顚倒した外観・仮象（Schein）において現われたものである。廣松にいわせれば「物的世界像」とは、そのような仮象的外観を客観的な究極的世界像として錯認的に構成されたものにすぎないということになる。

要するに、「事的世界」とは、われわれにとっての具体的な世界のあり方（現相的世界・表層的現象界）の深層基盤にかかわる本質的かつ本源的な原基的規定なのであって、世界をその具体的全体性に把えようとすれば、これ以上は下向的分析不可な世界の基礎的存立構造を含意するものである。再度、強調しておく。廣松唯物論の定位する「事的世界」にとっては、「物的世界」とは「事的世界」の反照的現相化・物象化において現われる事態を客観的な真実態とみなし、その現象的過程に定位して、これを悟性的に抽象化することによって理念的に構成されたものである。そこでは世界の具体的な歴史的世界の存在の本質は蒸発せしめられ変質せしめられている。フッサールは、ガリレオを「彼は発見する天才であったと同時に隠蔽する天才であった」と批判したが、これはガリレオ批判に仮託したフッサール流の近代科学の物的世界像批判であった。この批判の眼目は、日常的な経験に与えられた具体的事象を数学的手法によって理念化し、これを抽象的にイデアールな形に加工・処理し理念的に構成することで、具体的な人間の根源的な世界を気づかないままに蔽い隠してしまった「諸学の危機」、これを明るみに出すことにあった。ここにおいては、科学の理念的構成作業の基盤としての歴史的な生活世界 Lebenswelt から主体と客体とが悟性的・分析的に分離され、世界を物的客体として措定し、これを主観が写し取ることが客観的科学的真理であるという結論が出てくる。このような方法・手続き・手順で巧妙精緻な「理念の衣」を着せてしまうことを介して、世界から人間の原的関与を蒸発させてしまう近代科学に対する危機意識の表現であったのである。このような世界像は、具体的な世界の把握のための一般的な理論前提として措定されたものにすぎない事態として了解されるのではなく、それこそが現象的世界の本質的な実在像なのだとして了解され前提されているとしたら、それは本末転倒した錯視以外の何ものでもないということである。廣松物象化論のプロブレマティックも、このフッサール流の問題意識に類比させるとよく理解されよう[17]。

これに対して廣松は、物象化論の論理構制において、生活世界に定位さるべき世界、あるいは、われわれにとって具体的に立ち現われてくる世界たる「現相的世界」の深層基盤の根本的な存立構造を、「四肢的構造連関」の構図で描く。この構図を分析的にその構成契機に即して表現すれば、世界のあり方は「所与－所識＝能知－能識」という四肢的構造連関態として存立しているということであった。ここでは、近代唯物論が前提とするように、世界は要素的実体の機械的な結合態として存立している客観的な対象として存在しているわけではない。既在する自然的・社会的・文化的な複合的な構造成態としての世界は、「歴史・内・存在」としての人間の「対自然－対他者」相互連関における「intersubjektiv な、乃至は、むしろ zusammensubjektiv な営なみの物象化の過程的産出態として把えられているのである。つまり、われわれにとっての世界は、かの四肢的構造聯関のダイナミックな過程的総体」として存立しているのであり、「如実に存在するのは、過程的にはこの一全体である」。廣松唯物論が、この過程的な一全体の質料性に根拠を置くものであることは、既にのべてきたところである。重要なことは、この唯物論的運動過程の思念的受容 Vernehmung に際しては、「私どもは『意味』という intersubjektives Zusammenwirken［間主体的協働］の物象化、この『物象化の秘密』を対自化し、共同主観的思念の対象を自存視するFetischimusを戒めつつ、……イデアールな対象性、ないしはSachverhalt［命題的事態］」があたかも客観的にbestehen［存在］するかのような、そして「それが共同主観的にvernehmen［受納・認知］される」事態すなわち物神化の根拠を対自化していかなければならないということである。(18)

ところで、この際留意さるべきは、このような諸個人の「対自然‐対他者」相互行為連関は、彼らの社会的協働過程において、彼ら諸個人の各々の目的意識的行為そのものとは独立の社会的合成力が産出せられ、彼らを包摂・規定するごとき疎遠な外在態＝社会的物象態を現象せしめているということ、これである。この社会的協働の過程的運動における事態は、後期マルクス的用法・意味規定での外在化Entäusserung、すなわち物象化Versachlichungといわれる事態であり、そのような意味での物象化規定は社会的存在すなわち「社会的諸関係の総体を本質とする人間」の協働連関運動にあっては、理論的抽象規定としては論理的には不可避の規定、つまり歴史貫通的な運動過程にかかわる規定となっている。今はこの問題は措くこととして、ともかくこの生活世界における社会的協働連関過程を実在的基礎として外在化される構造成態化の運動こそ、世界の質料性の第二の契機を構成するものである。高次化された質料性＝物質性たる物象化的構造成態を一つの存立契機とする動態的質料主義とは、平面的で二次元論的な共時的相互連関性を超えた三次元論的な通時的相互連関性において存立するいわば「三次元論的マテリアリズム」と称されるべき論理構制を有するものである。いわば空間的（共時的）質料主義から時間的（通時的）質料主義への唯物論の視座の拡張である。歴史的な構造変動論としての物象化論である。(19)

このような構造を有する世界の質料的過程の物象化は、上述したように論理的には一般的――その意味で歴史貫通的――に規定されうるが、歴史的現象としてはその都度独自の具体的な姿態をもって現われてくる。廣松が焦点をあてたのは、物象化の一般的論理を究明することと相即して、あくまで特殊歴史的な近代資本制商品世界の物象化の運動を基礎づけることであり、この世界に汎通化している物象化錯視の実態の批判的剔抉であった。それは、近代唯物論の根源的な批判と超克を原理的に含意するものであった。われわれは、次に、この物象化論による近代唯物論批判の論理をみていくことにしよう。

D　近代唯物論批判としての物象化論

われわれは、ここで、物象化論の論理がいかなる意味で近代唯物論の地平を超克しその論理の批判的乗り超えを図ろうとするものであるかを、若きマルクスが己の哲学的立場の自己止揚に通じる前提ともなったある言明を後期マルクスの立場への移行の一里塚として素描しておくことにしたい。それは、廣松も注目している『神聖家族』における次のような立言である。「ヘーゲルのうちには三つの要素がある。スピノザの実体、フィヒテの自己意識、そしてこの両者の必然的な矛盾にみちたヘーゲルの統一、すなわち絶対精神である。第一の要素は人間から切り離されて形而上学に改作された自然であり、第二のものは自然から切り離されて形而上学的に改作された精神であり、第三のものはこれら両者の形而上学的に改作された統一であり、現実の人間と現実の人類である[20]」。

これを敷衍する形で解読しておくと、われわれが注目する第一は、近代唯物論における「関係から切り離して形而上学的に改作された実体」の措定という物象化的錯視に対する批判である。これは、今日的な観点に立って第三者的にいえば、客観的対象としての自然をアトム的実体としての粒子的究極構成要素に還元する近代科学の唯物論に対する批判に象徴化される。既にのべてきたことの繰り返しをいとわず再説しておけば、物象化論の視座からすれば、この科学主義的唯物論においていうところのこのような物理的実在としての粒子的実体なるものは、実は全宇宙の物理的状態あるいは全宇宙の関係の場において本質的・本源的に相互作用関係の運動過程において生成・存在している事態を取り違え、それを粒子的実体の結合体として、しかもこの粒子的成素それ自体が不変不易な独立自存の項的存在であるとの錯視に陥っているということである。「場」において生起する「項」、そしてそこにおける相互連関の運動における相互作用的合成態の諸契機を実体的な「項」へと物象化的に錯視し、つまりこの「項」そのものの実体化視すなわち物化に基づいてそれを独立かつ自存の項と誤認し、運動をこの実体項の因果関係作用として捉える視座を、廣松は「実体の思弁的構制の秘密」として暴露し、これを物神化（物象化的錯視）として厳しく斥ける方途の端緒を切り拓いたのである。世界を悟性的に抽象し、「項」と「場」の相互作用の同時性＝動態性から切り離し、「項」それ自体を実体項として理論的に加工・処理し、それを究極的な単位成素として論理的に構成したもの、それが近代唯物論の前提とする「物質」なるものに他ならない。それは「場から切り離して理念的に構成された実体」以外の何ものでもないというのが物象化論の論理である。因みに因果作用は時間の前後を前提とする概念であるのに対し、弁証法的運動論において基軸となる相互作用は「場」の全一的運動の「同時性」における新たな運動概念である。留意さるべきは、後者の運動把握においては、〈時間〉は、「場の状態」の継起的変化としての「運動」にかかわる概念となるという事態である。

われわれの読みとった上述のマルクスの立言における物象化論の近代唯物論に対する批判の構図は、基本的に以上の第一の批判における論理構制を基調とするものであるが、取り急ぎ、その具体的な批判の内実に即して他のいくつかの批判を要約しておきたい。批判の第二は「社会関係から切り離して形而上学的に改作された個人」という近代唯物論の人間観の物象化的錯視に対する批判である。諸個人をアトム的実体としての純粋個人という近代主義的存在規定においてではなく、「社会的諸関係の総体」を本質とする「歴史・内・存在」という規定において把えるのが物象化論の立脚する人間観である。しかし、資本制市民社会における生活様式は、諸個人を共同体から解き放ち、そのことによって直接的な社会的紐帯から解放したが、他面ではそれは同時に相互関係を希薄化し諸個人相互を現相的には分離させ、彼らの対他者関係を間接化・疎遠化して、これを物象の運動を介して媒介的に現象せしめるに至る。近代唯物論はこの事態に定位して人間の本質をアトム的自己存在と錯認し、その相互関係をアトム的個人の外的関係と了解する。近代的人間規定における物象化的錯視である。すなわち、「社会的場から抽出し単独者として改作された人間」観への批判である。近代的な人間観のみならず、近代的な社会観ないし「個人－社会」観における「物象化的錯視」批判に関しては、後段（第Ⅱ部）で別の視角から展開することにし、ここでこれ以上のべることは控える。

近代唯物論の視座における物象化的錯視に対する第三の批判は、「人間から切り離して形而上学的に改作された自然」概念に関する批判である。このような概念においては、「自然とは人間（主観＝主体）とは独立に、客観的に実在する対象（客体）である」という了解が基本前提となっている。物象化論は、まさにこの「主－客」関係構図の前提の思弁的構成の秘密を暴露し、これを物象化的錯視として斥け、この錯視の由来を批判的に基礎づけるものである。既に粗述しておいたように、今や自然の科学的把握とは、客観的に実在する対象としての自然を主観が内へと取り込むというような構図で理解されるべきものではない。それは、「人間と自然との相互作用の一部」であり、今や科学的営なみにおいては人間は単なる「観察者」ではなく自然のあり方を規定している「共演者」でもあるという視座に転換している。かかる人間・自然の協働態のあり方を、デカルト的な物・心二元論に基づく「主－客」図式を前提にして人間と自然を分離して了解し、後者を霊魂抜きの物質的世界として、また機械じかけの数学的構造を有する対象として抽象的に構成したもの、それが近代の「自然」なるものであった。この対象的実在としての自然なるものこそ、人間と自然との四肢的相互連関運動の物象化における差異的構造連関契機を「主－客」の二項的実体関係として構図化することにおいて可能たらしめた二項の一方にすぎない。「人間から切り離して科学的手法によって改作（構成）された自然」とは、まさにかかる意味において物象化的錯視以外の何ものでもないというわけである。

このことは、直ちに近代唯物論における第四の物象化的錯視批判につながる。それは「自然から切り離して形而上学的に改作された精神」という物象化的錯視に対する批判である。近代的な「意識」概念の出発点はデカルト的「コギト」であるが、コギトとしての精神は、デカルトにあっては原理的に物質とは実体的に区別されるものである。従って精神は人間に固有なものとして、物質としての自然とは原理的に分離されて、両者は「主－客」の関係図式において構図化されて了解されている。近代唯物論は、主体的唯物論ないし実践的唯物論の立場をとるにせよ、客観的唯物論ないし科学的唯物論の立場をとるにせよ、基本的にはこの図式を暗黙の前提理論枠としている。しかしながら、物象化論は、この前提枠そのものを物象化的錯視として批判し、「意識作用たる精神」としての機能は生れにおいても育ちにおいても「対自然－対他者」関係にとりつかれており、本源的・本質的に歴史・社会的な生活過程を母胎としていることを主張する。それゆえ、物象化論における意識概念は革命的である。それは、意識における「共同主観性＝間主観性＝相互主観性」の契機を考えてみただけでもよくわかる。このような意識の本質的・本源的な歴史的な社会性が身体を介した諸個人の社会的実践において各々個性化されて具現される事態（これもまた原基的な物象化ではあるが）、この物象化的事態を悟性的な抽象化によって分離して自存化させる時に可能となるもの、それが近代的意識観の特質たる意識の「各私性」「三項性」「内在性」の契機である。これこそ物象化的錯視の産物である。

以上われわれは、マルクスの『ドイツ・イデオロギー』における唯物史観あるいは物象化論の定礎への過渡期における『神聖家族』における物象化論による近代唯物論に対する批判的超克の先駆的契機をいささか強引に四つのモチーフに類型化して概括してきた。このことによって、近代唯物論の止揚を企図するマルクス主義弁証法的唯物論の意義を宣揚しその論理的基礎づけを図ろうとする廣松物象化論の意義が改めて確認できたのではないかと思う。

物象化という概念をマルクスはさしあたり「人《ペルゾン》と人との関係が、物象《ザッヘ》と物象との関係として、ないしは事物的《ディングリッヘ》実体として、ないし事物的属性として、現象すること」として定式化している。が視角を変えていえば、物象化とは、一定の条件下にある人々の日常的・直接的意識にとって物象的関係・物象的実体・物象的属性であるかのように現象しているものごとが、実は人々相互の（物的契機も勿論介在する）関係がそのような錯認相で現前化しているものにほかならない、ということを批判的に指摘する概念である[21]。

資本制社会の日常的通念のうちに汎通化しているこのような物象化的錯視の暴露、すなわち現相世界における物象的存立事態を真の究極的な客観的事態と了解し前提してきたブルジョワ・イデオロギーに対応する「市民社会の唯物論」における物神性批判、これこそが物象化論の論理を介して廣松が明るみに引き出そうとした主要テーマの一つでもあったのである。

われわれは、これまで、廣松のマルクス主義研究における弁証法的唯物論の再構成を手がかりにして、改めて廣松物象化論における唯物論的基礎と近代唯物論批判の論理を論考してきた。しかしながら、冒頭でも寸言しておいたように、そもそもかかる廣松物象化論は、果たして唯物論たりうるのか、唯物論としての資格を有するのかという根強い批判がある。というより、むしろかなり広範囲に、廣松理論は観念論であるという für es の立場からの批判がみられる。われわれは、最後に、このような批判をも視野に入れて、廣松物象化論の今後の課題を寸描しておくことにしたい。

廣松物象化論というより廣松理論そのものは、所詮、本質的に観念論にすぎないという通念的批判の論拠と論理と立証手続きは、かならずしも明確ではない。しかしながら、各種のまた各様の視角からなされる廣松批判は、一見したところ、日常的意識においては（für es）一理も二理もあるように思われる。さしあたり、多様な廣松批判に一々対応することは今措くことにして、ここでは概括的にこうした準位での廣松批判のいくつかのポイントをみておくだけにしたい。まず、なによりも問題となるのは、廣松のいう「関係の第一次性」に立脚する存在観がきわめてあいまいであってわかりにくく、真に客観的な物質的実在に基礎づけられる構制にはなっているとは思われない、否、なっていないという批判にあるだろう。その上、その存在概念には人間の意識（＝認識）の契機が入り込んでおり、いわば唯物論と観念論の融合態としかいいようがない規定となっている。そこから、廣松理論においては、存在と認識、事実と価値、Sein と Sollen、科学とイデオロギー等が未分化のまま相互に密輸入された理論構制になっており、結局、廣松唯物論は「隠れ観念論」だという批判が当然出てくるわけである。件の「共同主観性＝間主体性」の廣松的概念規定もまたしかりである。そもそも〈Intersubjektivität〉なる普遍概念は、果たして唯物論的に基礎づけられうるのであろうか。さらに個々人のとり結ぶ外在的な社会関係ならいざしらず、内的社会関係を本質として初めて可能な個人とは一体何をいっているのか。このような人間観は実証的に基礎づけられうるものであろうか。こうした素朴かつ一般的な批判は、近代科学主義的視座からすれば、ごく常識的な批判であろう。

しかしながら、われわれのみるところ、このような廣松批判の原理的な集約点は、件の「存在論的≈認識論的」な四肢的存立構造論に足場を据えた世界把握、すなわち「所与－所識＝能知－能識」構造成態論の有する観念論的契機への批判に帰結するであろう。というのも、この構図に即していえば、廣松における「直接的な所与」は、実は、既に「所識としての所与」という構制になっているのであって、従って所与はどこまで遡行してもそれが人間的所与であるかぎり「意味的な所知＝所識」という〝イデアール＝イレアール〟な契機を懐胎したものでしかないからだ。つまり、実在する対象は「能識者としての能知者（われわれとしてのわれ）」にとって「所識としての所知（普遍としての個物＝具体的普遍）」という〝レアール－イデアール＝イデアール－レアール〟なものとして存立しているということになるからだ。これでは近代科学主義的理論前提枠からいわせれば、実在はそれ自体のうちに認識論的契機（意識の契機）を含有する観念論的規定とならざるを得ないことは明らかである。すなわち、廣松においては、「直接的所与」を客観的な実在ないし裸の事実に基礎づけることは、原理上、不可能である。究極的には、廣松物象化論は、認識論偏重の理論構制になっており、所詮は観念論的基盤の上に築かれた空中楼閣でしかないと論判せざるを得ないというわけである。

このような批判に対する反批判はいかにして可能か――われわれはもはやここで展開する余裕も意志もないが――慧眼な読者には、これまで本稿において展開されたわれわれの論考のうちに、その解答の端緒を見出されうるものと考える。近代的な世界観の地平においては充分な根拠をもって妥当すると思われるこのような批判に対する反批判は改めて後段（第Ⅱ部）において別の問題意識と視角から関説することにする。

註

（1）「弁証法的唯物論」なる名辞が、二〇世紀マルクス・レーニン主義において蒙った歪曲ゆえに、この言葉の使用には慎重であるべきかもしれない。（例えば『マルクス・カテゴリー辞典』――青木書店――の「唯物論」の項目――石井伸男執筆――等を参照されたい。）しかし、ここでは、あえてこの語を、ヘーゲル弁証法の唯物論的転倒において独自の思想的立場を確立したマルクス・エンゲルスに固有の意味づけにそって使用することにする。

(2)「運動実在論」の含意するもの、およびその視座と論理構制に関しては、下記のものを参照。
小川弘『時間と運動』、「序章 第三節 運動論」・「第二章 運動計量の論理――時間と運動――」、御茶の水書房、一九八〇

(3)『ヘーゲル／マルクス』、二二四―二二五頁。因みに、この論文（「〈われわれ〉にとってのマルクス哲学」）は、あるフランスの雑誌の寄稿論文として執筆されたものである。

(4) 同上書、二二五頁。

(5)「弁証法的唯物論」、二三一頁。

(6) 同上。

(7) 以上、『一歩前』、五二―五四頁を参照。
このあたりの記述に関しては、廣松が、ハイゼンベルク『現代物理学の世界像』（みすず書房）等の記述を引用しつつ現代物理学における存在観・認識観の革命としてよく指摘するところでもある。例えば、『前哨』「第二部」あるいは『科学の危機と認識論』（『著作集 第三巻』所収）を参照されたい。

(8)『ヘーゲル／マルクス』、二三三頁。

(9) 同上書、二二九頁。

(10) 同上書、二二九―二三〇頁。

(11)「弁証法的唯物論」、二三一頁。

(12)『ヘーゲル／マルクス』、二二七頁。

このような廣松のマルクス主義唯物論の把握は、今日のマルクス研究の水準においては、決して特異なものではない。因みに田畑稔もほぼ同様の視点から次のようにのべている。

「マルクスの唯物論は同時に本質的に［ブルジョア的］唯物論批判でもある。マルクス唯物論の物質概念は、『運動する

〔実体的〕物質』の概念でも『意識から独立な客観的実在』の概念でもなく、まさに『人間たちの物質的生活』の概念にほかならない。マルクスは『物質的生活の生産』の〈歴史的様式〉という視点をベースにすえて、歴史を、特に近代市民社会を総体的に把握しようとする。その中で、『市民社会の唯物論』の諸形態が反省され批判される。そして『市民社会の唯物論』は『物件化』ないし『フェティシズム』の概念に直接連続しているのである。」(『マルクス・カテゴリー事典』青木書店、五三〇頁)

とはいえ、田畑は廣松による物象化論から疎外論へという件の問題提起に関しては、マルクス思想の確立期の論定とからまって批判的な立場を保持している。このことは、『パリ手稿』の解釈と位置づけの問題ともかかわってくる。問題はマルクス思想の確立期をめぐる判定基準であるが、筆者は田畑が批判する「遅すぎたブリュッセル期」たる一八四五年説を採る。

(13)『ヘーゲル／マルクス』、二二六―二二七頁。
(14)同上書、二三五頁。
(15)同上書、二三三頁。
(16)同上書、二三四頁。
(17)廣松のフッサール論に関しては、『著作集⑦』Ⅲおよび『一歩前』「第二章二」等を参照。
(18)『構図』、二二六頁。
(19)廣松「構造変動」論に関しては、次のものを参照。
「構造の形成・維持・推転の機制――構造変動論の論域と射程」(『廣松渉著作集 第十四巻』所収、岩波書店、二三八頁)。なお同じ論文は『廣松渉コレクション第一巻』(情況出版)にも所収されている。
(20)マルクス・エンゲルス『聖家族 別名 批判的批判の批判 ブルーノ・バウアーとその伴侶を駁す』、(『マルクス・エンゲルス全集 第二巻』所収)、大月書店、一四六頁。この個所の廣松の解読に関しては『成立過程』、三三四―三三六頁、を参照。
(21)『ヘーゲル／マルクス』、二三三―二三四頁。

第Ⅱ部　「事《こと》的世界観」における「人間≀社会」観の新地平

われわれはここ第Ⅱ部においては、第Ⅰ部の廣松の新しい「存在≈認識」論の世界観的地平の独自の了解のしかたを踏まえて、その延長線上に位置する廣松の「人間≈社会」観の新地平を粗描していくことにしたい。それは、先の「存在≈認識」観が近代的なパラダイム・ヒュポダイムの根源的な批判とのり超えを企図するものであったのと全く同じ意味と意義において、近代的な「人間・社会・歴史」観のトータルな批判的超克を含意するものである。われわれからいわせると、それは近代ブルジョワ的「存在≈認識」観の革命と連動し通底している世界観上の理論革命といえるものである。

われわれは、この作業を、廣松のマルクス研究に焦点を据え、マルクスのいわゆる「唯物史観」を地平とする「人間・社会・歴史」観のうち、その「人間－社会」観に焦点をあて、廣松によるマルクス「唯物史観」の批判的再構成の概要をスケッチ風にまとめていくことにしたい。

第四章　廣松「人間観」の問題論的背景

――近代的人間観のパラダイムとそのアポリア

A　近代的人間観の成立の地平

1．近代的な人間観の成立背景

今日のわれわれにとっての常識的な人間観、すなわち人間とは各々独立した自由で平等なアトム的な主体的存在であるとする人間了解は、いうまでもなく近代ヨーロッパの市民社会の生活様式において成立・形成されたものであった。もともと前近代的な社会、つまり何らかの形態の共同体型社会のいわゆるゲマインシャフト的生活様式にあっては、たとえ狭隘な生活世界に限定されていたとはいえ、人々は自給自足を主潮とする直接的相互依存の生活関係（即自的な人格的依存関係）に内存在しており、対自然および対他者との関係において、相互に強く融合・一体化した生活を営んでいた。彼らの意識や行為および生活様式の総体は、地縁的・血縁的な関係や政治的・宗教的な拘束を強く身に被って、その存在の深い基盤において共同体的紐帯に拘束・呪縛されていた。従って、自然や共同体から自立・自律した個人という生のあり方は、意識においても、行為においても、未成熟であったといえる。要するに、前近代的な人格的依存関係社会にあっては、人間の生における個別性の契機は、「自然－共同体」に深く埋没したままであったということである。[1]

しかしながら、商業活動やマニュファクチュア的手工業の拡大・深化に伴う商品・貨幣経済の進展は、生活様式や社会のあり方に、徐々にではあっても深い変質をもたらし、それに伴って人々の意識のあり方や生活行為における大きな変化を生み出すに至る。それは、いわゆる社会の近代化および人間的生の近代化を招来せしめる。近世ヨーロッパにおけるこうした生活様式の近代化あるいは人間の意識と行為の近代化は、「人間と自然」および「人間と共同体社会」との間に深い切れ目を入れ、やがて両者の分離をもたらしてくる。それは、人間を自然から自立させ、共同体的拘束から解き放ち、封建的な人格的隷属関係から解放するといった諸契機を生成せしめ強化する。このような近代化の運動過程において、人々に「個」の自覚を促す客観的基盤が用意されていったのである。今や、人間は対自然関係における包摂的融合・呪術的調和的一体化の関係構図を転轍し、また対他者関係における共同体的・ゲマインシャフト的な融合的紐帯（人格的依存関係）を断ち切って自立し、意識と行為における個別性と自律性の自覚を深めるとともに、そのような新しい社会的生活過程の客観視を招来し、また、主張し始める。

われわれは、ここでは、ただ単に、このような近代的人間観の成立の端緒期をのみ概観しておくことにしたい。近世のルネッサンスにあっては、現実的な人間の生の率直な肯定と賛歌がうたわれ始める。例えば、ピコ・デラ・ミランドラにおける典型的なルネッサンス的人間観、すなわち、①人間は神により万物の支配者として世界の中心に置かれた存在であること、②人間は自己の自由意志による自己決定が自身に委ねられていること、③人間の生は各自の意のままに作りうると同時にその結果は己れ自身の責任であること、というような新たな人間観の登場である。[2] 同時に、ダヴィンチ、ミケランジェロ、ラファエロ等に代表される人間自身の万能の才の可能性も、その現世的で理想主義的かつ人間中心的な内容において開示され、おおらかに肯定・評価されてくる。マキャベリに至っては良きにつけ悪しきにつけ人間の生の実態を直視しつつ現実的な政治・国家のあり方をさえ語り始める。[3]

他方、社会と生活様式の近代化に相即する宗教の近代化すなわち宗教改革運動においても、意識と行為の近代化に決定的役割を演ずる契機が生じてくる。とりわけプロテスタンティズムにおける信仰の内面化は、信仰の形態の脱呪術化を進めるだけでなく、信仰の個人化を促進し、人間の内面的孤独化をもたらしてくる。自己に内面化された神との関係において神の前に立った個々人の良心的自覚に基づく信仰告白は、近代人の形成に大きく貢献する。マックス・ウェーバーは、いみじくも、このような形での人間の内面的孤独化こそが合理主義的個人主義の歴史的な根基をなした当のものであったという。[4] なかでも、カルヴァン主義の信仰は、人格の独立とか意志の自由を人々に植え付け、そのことによって、道徳的な義務とか善悪という問題に行為の「動機」の問題を深くかかわらせることになり、この動機の純粋さを厳しく追究する可能性を生み出した。信仰の内面化が、行為の道徳的基準の内面化すなわち動機の重視を相伴し、そのようなプロセスにおいて、主観性の領域が広く深く開示され、主体的人間の意思の自由と行為とその責任がクローズ・アップされる条件を準備したというわけである。[5]

このようにして、一方では、信仰の問題を通して個人的人格の自覚が促され、意識の呪術的性格が払拭されていったが、他方、新しい社会すなわち近代市民社会的ゲゼルシャフトの成立に見合った現実的生活過程でも、世俗的職業生活が積極的に肯定され、世俗内禁欲と勤勉に基づく利潤追求が神の義のもとに承認されてくる。資本主義的精神がプロティスタンティズムの倫理に裏打ちされる形で芽生え基礎づけられるということである。このような意識と行為と生活態度の近代化・合理化は、ピューリタン革命などを機会に自然法思想や社会契約論等の政治・社会思想としても現れるに至り、人間は、本来、自由・平等で独立の存在であり、かつそうあるべきだという観念が確実に定着していくのである。このような近代思想の展開と新しい人間観の定着の過程は近代の「政治・社会」思想として展開されていくが、それに関しては改めてここでのべる必要はあるまい。

以上の如き近代的な生活世界の形成と発展に定礎された近代的人間観の形成と確立は、まず第一に、人間が近代的主観として、つまりさしあたって何よりも「考える自我」すなわち「コギト」として、理性的な能知的存在そして何よりも自立的な意識主体たる〈我〉として措定されるということを含意するものであった。この自己意識的〈主観〉の確立は、自由・平等・独立な諸個人として相互に友愛をもってかかわるべしとの根本理念を鮮明化してくる。これこそが個人主義的人間観＝近代ヒューマニズムの根幹をなすものである。それは、自然権や自然法思想にみられる人間の独立と尊厳の基礎づけの論拠となるものであった。

近代的人間観の有する第二の意義は、人間にとっての「対象としての自然」の措定と相即して、客体（対象）としての自然に対して、人間を能為的な実践主体として措定したところにある。同時に、人間とは区別された〈物質〉としての自然は、もはや霊的生命力の宿った「生き物としての自然」ではなく「機械としての自然」となる。この唯物論的・機械論的な自然観にあっては、自然は人間理性の対象（Gegen-stand ＝向こうにある・外的存在）として措定され、それは理性的主観にとって解読可能な合理的秩序＝自然法則（存在論的理性）をもった対象的客体として位置づけられる。ここでは、人間は能為的主体として、その理性的な知（認識論的理性）を武器として機械的客体としての自然を数学的理性をもって分析し、この外的対象としての自然に技術的に働きかけ、加工・操作・利用する合理的生活態度を定礎する。文字通りベーコン的な「知は力なり」の成立であり、人間の能為的自然支配の本格化である。いわゆる近代科学・技術の成立である。この近代の科学と技術による人間の自然に対する制御・管理・支配によって、人間は盲目的な自然の力への従属から解放され、主体的生の可能性（外的拘束からの自由）を飛躍的に拡大し、現実的幸福の増大を図る実践的主体の地位を確保する。

近代的人間観がもたらした人間的生に対する第三の意義は、人間の社会に向けての自覚的問いかけと社会における諸個人の位置の確認である。近代人は、社会を前近代人のように、人間を融合的に包摂し人間と一体化した一つの所与たる自生的秩序態とみなすのではなく、人間とって一つの対象的存在ないしは自然と並ぶ第二の客体とみなし、これを人間そのものに基礎づけて理解しようとした。そのような社会に対する理性的な知的営為に基づくことによって、人間にとって社会は今や合理的な根拠と秩序を有する対象とみなされるばかりでなく、人間の実践的営為による一つの変革可能な対象と措定される。社会の合理的な変革による人間の解放と幸福の増進が志向されるに至る。社会契約論的発想や市民革命の政治思想や運動がその典型である。[6]

かくして、近代的人間観の定礎・確立は、①人間の自立・自律すなわち個人の確立（近代的対自関係の確立）と②相互に対等で自由な人間関係の確立、個人主義的・自由主義的・民主主義的な社会関係の志向（近代的な対他者相関係の確立）、そして③人間の自然からの独立と自然支配（近代的な対自然関係の確立）を高らかに宣揚することになる。これは、近代的生活世界＝市民社会における諸個人の自由の本質的契機の自覚の表現であるとともに、それを生み出し促進する母胎でもあった。その意味で、近代的人間観の形成と展開は、人間の新しい生き方にとって本質的な根拠地をなすものであり、歴史的に重大な意義をもつものであったということができる。

このような近代的な世界観および人間観の哲学的な定礎は、いうまでもなく、デカルトによって遂行される。デカルトに関しては、後段で触れることにしたい。

2. 近代的人間観の特質

以上のような経緯を端緒として近代的市民社会・生活世界において形成・展開されてきた人間観、そして今日の通念的な人間観でもあるこの特殊歴史的ないわゆるブルジョワ的人間観の特質を改めてここで概括しておくことにしよう。

近代的知の地平におけるこの「人間観＝人間像」の特質として、われわれはさしあたって次の三点をあげることができるであろう。①人間は自然や社会に対して独立・自存の不可分体すなわちアトム的実体として措定され、②しかも人間は自立的・自律的な主観、自己意識を有する自我的不可分体として存在するが、それにもかかわらず各々の純粋コギト主観としての自我相互間には何らかの形の相互理解を可能せしめる同型性の存在が暗々裏に措定されており、③その上で諸個人は理性的にして意志的な実践主体とされる。

ということは、要するに、近代においては、実体的な主観＝主体としての人間諸個人と他者および社会そして自然とは、その関係が原理的に実体相互の偶然的で相互に自立的な外的関係の構図になっているということである。例えば、既にのべておいたように、「物質的実体からなる自然」は「原基的にそれ自体で自己同一的な自立的単独者としての諸個人」の外部に位置する客体＝対象であり、理性的なアトム主体としての人間はこれに意識的・意志的にかかわり働きかけていく存在と措定されている。この間の事情は、他方では自己とは別の主観・主体としての他者に対する関係あるいは社会に対する個我の関係においても同様である。社会とは、㋑それを単なるアトム的諸個人の集合体にすぎず、「社会」なるものはその集団の単なる名称と考える近代的「社会唯名論」にせよ、㋺それを単なる諸個人の総和に還元できない一つの有機的全体性としての社会的実在態とみなす近代的社会実在論（社会有機体論）にせよ――近代においては社会唯名論が主潮であるが――いずれにせよ、結局は、社会をアトム的諸個人にとっては外的な客体――一方は外的集合体、他方は有機的全体――と了解する構図となっている。意識を有する別のコギト的主体たる他者の存在もまた同様に外的な客体としての「他己」として存在するものと了解されている。

　要するに、近代的な人間存在の本質規定すなわち〈コギト〉・〈個的主体〉・〈実存〉としての人間という了解に立つ限り、かかる個人と他者・社会・自然との関係は、相互に内的紐帯・連関を本質的・第一次的には有しない外的・偶然的な「我－対－汝」、「個人－対－社会」、「人間－対－自然」という関係構図にならざるを得なくなっているということである。これこそが、近代的な世界観のパラダイムの基本図式、すなわち「主－客」関係図式である。近代的な世界了解、従って近代的な人間了解ならびに人間的できごとの了解は、基本的ないしは究極的にはこの図式を基盤とした構図において成立しかつまた描かれてきたのである。

　このような「人間観－人間像」における近代的な〈主観〉・〈主体〉の概念の内実は、意識の自己完結性・自律性・透明性・合理性を、意志的行為に関してはその各自的な能為性・自発性を本質的な特色とするものとなっている。とりわけ、人間と他の存在を区別するメルクマールたる意識――前近代的に表現すれば〈霊魂〉――に焦点をあてていえば、近代的〈意識〉観の基本前提は、①意識の「人称性＝各私性」の命題――意識はその都度〈私〉の意識であるというテーゼ――および②意識の内在性の命題――意識は〈私〉のなかに内在しており、意識の直接的対象は内在的な「意識内容」だけに限られるというテーゼ――からなっている。これを、認識論的な構図に定位していえば、既にのべてきた「対象－意識内容－意識作用」の三項図式として示すことができるであろう。

　ところで、近代的世界観の地平を端的に切り拓き、これを哲学的に定礎したのは、いうまでもなく、近代哲学の祖たるデカルトであった。デカルトの哲学の含意する世界観が、それ以前の、いわゆる前近代的世界観と本質的に相違し断絶をなすと考えられるものは、精神と物体との截然とした峻別にあった。近代の全体的な世界了解における上述の二元論的な下絵の特質は、いうまでもなくここに源を発している。

デカルトの哲学においては、デカルトの用語に即して表現すれば、「思惟実体（res cogitans）」と「延長実体（res extensa）」との二つの実体が、厳然と区別されて対置される。前者は思考・認識・自由意志・情念、あるいは価値の選択といったことがらがそこに集約されるような自我と主体性の世界を含意するものであり、後者は意識も生命もない単なる物質の世界あるいは対象として措定された物の世界を含意するものである。

もともと、デカルトは、コギト（cogito）の自己確信をあらゆる思惟の出発点に据える。このコギトが、前者の思惟実体たる「我」として、しかも物質たる身体から切り離されて、純粋な精神――「霊魂」カテゴリーは近代化されて「精神」カテゴリーへと転化し、しかもそれは物質・自然からは追放されて人間のみに固有なものとされる――つまり本質的には理性的存在者としての自我という実体的存在者として措定される。この自我は、前述の主体性の世界を生きる意志（意思）主体でもある。理性的な思惟する主体であるコギトは身体に内在するとみなされることで、人間は、本性上、意志する自由な主体とみなされる。このような意味で、今やここに、「主観＝主体（Subjekt）」が存在根拠を与えられ資格証明を獲得し権利づけられることになる。

このデカルト的コギトの措定は、人間の自我の覚醒、自己意識の自覚を表わすものであったが、これは裏面からみると人間とは区分される自然の発見でもあった。前近代的世界観においては、人間と自然とは渾然一体となって融合した宇宙的秩序そのものとして、ともに超自然的な霊的生命力に包摂され生かされた存在であった。こうした世界了解から、今や、人間が思惟し意志する主体として分離・自立する。それと相即して人間と切り離され、霊的生命力を抜かれた「延長実体」すなわち単なる物質としての自然が、人間にとって一つの対象として対置されるに至る。これこそが、既にのべておいた「客観＝客体（Objekt）」としての自然の措定のデカルト的理路であった。それは、すなわち「世界があるということ」あるいは「世界のあり方」に関する了解のしかたの転轍、具体的には人間観・自然観の根本的な転換である。前近代的世界観から近代的世界観へのゲシュタルトチェンジの第一歩であり、哲学的基礎づけであった。

要するに、一方で近代人の誕生といい、他方で近代的自然の発見というのは、まさにこのデカルト的パラダイムの地平における世界像の転換をいうものであった。前者は自我・意志・自己意識・主体の世界の発見であり、後者は物・対象・客体の世界の誕生であった。こうしたプロセスにおいて〈res cogitans〉および〈res extensa〉という対概念に、「主観・主体」（Subjekt）と「客観・客体」（Objekt）という別の対概念が、前近代とは逆倒した意味で用いられつつ結びつけられることになる。このことによって、近代的な世界了解・存在了解が、「主－客」関係図式において成立することになったということである。人間と自然、精神と物質、心と身、個人と社会などの対概念は、この「主－客」図式の二元論的な図柄として描かれたものである。先取りして寸言しておけば、デカルト以降の近代哲学の展開においては、基本的には、物質と精神という二実体をいかに関連づけるか、あるいは前者の世界と後者の世界とをどのように統一的に説明し理解するかが大きな問題となる。両実体の対立的な下絵を踏まえた上で、その図柄をそのまま固定する二元主義に立つか、それとも、どちらか一方の世界を基礎にして他方の世界を導出ないし還元する一元主義を志向するか、あるいはまた、第三の存在を想定して両者をより高次元において統一ないし調和を図ろうとするか、いずれにしても、二元論的世界観の地平の上で揺れ動いてきたといえる。

3．近代的人間観のアポリアとその打開の方途

西欧における社会の近代化に相即する人間の近代化は、①共同体的紐帯・拘束からの離脱と個人の確立という意味での人間解放、②封建的・身分的な強制・束縛からの解放と自由で平等な独立した市民の自立という意味での人間解放、③自然からの分離と自然による支配から理性的人間の自然に対する支配への転換という意味での人間解放、大枠以上のような歴史的に重大な意味と意義を担った社会と生活様式の歴史的な構造転換のプロセスであった。そして、それはまた、「人間とは何か」に関する見方・考え方・発想枠の転換でもあった。この新たな人間了解のパラダイムこそ現代における常識的な人間観の前提枠となっているものである。

だが、今問われるべきは、このような人間観は、今日的な歴史状況において、果たしてなおかつ、かってのようなアクチュアリティを、つまり歴史的な現実に対する生きた意味と意義を十全に有しているのか、という問いである。近代的人間観は、高度に複雑化・錯綜化した歴史の現実の展開において、かっての如きアクチュアリティを今日では喪いつつあるのではないか。今やこの人間観は、たとえそれが自明の前提となっているとはいえ、あまりにも素朴すぎ、乗り超えが図られるべきではないかという疑問である。その際重要なのは、近代的人間観の今日的な乗り超えは、単なる上述してきたような近代的な基本的理論前提枠に立脚してこれをより一層の精緻化・高度化することによってではなく、その前提枠そのものの根源的な超克 Aufheben として企図されるべきではないのかという問題提起である。すなわち、われわれの描出する人間像そのものの成立母胎としての「人間観」それ自体、あるいは人間をめぐるパラダイムそのものの本質的な転換が要請されているのではないのかという問いである。それは、かつての近代的人間観の確立が、前近代的人間観の総体的かつ根源的な超克であったのと同様の意味で、われわれのいう新たな人間観の要請は近代的人間観の総体的かつ根源的な超克を含意するものでなくてはならないのではないか、あるいはそ

うならざるを得ないのではないか、これが今やわれわれの立ち向かうべき設問である。

それでは、なぜまた現在、近代的人間観の超克と新たな人間観の構築がいわれなければならないのか、なぜ今再び人間観のパラダイム・チェンジが要請されなければならないのか。それは、前近代社会から近代社会への大転換に匹敵する社会の構造的な変質・転換の歴史的過渡期としての現代、この現代における歴史的現実と理論の両面における閉塞状況・行き詰り・危機のゆえにである、とわれわれは答えたい。そこで、歴史的現実がわれわれにつきつけている問題の深刻さを寸描してみよう。とはいえ、われわれが、さしあたって問題にしたいのは、これまでのべてきたような近代的な人間観に依拠した場合のわれわれの理論的・実践的対応能力の二一世紀的現実に対する射程距離とその有効性である。例えば、現代に輩出してきた情緒障害・人格障害・適応障害・心身症・ノイローゼ・強迫症・ＰＴＳＤ・登校拒否・出社拒否・過食症・拒食症等々の諸問題、いじめやひきこもりそして多重人格ひいては動機なきあるいは単なるむかつきやキレに基づく奇妙奇天烈な諸事件は、独立した個人の合理的な意識や行為の自律性や透明性を原基的に前提にしたこの人間観のパラダイムにおいて、果たして首尾よく説明・了解できるであろうか。また諸個人の自由な意志決定と目的意識的行為が、かかる人間の主体性から独立・無縁の運動として社会的に現象し、逆にそこに現われる社会的威力が諸個人の主体的な意志決定や行為の発動を逆規定するという「物象化」や、それに由来するいわゆる「疎外現象」――景気の循環や株価あるいは為替のレートの変動、科学技術文明の一人歩き等を考えてもみよ――を、近代主義的な個人主義的人間観を前提にして十全に説明できるであろうか。これらの現実的に生起している諸問題は、われわれの結論を先取りしていえば、近代的パラダイムの射程外にあるとしか考えられない。環境問題や情報社会化、政治・経済・文化のグローバル化等々に由来する多くの問題もまた、アトム的実体としての人間を原基としてアプローチできる問題とは思えない。

第二に、この近代的なパラダイムに依拠する純理論原理上の危機はさらに深刻である。近代的意識観——意識の各私性と内在性と同型性——の前提のもとでは、なるほど「自己意識」ないし「自我」は基礎づけ・権利づけはできるかもしれない。しかしながら、既に指摘しておいたように「他我」の問題は、原理上、権利づけ不可能となる。この人間観の地平では、「他我」が認識不可能となってしまい、「他我」の実在性すら疑わしいことになってしまう。「他者問題」が近代哲学上のアポリアの一つとされるのもむべなるかなである。人間存在における「思惟実体」と「延長実体」との関係を問う「心－身」問題をめぐる理論上の混迷と閉塞状況は改めていうまでもなかろう。

近代的人間観のアポリアは、哲学的自由論の閉塞状況のうちにも端的に現われている。いわゆる「決定論と非決定論」のパラドックスの問題としてである。ここでは詳論は避け、さしあたって今は問題のありかのみを指摘しておくが、この「決定論と非決定論」の理論上のパラドックスは、デカルト的な近代的二元論のパラダイムそのもの、あるいは「主－客」という二項対立的な発想図式そのものに由来するアンチノミーを表示するものである。この図式においては、人間主体＝主観（Subjekt）と対象的客体＝客観（Objekt）とが、原理上、まず切り離されて実体的に前提・措定された上で、その後、両者の相互関係が問われる基本的な発想図式で、人間の意志と行為をめぐるものごと・できごとが分析される。その際、理性的＝意志的な人間主体に重点をかけて、その実体的な自我すなわち主体性の側から世界を了解しようとするのが「ヒューマニズム＝人間中心主義」の視座である。他方、もう一つの実体である物質のおりなす客体的自然に重点をかけて、その対象的客体の論理で世界を了解しようとするのが「科学主義」の視座である。近代的世界観の地平において、整合的で具体的な世界像を描こうとすれば、人間主義か科学主義か、いずれかの立場の論理で描くしかないことになる。というのも、二つの実体の真の統一は、デカルトやスピノザが試みたように、理論上、無限実体としての神をもち出す以外は不可能であり、二つの世界の合理的架橋は、本質的に不可能であるからだ。こうして、近代的世界観の地平、すなわち、「コギト的・意志的な主体性の世界」と「物質的・対象的な客体性の世界」という二元論的な世界了解の地平では、ヒューマニズム思想と科学思想あるいは人間主義的世界像と科学主義的世界像との対照的な世界像が、同時にかつ並立的に生じることとなる。

近代自由論の論理の典型をなす決定論と非決定論とは、まさに上述の近代的世界観における対立的な人間像――科学主義的人間像と実存主義的人間像――を成立の基盤としているのであり、また両者の対立は、科学主義と人間主義の描く対照的な世界像を根拠としているものである。すなわち、科学主義の立場と論理で世界や人間を捉えようとすれば、素朴唯物論的・機械論的な世界像・人間像を必然とし、そこに人間的自由の入り込む余地はなくなってくる。他方、人間主義に徹すれば、対象的世界は別として、人間的世界における自由とりわけ意志の自由とは人間精神の本性として措定されているのであって、従って人間主体の意志の自由は実証および論証は不要なテーマであり、自明のことがらである。かくして前者の立場に立脚すれば決定論が、後者の立場に立脚すれば非決定論が論理的に帰結してくることはいうまでもないことであろう。このようにして、近代的世界観における科学主義と人間主義の対立――別の論点からいえばデカルト主義とロマン主義という対立――は、直接そのままではないにしても、自由論上の論争においては、決定論と非決定論とのパラドックスの思想的背景と理論上の根拠をなす当のものなのであった。このパラドックスは、近代的世界観の地平にあっては解決不能である。(7)

すでにのべておいたことではあるが、「認識論≈存在論」的視点からの近代的世界観の隘路もしくは陥穽にも寸言しておこう。何といっても決定的な難点は、近代的な件の「主－客」関係図式の構図においては、アトム的実体としての諸個人にとって外的対象・客体たる「物質的実体＝自然」の原像（真の姿）は、いかにして認識可能なのかという問題が浮上してくる。それは、また、この自然の客体的実在性はいかにして権利づけられるのかという存在論的問題でもあった。要するに、近代的世界観の地平では、「意識内容」を超えた裸の自然なるもの（＝外的物自体）の認識可能性の権利づけ、およびこの裸の自然（＝物理学的自然）の実在性の根拠づけは、原理上、不可能であるということである。それは、伝統的な「真理論」にとっても致命的な難問として立ちはだかっていた。この問題提起は、哲学的たわごととしてすまされるものではない。あらゆる学問的営為において、アクチュアルな意味と意義をもって、二一世紀にあっても依然として解答がせまられている未決の問題である。

そもそも、近代的世界観の地平ないしはそれに依拠する近代的諸学のパラダイムにあっては、①事実の世界と価値の世界、②知覚にあらわれる世界（音・色・味・臭・触を有する世界）と物理的世界（無音・無色・無味・無臭・無触の電磁波・素粒子の構成する世界）、③生命ある世界（目的論的世界）と物質的世界（機械論的世界）、④部分と全体（部分の総和としての世界と有機的統一体としての世界）等々の対概念で表記され意味づけされてきた二つの世界の分裂・乖離は避けがたく、この二世界の架橋は、原理上、不可能といわざるをえない[8]。それは、デカルト以来、今日までの知的営為の歩みをみてみれば明らかである。だが、われわれの生きた体験の世界のこの分裂・乖離を理論的に放置、もしくは一方を主観の世界とし他方を客観の世界として片づけてしまうことが果たして二一世紀においても許されるであろうか。

B　新たな人間観への問題提起

1. 近代的人間観への批判の諸潮流

さて、大略以上の如き近代的な人間観に対する疑問と批判は、実は二〇世紀に入ると様々な思想のなかで様々な形をとって陸続として現われてくる。そのいくつかを摘録しておくことにしよう。

まず、透明で自律的な自己意識を前提とする近代的な人間観に対して、根源的に異質な意識観を提起し人間観の抜本的な見直しをせまることになったのは、フロイトを祖とする精神分析派の人々であった。フロイトの無意識の発見や「イド－自我－超自我」という心的構造の理論は、近代的意識観を震撼せしめる革命的意義をもつものといえよう。フロイトを始めとしてフロムやユングやラカン等の意識観においては、意識はその主体にとって原理的に透明かつ合理的なものでは決してなく、それはまた自己完結的で自律的なものでもない。それは、むしろ人間の生活世界に定位され開かれてあること、すなわち意識は本源的に対他関係を媒介として成立・存立していることを徐々に明るみに出していく。これは、近代的自我の自存性・合理性の枠組には収まりきれない問題提起である。

人類学の革新を唱えたレヴィ－ストロースもまた、新たな視座から人間を把え直した。彼は未開社会の研究を敷衍しつつ、人間個々人の意識や行為に先立って、それらを規定する社会や文化の構造が働いていることを明らかにした。人間を、本質的かつ本源的に、独立した自由な主体とし、なによりも実存的主体性から出発する近代ヒューマニズムの立場からは、個人の意識に先立ってそれを規定する社会や文化の構造と作用を口にするこの構造主義的人類学の主張に対して強い拒絶反応が示されたのは当然であった。

ソシュール等のいわゆる構造主義的言語学の立場からも、純粋な個人の意識に先立って存立し、逆に個人の意識を形成し規定するある種の社会的に形象化された構造、人々の自覚を超えた無意識的構造が主張される。彼らの革命的な言語観を前提にしていえば、人々が語るということは人々の意識の言表をも意味することである。つまり人間が意識をもつということと言葉をもつということは本質的なつながりがあり、楯の表と裏である。だから、人間が語るということは人間的意識のあり方がそこに創出され開示されているということである。となると、人間が、明らかに個人を超えたある社会的産物たる言語を用いてのみ語りうるということは、社会的拘束力としての言語体系——一定の規則に従った「意味するものの体系」——にあってその一定の構造化された規則に従った語り方において語るということであるから、意識の発現とは、かかる言語（langue）の拘束によって実現される言語行為を介して各人の生の意味を顕にするということである。かくして、人間の意識の形成と発現は純個人的でないことは明らかである。諸個人の意識のあり方そのものが、言語の構造と機能によって規定され内的に支配されているということである。この構造は、さしあたりは記号の構造を表示する言語の規則ということであるが、究極的にはさらに社会や文化の構造ということになろう。広義の意味での構造主義者ミッシェル・フーコが近代的な〈自己〉ないしは〈自我〉なるものは、やがては跡形もなく消え失せてしまうだろうと断言したのもむべなるかなである。

近代的な人間観を超克し現代的な人間観への途を掃き、巨大な前進の一歩をしるしたのは何といっても現象学のある種の問題提起であろう。現象学的人間学とでもいうべきこの立場からの人間存在の了解のしかたは、人間を原基的に各私的個人と把える近代的な人間観とは根源的に異質な了解の構えをとっている。それは、人間存在の根本的な構え（Grundverfassung）あるいは人間の基礎的存在構造を「世界－内－存在（In-der-Welt-Sein）」として規定するところにある。フッサールやハイデッガーに始まるこのような人間のあり方の把握によれば、さしあたってわれわれに立ち現われてくる「世界」とは、近代的な世界観で了解されるそれとは違って、中性的で客観的世界いわば科学者の眼に映ずるような丸裸の物の世界（物在 Vorhandensein）ないしは事実の世界ではない。ハイデッガー流にいえば、それは、人々が「配慮（Be-Sorgen）」において出会うところのその人の顕在的・潜在的な経験の地平全体、その人の「慣れ親しみ（Vertrautheit）」の包括的基盤というのである。近代的世界観で想定する客観的世界とは、あるいは物理学的世界とは、彼らにいわせれば、逆にわれわれの根源的な生の世界、生きられた世界、あるいは直接的な生活経験の地平から理念的に構成された世界、生の生活世界の上に被された「理念の衣」の示す世界にすぎないとされる。

「世界－内－存在」とは、このような配慮的な構えをとった人間に開けてくる生活との本源的な包括的関係を表わすところの人間の根本的な存在の構えをいうのである。それは、人間存在のあり方に関する近代的な人間観の視座に対して根本的な転換をせまることになる。人間と世界とを原理的に切り離して、各々を独立した実体として措定し、その上で両者の外的関係を問う近代的世界観の視座に対し、人間と世界とその本源的関係性において把握する視座、この関係性の総体に「内－存在」する人間という新たな視座において人間を把握することの主張、換言すれば歴史的に形成されたこの世界にいわば憑かれた存在としての人間のあり方を問うべしというのがこの立場の基本的主張である。それは、「人間観－人間像」の根源的な刷新、「近代的な主体性概念」の本質的な転換のための一つの窓口を開くものでもあった(9)。

さて、以上のべてきたように、人間は、本源的に「社会－内－存在」であり、そしてそのようなものとして同時にまた本源的に「自然－内－存在」であるというあり方の二つの契機において、いわば二重の「内－存在（In-Sein）」者なのであり、このような意味で「世界－内－存在」として規定されるという了解は、別の意味でも近代的な人間了解に対するラディカルな批判を含意するものであった。というのも、それは、必然的に近代的な〈主体性〉概念の批判的相対化を意味するものであったからである。それは、結局のところ、人間を原基的に個我として捉え、意識においても行為においても、個別性・人称性・各私性（Individualität・Persönlichkeit）というあり方を本質的規定とする近代の〈主観性・主体性（Subjektivität）〉の概念を批判して、それに代えてより本源的・本質的な主体性の概念として〈共同主観性・間主体性（Intersubjektivität）〉の概念への転換を提起することになる。

〈共同主観性・間主体性〉というこの概念——近代的人間観の公理的基準からすれば形容矛盾の概念規定となるが——これが含意する内実のポイントは次のことにある。すなわち、人間は、本来、社会的・共同的存在として、一定の構造と機能的磁力を有する歴史的な場としての「用在的世界」に「内‐存在」しており、そこでは人間諸個人はさしあたりまず人称的・特個的な〈我〉として存在するに先立って、人称以前的な共同的・一般的・社会的あり方を存在基盤としており、そのような共同的・社会的な存在において〈我〉となるという人間存在の根本的な存立の機制と構えである。ハイデッガーを批判的にもじっていえば、人間は「ひと（das Man）」という形態での「共同存在（Mitsein）」というあり方を本源的母胎として、個別的・人称的・各私的な自己存在すなわち〈我〉へと化成する werden のだということである。

人間は、個々人としてその都度そして各々独自の〈我〉ではあるけれども、その場合ですらそれは歴史的な用在的世界に内存在した〈我々〉という社会的・共同的な存在様態を基底・母胎とした〈我〉、つまりかかる社会性・共同性を媒介にした〈我〉となっているということである。要するに、〈我〉とは実体的な純粋個我として存立しているのではなく、「〈我々〉としての（人称的・特個的な）〈我〉」というあり方をしているということである。人間は、その存在の基幹的構制において、発生論的にも存立構造論的にも、まず個人である前に、自分とも他人ともいいがたい

〈ひと〉というあり方を本質基盤としているということである。

われわれは主として廣松の問題提起に学びつつ、近代的人間観を止揚する新たな人間観の基幹的構成図ないしはパラダイムを、さしあたり以上のような視座において規定すべし、という立場を執る。そしてこの立場設定に定位して、今少しわれわれの主張を敷衍してのべていくことによって、われわれの考える「二一世紀的人間観」の概要をスケッチしておくことにしたい。

C　現代的人間観への問題構制——廣松「人間観」への前哨——

人間は単なる生物的個体ではない。歴史的・社会的あるいは文化的存在としての人間的個人としてである。人間的個人とは「社会的存在としての個人」・「文化被拘束的存在としての個別存在」・「〈われわれ〉としての〈われ〉」等々として規定しうるような、社会性と個別性との両契機の統合としてその文化的生を具現している諸個人のあり方をいう。個人性の契機が社会性の契機に埋没したあり方が前近代人の特質とすれば、個人性の契機の覚醒こそが近代人の誕生の秘密である。だが、人間とは、本来、その社会性と個人性との両契機のバランスと具現の形態は別にして、この両契機の統合において人間たりうるのである。マルクス流にいえば、人間は社会においてのみ人間的存在となり、またそのことによってのみ個人の生を社会的に実現しうるのである。ここでは、このような人間観をもう少し詳しく描出していくことによって現代に求められる新たな人間像を具象化していくと同時に、これまでみてきた近代的人間観の抽象性を批判的に剔抉し、その物象化的錯視の秘密を明るみに出していきたい。

人間は、社会性・共同存在性を始源的契機にすることによって、特個的主体性を創出・獲得するのであって、近代的人間観が想定したような「純粋主体性」なるものの根底には社会的共同性が横たわっていることの発見は、先駆的には既に一九世紀にヘーゲルやマルクスが明るみに出した問題性ないしはプロブレマティックであったといえよう。この問題の立ち入った考察は今は措くとして、近代的な人間観における〈われ〉の措定は、人間存在の本源的・本質的なあり方、つまり今日風にいえば「〈われわれ〉としての〈われ〉」という人間の原基的なあり方を、冒頭でのべておいたような特殊な歴史的事情を背景に、〈われ〉の契機に焦点をあてて、これを〈われわれ〉の契機と切断した上で、実体的契機と錯認して措定したものといえる。〈われ〉という契機の実体化とその物神化である。

翻ってみるに、例えば、諸個人の独自の意識といえども、言語と同様に、それは生まれにおいても育ちにおいても、徹頭徹尾、社会的産物であった。〈われ〉は、まずもって、〈ひと〉として平均的に現出してくる共同世界に内存在し、〈ひと〉としてのあり方へと社会化していくプロセスを介して、この〈ひと＝われわれ〉から〈われ〉になっていくのである。いわば生物的個体の人間的個人への化成は、当該する社会の一般的人間というあり方（共同存在性・社会性）を修得しつつ具現されるのである。人間とは、この社会化のプロセスにおいて〈ひと〉から〈われ〉に、つまり論理的には、〈ひと〉性——マルクス流にいえば「社会的諸関係の総体」的あり方——を本源的・本質的契機として個人となるのである。〈ひと〉としてのあり方に〈われ〉の契機が生成し顕現してくるのである。

人間の意識や行為は、はじめから所与的各自性として生成するものでもなければ、そのような実存性において存立しているものでもない。これらは純粋な〈Subjektivität〉としてではなく、〈Intersubjektivität〉として規定されるべきだとするこれまでみてきた現象学のもう一つの画期的主張の論拠はここにある。われわれもまた、人間のSubjektivitätは、「社会的諸関係の総体」すなわち「共同性・社会性」を本質とし、それを何らかの形で媒介的に反照する「Intersubjektivität としての Subjektivität」とし措定されるべきだと主張する。このような主張は何も現象学の専売特許ではない。

われわれの立場からすれば、現象学に影響を受けつつも、いささか異なったコンテキストで、この Intersubjektivität の実質的な根拠づけ・論拠づけを図ったとみなされてよいのが、先にものべておいたようにラカンやソシュールおよびヴィトゲンシュタインだといってもよい。フランスのマルクス主義的精神分析学の雄ジャック・ラカンの「鏡像段階（stade du miroir）」の理論によれば、そもそも人間の自己認識・自我意識は、早期の母子関係における相互関係の状況のなかで成立し、その後も他者との相互主体的な交流過程で形成されていくものとされる。すなわち、彼の理論をテキストとして解読・敷衍していえば、主体は自己を自己として・他者を他者としてはじめから明晰判明に截然とした区別において認識するのではない。人間は自己自身の鏡像あるいはイメージを他者のイメージと同一視することによって自己と他者とを認識するのだということ、およびその逆もまた真なりということがこの理論のポイントである。要するに、主体は、相互に、それぞれのイメージを通してしか相互の認識ができないということ、つまり人間の自己認識は外在化された自己のゲシュタルトを通じて行われるということである。この場合、人間の主体性そのものは、その想像上の〈自我〉に還元され得ないものになるというだけではない。肝要な点は、ラカンが、人間の主体性と自我意識の成立の基礎に「鏡像段階」――われわれ流に換言すれば「対他関係」――のあること、それが、さらにいえば、人間の間の出会いの原初形式であること、この「鏡像段階」で成立した自己認識の構造は後年に至るまで人間にとって本質的なものであることを明らかにした点である。このことは、人間の自我のあり方というものは、その本源において、他者の存在を前提として成立しているのだということを何よりも適切に物語るものであった。

こうして、ラカンが、人間における自己認識＝自我概念の獲得の本源的過程を「鏡像段階」論によって分析してみせたことは、自我というものはそれ自体、構造的に他者の存在を前提とし本質としているということであるし、それゆえ〈我〉というものは、関係としての〈我〉あるいは社会的な〈我〉であるという帰結を要請することになったのである。こうして、諸個人の自我そのものは、本源的に相互主体（観）的ということになり、そうである以上、当然のことながら〈我〉は〈窓なき単子〉ではないということである。ラカンのいう人間が、ハイデッガーのいう「世界－内－存在」につながるものだと指摘される事情も充分納得されうることである。

このような視角からの問題提起は、なにもラカンだけに限られるものではない。ヴァロンやピアジェの幼児における性格の発達研究においても、同様のことが指摘されうるのである。彼らはいずれも、幼児における「自他の未分化」・「癒合的社会性」なる特性を指摘しており、このような癒合性の乗り超えの過程――いわゆる「三歳の危機」――を通して自我が成立・形成されるとしている。因みに、ピアジェは、絶対的に独自な観点として自己自身の主観(＝cogito）を捉えるのは十二歳頃であるとしている。いずれにしても、発達心理学的研究においては、人間の主観的意識と性格は、対環境および対他者との関係において人間個体が社会化されることにおいて個人化されるプロセスにおいて成立・発達していくものと主張されており、従って、人間の意識と性格は、その存立の最も根源的な次元において社会的であり共同主観的・間主体的であることがここでも示されているといえよう。

近代的主体性概念（Subjektivität）の窮極の拠り所たる意識の各私性・内在性の確信は、さらに、先にもみたように、現代的な言語観によってもつき崩された。伝統的な言語観――言語能力を単なる生理的過程に結びつけて考える経験的・機械論的言語観であれ、それを思考能力の単なる外被とみる主知主義的言語観であれ――においては、いずれにせよ、言語の意味を客観的対象と記号との外的関係のなかで要素的・機械的・模写論的に理解していこうとする立場が前提とされていた。これに対して、ソシュールに始まる構造主義的言語学や後期のヴィトゲンシュタインらは、一つの言語体系を内的に統一された全体、あるいは構造的に分節された有機的全体とみなす立場を切り拓いていった。つまり、言語というものは、客観的に扱いうる「物」ではないということを明らかにしたわけである。いずれにしても、彼らのいうところによれば、言語的世界は、純然たる客観的世界でもなければ、かといって主観的世界でももちろんないということになる。要するに、言語的世界とは、intersubjektiv（共同主観的・間主体的）に社会的に形象化（物象化）された世界であることが明るみに出てきたわけである。

既にのべておいてように、言語は、明らかに人間の社会性の産物であり、人間相互のコミュニケーション的交通において、換言すれば相互主観的・間主体的関係に即して成立・編成されてきた文化的構造成態である。それは、諸個人の直接的意図から独立に存在する世界でありながら、同時に諸個人にとっては一定の限界内で開かれている可塑態でもあるようなまさに intersubjektiv な世界なのである。

人間の意識と相即する言語――意識すなわち言語活動とでもいいうるが――この言語の世界が、本源的に共同主観的・間主体的であるということは、意識こそ個人に内在する純粋に各人固有の特個的・各自的な精神作用であって、これこそ〈我〉を〈我〉たらしめるものであるとする近代的な想定は維持されがたいものとなろう。人間の個的で各私的な内的意識とみなされてきたものは、実は、共同主観的・間主体的な意識のあり方を純粋個人意識として錯視（Quidproquo）して理解したものということになる。〈我〉の思考によって、不可避的に、社会的シンボルの秩序が捉えられているとすれば、これをさらに遡行すれば、〈我〉自身の存在においてすでに他人が前提にされているということなのである。〈我〉のランガージュにおけるパロールとしての思考の表現は、ラングのパロール化なのであり、この意味でもそれは intersubjektiv な思考のあり方を示しているのである。われわれの通念においては、内在性と各私性を原理としているようにみえる〈我〉の意識は、こうして本源的に、相互作用的な協働連関態において成立する共同主観的・間主体的な、つまり歴史的・社会的に intersubjektiv な「形象態（Gebilde）」とされることになるわけである。

再度、強調しておきたい。近代的人間観が陰にせよ陽にせよ前提としている「人称的人格」あるいは「アトム的主体性」なるものは、各人に内在する普遍的実体と悟性的に解されるべきではない。それは、歴史的に存在被拘束的な「歴史－内－存在」としての人間存在の「生の発現 Lebensäusserung」のその都度それぞれの特殊的な個別性とみなされるべきものである。そして、この限りで、またそのゆえに、諸個人の生の発現が uniqum として個別性格をもちうるのである。人間の個性や人格は、誤解を恐れずいえば「個における社会性（類）の自己発現」の特殊性を内実とするものであって、固定的・孤立的・静態的に捉えられるべきではない。諸個人の主体性は、徹頭徹尾、本源的・本質的に社会的規定性を身に纏っており、歴史に憑かれた存在なのであり、このような意味においてそれは「共同主観性＝間主体性」としての「主観性・主体性」と規定されるべきものなのである。近代のアトム的主体性の実体概念は、この共同主観性・間主体性という関係概念を、方法的個人主義の視座からの要素主義的・実体主義的な了解における錯視によって成立した悟性的抽象概念にすぎない。このような悟性的な主体性概念に相即する近代的「人間」の概念は、人間の意識や行為をその全体的な歴史・社会のコンテキストから切り離し孤立化させて捉えて固定的に措定されたものにすぎないこと、そしてこうした近代的人間観は、複雑に重層・重畳・錯構造化した構制と機能をもって存立するに至った今日の生活世界においては今や機能不全に陥ってしまっているのだとわれわれは主張したい。近代的生活世界における人間およびその主観性・主体性をめぐる悟性的抽象概念化の果たした成果と役割は今やその歴史的意義と役割を終えつつあり、逆にこうした概念化は、本来人間存在が開示するはずの具体的全体性の弁証法を貧困化してしまうばかりでなく、その物象化錯視に由来する人間のアトム的実存規定（ブルジョワ的人間像）を人間の本質的規定あるいは自然永遠に妥当する普遍的規定とするイデオロギーへと転化した形で今や否定的な意味と意義を帯びてわれわれの前に立ちはだかっているのである。[10]

われわれが「現代的人間観の新地平」として、つまり近代的な人間観の超克として提起したい人間了解のパラダイムは、おおよそ以上のごとき問題論的背景において主張されているのである。それは、現代の歴史的状況において人類の直面している諸々の課題との対決において、その理論パラダイム上の限界が指摘され始め、そして少なくとも先進資本主義的生活世界においては、卑俗ないい方をすれば、賞味期限が切れつつあるとされる近代的な人間観の超克として提示しておきたい新たなパラダイムの主張でもあった。

このような新たな人間観は、決してわれわれの独断的思いつきではなく、二一世紀のいくつかの思想的営為において既に提示されてきたものであることは、本稿において粗略ではあるが考察しておいた。しかしながら、既にのべておいたように、このような近代的な人間観の超克を意図する先駆者は、何といってもへーゲルおよびマルクスである。われわれとしては、とりわけマルクスの人間観こそ新たな人間観の構築にとって今なお決定的な意義と重要性をもつと考える。われわれは、このマルクスの人間観に軸足を置いて、その批判的な継承・高次化を企図した廣松の理論的営みに視軸を移して、廣松の独自の「人間≈社会≈国家」観の考察へと歩を進めることにしよう。

註

(1) マルクスにおける人間関係・生活関係の基幹は、『経済学批判』の「序説」における件の〃生産関係・交通関係〃のさらに基底に置かれるべき「依存関係」に据えられるべきある、とわれわれは考える。この「依存関係史観——人格的依存関係–物象的依存関係–高次の人格的依存関係（自由人のアソシエイティドな連合関係）——」の人類史における人々の相互依存形態の三段階論は、『経済学批判要綱』（一八五七〜五八年）——『マルクス資本論草稿集①』大月書店——の「貨幣に関する章・ノート」（一三五〜五〇頁）に詳しく展開されている。この「依存関係史観」あるいは「人類史の三段階論」は、『資本論』でもその基底において貫徹されている。例えば「物神性論」をみられたい。

(2) ピコ・デラ・ミランドラに関しては、『人間の尊厳についての演説』（創元社）を参照。

(3) 近代的人間観・近代的自由論の形成と展開に関しては、筆者も『自由の腐蝕——現代自由論序説』、「第二章」（八千代出版、一九九四年）で考察しておいた。乞う参照。

(4) マックス・ウェーバー『プロテスタンティズムの倫理と資本主義の精神』岩波文庫

(5) 小川弘『近代化と道徳』紀伊國屋新書、一九六五

(6) 以上の記述に関しては、以下のものを参照。
『地平』「第二部 マルクス主義と人間の問題」
『構図』「I 第二節 人間主義の超克と新地平」
『読み返す』「第一章 第一節 人間観をどのように改新したか」

(7) 日山紀彦『自由の腐蝕——現代自由論序説』「第四章 Ⅱ 近代的世界観の地平」、八千代出版、一九九四

(8) 同上書、「第四章 Ⅲ 近代的世界観の限界」
藤沢令夫『ギリシャ哲学と現代——世界観のあり方——』「Ⅲ いくつかの基本的問題点」、岩波新書、一九八〇
J・ルカーチ『歴史と階級意識』「第四章 二 ブルジョア的思考の二律背反」、城塚登訳、白水社、一九六八

(9) 以上、廣松の著作としては次のものを参照。
『存在構造』「I 序章 哲学の逼塞情況と認識論の課題」

『構図』「Ⅰ 第二節 人間主義の超克と新地平」
『前哨』「第三部 三 人間論へのプロレゴーメナ」
（10） 以上の記述に関しては、註の（6）〜（8）の文献を参照されたい。

第五章　廣松「人間≈社会」観の論理構制

周知の如く、廣松は伝統的な科学主義的マルクス主義（正統マルクス主義）やその対極に位置する人間主義的マルクス主義（西欧マルクス主義）に対する根源的な批判（両刀批判）とその超克を図り、合わせて近代ブルジョワ思想のトータルな乗り超えとしてのマルクス主義の再構成を図った。それは、全く新しい視座からのマルクス再発掘と再構成の試みとして、賛否はともかくとして、わが国のマルクス主義研究に衝撃を与えるものであった。

本章は、あくまでも、第I部で展開した廣松の「認識≈存在」論の独自性を踏まえて、この廣松のマルクス再解読ないしは新たな改（解）釈を基軸として、われわれなりの視角から前章での人間観の粗述を踏まえて、これを敷衍する形で廣松の捉えたマルクス「人間－社会」理論の問題のありかへと焦点を移し、論理構制を改めて整理し、「事的世界観」に立脚する廣松の「人間観≈社会観」の特質を浮び上らせ、加えてその「人間≈社会」統合理論の哲学的地平を明るみに出すことを企図するものである。

A　廣松の社会的人間観

マルクス・エンゲルスの切り拓いた新しい実践的・理論的な新地平という意味でのいわゆる「唯物史観」において

は、人間・自然・社会・歴史の世界観上の統一的なヒュポダイムが、近代的世界観のそれをトータルに止揚するものとして、批判的に基礎づけられていると廣松は明言する。われわれは、この間の事情を、形成史的にも論理構制の視角からも、個々の諸契機に即して詳らかにする余裕はないが、ここではさしあたってまず、廣松のいう「唯物史観」における弁証法的な社会観の独自性を、直接的にではなく、それが定位する人間観の構えを媒介にして洗い出すことから始めたい。それは前章でみておいた近代的人間観の閉鎖状況を踏まえて、その乗り超えに向けた廣松の人間観をめぐる哲学的作業の改めての洗い出しということになる。そのため、本節での廣松「人間観」の考察においては前章とかなり重複することにもなるが、事の重大性に鑑み、ここではあえてそれをいとわず、別の視角と問題意識から再説しておくことにする。

そのため、本章においては、われわれは、廣松のマルクス解読、とりわけ彼の画期的な「唯物史観」解釈に定位して、そこから廣松の社会的人間観を素描していくことにしたい。

1．人間存在の基本的構え：「社会・内・存在」としての「類的存在」

先にのべておいたようなマルクスの弁証法的人間観とわれわれが呼ぶ人間了解の構えを再確認しておけば、それは人間諸個人を社会的存在として把えるところにあった。この「社会的存在としての諸個人」という規定は常識的にいえばいささか形容矛盾的表現になるが、それは人間存在を「社会的個人」というあり方において了解する独自の人間観をいうものであった。この人間把握の構えは、近代的人間観が人間諸個人の本源的・原基的なあり方を「アトム的実体としての個人」・「実存的単独者」として了解する立場と対比する時、その違いが明白となる。このことは既にのべておいたが、あえてここでも再確認しておきたい。近代の常識的な人間了解にあたっては、個々の人間の意識の各私性＝純粋主観性および行為の主体的各自性＝自律性＝純粋個人性が自明の前提になっている。これに対しマルクスの弁証法的人間観においては、諸個人は本源的・本質的に社会的存在――初期マルクス的にいえば「類的存在」――であるとされるのであるが、その意味するところは、後期マルクス流にいえば、人間は〝社会の中に投げ出され、この当該社会において初めて動物的個体から人間へと化成し、そして社会において人間存在となりつつ個人となっていく〟存在であるということであった。人間は個人として生まれるのではない。人間は社会において人間化し、その社会化を介して個人となるのである。ルソーをもじっていえば「人間は三度生まれる。一度目は動物的個体として、二度目は人間として、三度目は個人として」ということになろう。

このような人間存在の了解の構えにあって、諸個人の意識観・行為観に関してもまた独自的であった。社会的個人としての諸個人の意識や行為もまた、本源的・本質的に、当該社会の場の状態を母胎とし、この社会的諸契機を基盤としながらその社会性を各自的・個性的に獲得・修得していくことにおいて形成・展開されていくものであった。要するに、諸個人の意識や行為とは、近代的な意識観・行為観におけるような純粋主観性・純粋主体性として規定され了解されるべきではない。それは、諸個体の生活過程の社会化のプロセスにおいて共同主観的・間主体的に形成され存立し展開される「社会的に個人的な」主観性・主体性の形成なのである。いわば社会性の契機と個人性の契機の二肢的二重性においてある主観性・主体性なのである。これは、まさに「負荷なき主観性・主体性」あるいは「負荷なき純粋個人・実存」を人間観の公理的前提とする近代的人間観の批判的超克を含意するものであった。

人間は、文字通りの意味でゾーオン・ポリティコン（社会的動物）である。単に社会的 gesellig な動物というにとどまらず、社会の内においてのみ個別化する「個人となる」ことのできる動物なのである。社会の外でのば

らばらな個人の生の生産は……共に生活し共に語りあう諸個人なしでの言語の発達と同じようにありえないことである。(1)

以上のべてきたことをしつこいようであるが再説的に要約しておけば、人間はまず「デカルト的コギト」あるいは「自律的な自由意志主体」の如き「自分自身において実存的な個人」として存在しているのではない。人間諸個人は生まれにおいても育ちにおいても「社会的な個人存在」なのである。すなわち、現実的に具体的な生活世界の「場」に内存在し、この場の全体的な状態の本源的な存在拘束性を身に帯びて「対自然－対他者」相互関係の生活過程の総体のなかで自己を形成していく存在者なのである。要するに、いわゆる被投的投企を介して自己を形成していく社会的存在なのである。このような意味で、人間存在の基礎的構造においては、人間は individual な subjectum としての純粋個人としてではなく、「社会・内・存在」という構えをとって「〈われわれ〉としての〈われ〉」というあり方で存在しているわけである。これが諸個人の存在における「二肢的二重性」の契機である。

人間は群をなして生きる動物であるが、原初的にはともかくとして、他の動物から区別されて明確に歴史的かつ文化的な存在としての「人間」と規定されうるのは、一つにはその群集団が一定のシステム・構造・規範性を有する制度化された集団という意味での「社会」、そしてそうした集団の一員として各成員が自覚的な協働体制において実践的に環境にかかわっていく集団という意味での「社会」という準位に至り、この社会の構造・機能・役割に制約されつつ協働的な生活様式を営み始めた段階以降のことと規定することができよう。つまり、社会の成立と人間の成立とは相即しているということである。このことはまた、人間的な意識や行為も、社会の成立やそこでの生活のあり方に相即的に対応しているということでもある。諸個人の意識や行為のあり方を、各人に固有の実存的な主観性・主体性として規定してすますことはできないということである。人間の主体性とは、各人が協働的に営んでいる生活共同体の総体という意味での社会あるいは各人が内存在している生活世界の総体という意味での社会、このような意味での社会における総体的生活過程における諸個人の生活行為の相互連関において形成・展開される主体性をいうのである。つまり人間の主体性とは本源的・本質的に共同主観的・間主体的なものであって、純粋に各人に固有の自律的な主観性・主体性として規定しうるものではないということである。(2)

2. 関係主義的人間観

これまでのべてきたことを、異なった視角から敷衍しておこう。その際、要点となるのは、――あくまで、歴史的現実における人間の様々な生のありようから抽出した論理的に一般的な、それゆえ抽象的・超歴史的な人間存在の規定としてであるが――廣松が読み解いたマルクスの「関係主義的人間観」の独自性である。この人間観がいわんとするのは人間諸個人の意識や行為のあり方は、本源的・本質的に「社会的自己」すなわち上述したような意味での「〈われわれ〉としての〈われ〉」という二肢的二重性において成立・存立しているというのが事の実相であった。すなわち、〈われ〉があって次に他の〈われ〉との関係において〈われわれ〉が二次的に成立するのではないということである。人間存在におけるこの〈われ〉と〈われわれ〉との統一的両契機は切り離すことはできないということである。この二肢性は諸個人の存在を規定しているワンセットの構造成態的二契機なのである。このマルクス的な弁証法的人間観の存在論的特質を称して廣松が人間存在における「関係の第一次性」として規定する所以もここにある。近代的人間観が「実体の第一次性＝実体的〈われ〉の第一次性」を前提としているのに対し、廣松の人間観は「〈われわれ〉としての〈われ〉」という規定を人間存在の本質規定としているということである。そしてこの二肢的二重性は、社会的生活関係の総体的過程における社会的相互作用的連関行為のプロセスにおいて形成され存立するに至っているという意味でも「関係の第一次性」を前提にしているというわけである。近代的人間観における如く、人間存在の本質的規定たる「〈われわれ〉としての〈われ〉」という二肢的二重性の二つのモメントから一方を他方から切り離して、例えば〈われ〉契機をアトム的自我・コギトと実体化して措定することも、また逆に〈われわれ〉契機の方を実体化しこれを人間の普遍的本質（「類的本質」ないしは「人間なるもの der Mensch」）として措定することも、いずれも人間存在をめぐる近代的人間観に固有の「Quidproquo」の産物である。(3)

先取りして寸言しておくと、こうした廣松の人間観が、彼の独自の社会観の基盤をなしているのである。それは、つまり既述しておいたように「〈われ〉が〈われわれ〉に先立つ」という立場設定と「〈われわれ〉が〈われ〉に先立つ」という立場設定との対立する近代的人間観の地平の批判的に超克を意味するものであった。このような人間の存在論的な規定において、生活世界の場に内存在しつつ諸個人はその「生活関係の総体を自己と社会のあり方の本質規定」とするに至っているのである。これがマルクスを踏まえつつ廣松の切り拓いた新たな「社会的人間」了解の地平である。因みに、マルクスはこのような社会的人間観を、フォイエルバッハ批判に仮託する形で、端的に次のように表現している。廣松もよく引用するところでもあり、彼の人間観の基本視座となっているものでもある。

フォイエルバッハは、宗教的本質を人間的本質に解消する。しかし、人間的本質は、個々の個体に内在する抽象体ではない。その現実においては、それは社会的諸関係の総体 Ensemble である。(4)

このような一見奇妙な人間の本質の存在論的規定は、先の近代的人間観からは出てきようがないし、それゆえに常識的には理解し難い。しかし、これこそが人間諸個人における社会性と個別性との相対立し矛盾する二つの契機の弁証法的統一に基づく全く新しい人間観のポイントの一つと廣松の指摘するものである。廣松およびマルクスの弁証法的人間観においては、人間を真空中を生きるアトム的個人として抽象的に把えることをしない。彼らは、人間諸個人を生活世界に内存在し、自然および他の諸個人と相互にかかわりながら生きている準位で把握している。人間を社会的生活過程における生活関係の総体、すなわち「対自然－対他」相互連関とのつながりにおいて把握する廣松・マルクス的な人間存在の論理的把握のための抽象化の下向はここまでである。理論上の下向的抽象の限界は、関係としての人間の存在論的規定、諸個人の関係主義的存在規定までである。それを超えた人間存在規定の論理的抽象、すなわち人間存在を「対自然－対他」相互関係から切り離して、真空中の単独者としての準位まで下向し抽象化して考察すること――アトム的個人実体ないし人間なるものの普遍実体の措定――は、彼らからいえば、人間存在の本質を蒸発せしめる過剰なる抽象であり、従ってそれは方法論上の手続きミスといわざるを得ないということになる。

3．実践に定位した社会的人間把握

マルクスの弁証法的人間観の独自性の廣松による抽出において、さらに強調しておかなければならないのは、人間存在を意識・思惟・意志あるいは精神を基軸にして了解し把握する視座を乗り超える新たな視座を切り拓いている点の強調である。それは、人間を実践的存在者として基礎づける新たなパラダイムに基づく視座の開示である。

この視座においては、人間の自己発現そして自己形成・自己展開の本質的契機は「労働」に置かれている。この広義の労働概念は、他者との社会関係を媒介として遂行される自然との関係行為としての「対象的活動」をさすものである。諸個人の「生」の社会的具現のための実践すなわち「対象的活動としての労働」こそが、人間把握の基底に据

えられるべきだという視座である。意識は、あくまでこの実践的労働の一契機なのである。

ところで、「社会的諸関係の総体」を本質としかつ反照している人間諸個人の生活過程において、その労働とは、本質的・本源的に社会的諸関係に内在して遂行されている自己対象化的活動であって、この視座から諸個人の実践的労働のあり方を規定すれば、社会的関連を本質的契機として身に帯びた「社会的に個人的な労働」ということになる。これが、マルクスを踏まえて廣松が強調する「協働としての労働」という概念の内実である。

「社会・内・存在」という基礎的な構えをとって存在する人間諸個人は、その自己発現・自己確証・自己展開のための「対自然－対他者」関係行為としての対象化的活動すなわち労働は、「協働としての労働」という二肢的二重性の契機において規定されて遂行されているということである。そして人間は、この「協働としての労働」という実践の準位に定礎されて了解・把握されねばならず、従って、その自己の発現・形成・展開すなわち「各自的な生」の運動は全体的かつ統一的な視座において把握されねばならないし、また把握しうるということである。

このことを別様にいえば、人間の本質的基礎としての「社会的諸関係の総体」とは「協働的相互行為連関の総体」の謂いであるから、社会的存在としての人間はその社会的実践の関係の総体すなわち「協働的相互連関の総体」に定位して、その基礎的存立構造成態の存立様態に即して把握されなければならないということである。これが、廣松のいう弁証法的人間観における「実践に定位した社会的人間把握」の視座の論理的に一般的規定の含意するものである。

B　廣松の関係主義的社会観

われわれは、前節において、マルクスを踏襲する廣松のいわば弁証法的な社会的人間観の構図を、主として廣松のマルクス主義の再構成の作業におけるマルクス解読を視野に収めつつ、敷衍的に展開しておいた。人間観をめぐって、繰り返しを厭わずいささか長々とのべてきたのは、マルクスの人間観には既に社会観・国家観をめぐる本質的な契機と規定が孕まれていたからである。ここでは、改めて、この人間観を前提として廣松の社会観の構えと構図を考察していくことにしたい。

1．人間の存在根拠としての社会

廣松の社会観は、上述したように、「人間は社会的存在であり」・「人間の本質は社会的諸関係の総体である」というマルクスに固有の新しい人間観から論理必然的に出てくる態のものである。それは、まさに「人間すなわち社会」とも表現しうる内実を含意するものであり、より具体的にこれを言い換えれば「社会とは人間の Wesen（本質・存在・あり方）に反照的に表現される諸個人の協同的生活関係の総体である」ということである。この協同的生活関係の総体としての社会的諸関係の総体とは、実は、諸個人の生活行為連関の総体としての社会、あるいは「対自然－対他者」相互行為連関態・協働的相互依存関連の総体ということである。廣松流の弁証法的社会観にいう社会とはそのような意味での生活世界すなわち人々の入り込み取り結んでいる生活関係の構造化された総体としての社会という了解の構えを前提としているのである。

ところで、人間が高等哺乳動物から区別されて人間として規定されうる段階に入ったとされるメルクマールの一つは、その集団的生活が単なる群ではなく社会と規定されるに足る一定の構造的に成態化された制度・システム・規範等を備えた生活関係を確立し、その生活行為が社会的相互作用連関としての意味を帯びるに至った段階だということは先にごく簡単にのべておいた。このことを踏まえていえば、人間なる存在は、群的ではなく社会的な共同生活を営み始めた時、初めて単なる動物ではなく「人間としての生」を定礎したということになる。人間は、この意味で、本質的・本源的に社会的存在なのであり、その生活の基本的構造そのものからいって「社会・内・存在」なのであった。まず、実体的個体としての諸個人が存在して、その諸個人が第二次的に何らかの形で社会を形成するのではなく、諸個人の生そのものが社会的なのであり、社会に内存在しているからこそ動物的個体ではなく人間的諸個人になるということであった。これを別様にいえば、人間はその存在の根拠を社会への内存在というあり方に置いているということである。要するに人間存在の基本構造は「社会・内・存在」という構えにおいて形成され成立しているということは、すなわち、人間の存在母胎は社会そのものであり、人間諸個人の存在根拠は社会であるということである。人間とは本質的に社会的な個別存在者なのであり、社会とは人間諸個人の存在根拠なのである。人間諸個人が社会をつくるのではない。人間が社会的なのであり、社会が人間を人間たらしめるのである。

常識的な「実体的諸個人の第一次性、社会の第二次性」という「人間－社会」観を超克するかくの如き「人間すなわち社会」あるいは「人間存在と社会存在の相即性」、これを存在論的にいえば、「社会関係の第一次性とそれを基礎とした諸個人の存在」という「人間≈社会」観こそマルクス的な人間観・社会観の発想枠・理論前提枠なのである。今一度、ここでこのことを再確認しておく。なぜなら、「社会とは何か」、あるいはむしろ「人間にとって社会とはどういうことか」ということをめぐる廣松・マルクス的な社会了解の基本的な構えの特質がまさにここにあるからだ。

世界観一般のレヴェルでいえば、これがまさに廣松の指摘するように「実体の第一次性」に代わる「関係の第一次性」のパラダイムに立脚した社会観の新地平ということになる。唯物史観におけるマルクス的社会観の存在論的特質を強調するこの廣松流「関係の第一次性」あるいは「関係場の第一次性」という視座に立脚した社会了解の構えに即して、われわれは廣松の「関係論的社会観」を今少し立ち入って考察していくことにしよう。

2. 関係主義的社会観

われわれが、ここで新たに取り上げる「関係主義的社会観」の視座の新地平を顕にすべく、廣松いうところの社会観、すなわち廣松がマルクスを継承しつつ批判的に乗り超えを図った当の近代的社会観と廣松流（弁証法的）社会観を対質させつつ、後者の特質を炙り出すという手法を取ることにしたい。

近代的社会観は、繰り返すようであるが、原理的には、人間を自律的なアトム的個人として把え、次にこうした実体的な個々人が何らかの形で結合して社会を形成するという構図を前提にしていた。自律的な自由で平等な個人、この個人としての人間がまず第一次的・原基的 elementarisch に存在し、社会とはこの個々人が第二次的に形成するものという理論枠であった。但し、個々人によって形成される社会というものをどう把えるかということに関して、あるいは個々人にとって社会というあり方をどう了解するかに関しては、近代的社会観においては二つの立場がある。一つは「社会唯名論」であり、他の一つは「社会実在論」である。この二つの立場の対立は、元来は、中世以来の〈普遍〉概念をめぐる周知のノミナリズムとリアリズムの論争につながっているもの、あるいは発想上はそれに由来するものであり、その社会思想上の近代的ヴァリエーションであるが、今はこの問題は措くことにする。

さて、「社会唯名論」の主張であるが、ここでは真に実在するのは自律的人格としての個人であって、社会とはそうした個々人の単なる総和としての集団をさすにすぎないと主張する立場である。すなわち、実体的実在は個々の人間であって、社会という実体的実在が存するわけではなく、社会というのは個々人の集合態を表示する単なる名辞であり、唯名的なものでしかないというわけである。これは、きわめて常識的な主張であり、今日でも主流をなす見解といえよう。

他方の「社会実在論」の主張であるが、ここでは社会というのは個々人から形成されているとはいえ、それは独立した諸個人とは別に、単なる諸個人の総和・集合以上の別種の実在性を有する客観的な存在性を有しており、むしろ逆に個々人の生のあり方を規定する実体的な実在として存在しているという主張である。近代的世界観を素朴に前提にした場合には一見奇妙なこの主張は、実は、近代社会が一九世紀に入って産業革命を経て本格的にその資本主義的市場経済化を進展せしめ、産業資本の優位性を示すに至った段階で、社会が諸個人の意図や目論見を超えた不可思議な動き――例えば周期的な景気循環――をするようになり、単なる諸個人の集まり・総和としては十全に把えきれない外観を有する物象的な運動相を呈するようになった歴史的事情を背景にしたものである。典型的にはコントやスペンサー等の主張がそうであるが、社会はアトム的諸個人から構成されているが、諸個人の各々の意識や行為の総和からは直接には説明できないだけでなく、諸個人の意識や行為からは独立した物象的な実在性（自然史的過程の相）をもって現われる存在であるとするいわゆる「社会有機体説」の立場がその代表であろう。元々、前近代においては、人間・社会・自然は未分化で一つの融合的な有機的生命体とみなされており、人間はこの有機的総体に包摂され生かされていると素朴に了解されていた。近代の有機体論的な社会実在論は、内実は全く異なるにせよ、発想としては前近代的な社会観の近代的復活・再生ともいえなくはない。

以上のような近代的社会観の二つの立場、すなわち社会契約論的な原子論的・要素主義的・機械論的な社会観とコント・スペンサー流の総体主義的・有機体論的な社会観との対立、別様の視点からいえば社会唯名論と社会実在論の相克は、廣松流にいえば、近代的世界観における「主－客」関係図式における Subjektivismus と Objektivismus との対立および両者の Wechselspiel を孕む矛盾を内包する対立図式に由来するものであり、それは近代的社会観における一つのパラドックスないしはアンチノミーをなすものであって、社会理論上の根本的なアポリアをなしている。

廣松・マルクス的な弁証法的社会観においては、この根源的なアポリアを批判的に超克する構図式に立脚したパラダイムとなっている。そしてそれは、近代的社会観それ自体のパラダイム・シフトを提起するものとなっている。というのは、これまでみてきたように、廣松はマルクスにならって人間諸個人の本質を社会的諸関係の総体の反照規定と把えることで、人間観における一方でのいわば実存的個体主義の把え方と、他方での不可視のアプリオリな普遍を想定する立場例えば「人間なるもの」を根拠とする総体主義的人間把握、この二つの対立する人間観の地平を端的に超克する地平を切り拓いていったが、それと同時に、廣松は社会を、このような存在規定を有する諸個人の社会的諸関係の総体の物象的な構造成態として把える視座を定礎する。それは、すなわち、個体主義的社会観と総体主義的社会観の対立を生ずる地平そのものを超克する地平を切り拓いているということである。

廣松にいわせれば、マルクスは人間存在を本源的に社会的な存在として全く新しい視角から把え返しているのであって、人間諸個人の生そのものが社会的なのであり、諸個人の生活そのものが協働的であり、この協働的連関そのものが社会なのだという「人間≈社会」観は、今日の常識的な「人間－社会」観と対比する時、その画期性すなわち廣松「人間≈社会」観におけるヒュポダイム・チェンジの実態がよくみえてくる。先の常識的な近代主義の唯名論的立場では、人間諸個人を実体的な第一次的な存在者と考え、社会というものはせいぜい第二次的な存在性しか有しないと考えている。留意されるべきは、社会唯名論だけでなく実は社会実在論ないしは社会有機体論においても、この

「実体的個人の第一次性、社会の第二次性」の発想枠は変わらない、ということである。コントやスペンサー流の社会実在論は、原理的に、実体的個人を否定しているわけでは決してない。個人の集団的総和とは独立に社会の独自的実在性を主張しているにすぎない。但し、そこでは個人の実体的実在とは別に社会の実体的実在性が、なぜ・いかにして成立・存立するのか、その可能性の制約と条件は等閑に付せられたままである。

これに比して廣松は、マルクスがヘーゲル的「人間－社会」観を批判的に乗り超えるプロセスのなかで、一面では社会の悪しき実体化に陥ることなく、また他面では同時に諸個人の素朴な実体化をも斥けうるような上述してきたような新しい「人間≈社会」観の地平を切り拓いた事態を看て取る。それは、「人間すなわち社会」という奇妙な表現でしか表示できない「人間存在と社会との同時的相即性」というよりもむしろ「社会的諸関係の第一次性、実体的諸個人の第二次性」という「人間≈社会」観上のパラダイムとして提示しうる理論前提枠であった。廣松はいう。「マルクスの社会観は、存在論的次元でいえば、従前の実体主義的存在観に基づく社会理論の地平を超克して、『関係主義的社会観』を展《ひら》いたことに画期的な意義がある」と。[5]

因みにマルクス自身は、このような人間観に基づく独自の社会観を次のようにいっている。廣松も注目している叙述でもある。

> なにはともあれ〝社会〟なるものを抽象物として個人に対立させて固定化することは避けねばならない。個人が社会的存在なのである。……人間の個人的生活と類的生活とは別個のものではない。[6]
>
> 社会というものは諸個人から成り立っているのではなくて、これらの諸個人がたがいにかかわっているもろも

ろの関連 Beziehungen や関係 Verhältnisse の総和を表現している。(7)

われわれは、これらの表現のうちに、社会の唯名論的な把握と実在論的な把握、個体主義的把握と総体主義的把握、機械論的・原子論的把握と有機体論的・全体論的把握の対立図式を止揚する社会の弁証法的把握の視座を明瞭に読み取ることができよう。廣松が、マルクス的社会観は近代の実体主義的社会観（物的社会観）を Aufheben する関係主義的社会観（事的社会観）の新地平を端的に切り拓いているというのは、一つにはこの事態をいうのである。

3. 生産に定位した社会了解

われわれは、これまで、廣松の「人間≈社会」観にあっては、人間の本質的な存在基盤を「社会的諸関係の総体」として把える弁証法的人間観の地平を明るみに出し、人間存在の基本的構造が「社会・内・存在」という構えをとること、そして人間の生の発現と展開が「協働としての労働」を介して具現される構制になっていることをみてきた。これは、要するに、人間を社会的存在として実践——社会的協働連関の総体を反照する労働（協働）——に定位して了解するということであった。このような人間了解の基本的な構えを前提にして、廣松はそこからさらに、社会とはまさにこのような総社会的な実践的相互連関の総体、あるいは協働的相互関係の構造化成態として存立していることの論理的な基礎づけを図っていく。

さて、マルクスは『資本論』における「労働過程論」の個所で、「対自然－人間相互」関係行為としての人間の対象的活動すなわち労働の意味と意義を考察した後で、視座を主体の側の対象的活動すなわち「労働」の側から労働の成果・産出物たる労働生産物という客体の側に転換し、同じ事態を「生産」に定位して再展開している。この例にちなんでいえば、先に「主体」の側に視座を据えて人間を実践的労働に定位して了解した弁証法的な「人間≈社会」観から「客体」の側に視座を転換して同じ「人間≈社会」関係事態を考察すれば、弁証法的社会観においては、社会は「生活世界の生産・再生産の社会的過程」に定位して了解されているということになる。

人間は社会に内存在し、社会に規定されつつ自己を確立し・展開する。同時に人間は社会へと投企的に実践的な協働としての労働を介して社会を創造し変革していく。人間は社会的に「つくられながら－つくり＝つくりながら－つくられる」すなわち「被投的に企投的＝企投的に被投的」な「社会的に個人的」な存在であるということである。この「人間≈社会」関係をめぐる弁証法的事態を主体性（共同主観性・間主体性）の契機に即していえば、廣松的弁証法的人間観においては、人間は「実践に定位されて了解」される構えをとっているということになり、逆に客体性の契機の側に視座を転換していえば、この弁証法的社会観においては、人間的協働の産出態（物象的存立態・社会的構造成態）たる〝社会的生活過程の「生産・再生産」の客観的過程に定位されて了解される構え〟になっているということである。

さて、この場合の「生産」という概念であるが、廣松およびマルクスの社会観においては、生産とは、何よりもまず社会的生活過程の生産・再生産の謂いであり、生産活動とは人間的生の生産・再生産のための社会的な対象活動ということになる。すなわち、さしあたっては、まず「人間の生＝社会的生活」の生産という広義の意味が基底に捉えられている。人間的「生」の生産が社会的生活過程の生産の謂いである以上、社会性の契機に視座を構えた〈生産〉概念が「社会すなわち社会生活の生産」を含意すること、また社会とは社会的な「協働的行為連関の総体」である以上、生産とはまさにこの「社会的協働連関の総体」あるいは「対自然－対他相互」関係の総体の「生産・再生産」を含意することになるわけである。

しかしながら、厳密には、彼らの〈生産〉概念はより重層・複合的な構造的な概念構制になっており、狭義の〈生産〉概念規定においては、あらゆる社会の存立と存続の客観的な物質的根拠ないしは社会的生活過程における物質的基盤としての社会的必要生活財ひいては生産財の生産といういわゆる「経済的意味（経済原理）での生産」を基幹としている。従って「社会的諸関係の総体」の生産・再生産という規定においても、重層的・複合的に構造成態化されたこうした社会的諸関係の総体において、最も基礎的・基幹的な構造連関としての物質的・経済的な生産関係・交通関係の生産・再生産を含意するものとなっている。こうした社会の全体的・統一的・構造的な把握の可能性の根拠づけと権利づけに関しては、次節において考究することにしたい。

いずれにしても、廣松の解読したマルクスの弁証的人間観の特質の一つが人間を実践もしくは実践的場に定位した人間了解となっていることに対応して、彼らの弁証法的社会観の特質の一つは、社会を生産もしくは生産の場の社会関係——究極的には狭義の生産関係・交通関係——に定位して統一的に把握する構えにあるということである。社会を諸個人のとり結ぶ協働的総体として、そしてこれを生活の生産の場に定位し直して全体的・統一的に了解する独自の地平、それが廣松のいうマルクス的な弁証法的社会観の新地平の一契機なのであり、廣松の社会観の基幹的視座でもあるのである。(8)

C　廣松の事的「人間≈社会」観の構制

マルクスの社会理論が唯物史観の独自の世界観上の構制に立脚していること、また廣松のそれも基本的にそれに立脚したものであることは、これまでの弁証法的な人間観および社会観の考究に即して、その一端をみてきた。ここでみておきたいのは、唯物史観の視座に立脚した社会把握の独自の視座、すなわち人間・社会を全体的・統一的に把握する構えをめぐる「人間≈社会」観の構図と論理である。まず、社会のトータルな把握の可能性の根拠づけの問題からみていくことにしよう。

1.「人間≈社会」の全体的・統一的把握の視座

さて、社会の全体的・統一的な把握といきなり問題を提起しても、そもそも「社会とは何か」とか「社会の運動に法則は存在するか」に始まって、「社会の全体的・統一的把握は果たして可能であるか」さらには「可能であるとすればそれはいかにして可能なのか」等々の問題をめぐる近代の社会理論とりわけ社会哲学的な基礎づけにおいては、基本的には、不問に付されたままとまではいわないにしても、決着がついていない。歴史・社会を全体的・統一的・根源的に了解し把握しようとする基本的な構えに立脚する唯物史観あるいは弁証法的社会観に対する厳しい批判も、一つにはここに由来する。

周知の如く、近代理性の根源的かつ全体的な批判を試みたカントは夙に、「世界の全体性」の把握に向けた理性の使用は、理性の越権行為であり、理論的アンチノミーに陥らざることをその「弁証論」において論じていた。一九世紀から二〇世紀にかけての近代主義的な社会理論・社会思想にあっても、その主潮は、経験的には与えられようのない社会全体にかかわるような事実データを欠いたままでの社会の全体性の認識や社会法則なるものの認識は、理論モデルあるいはウェーバー流の理念化の視点からの抽象としてならいざ知らず、具体的な社会の全体的かつ統一的把握という意味においては学問的資格を有しえないとする立場にあった。歴史や社会に関して、その「具体的全体性の根源的・統一的把握」は、依然として今日まで、形而上学的な知の営みでしかないとの嫌疑は払拭されていないといってよい。

このような今日の問題論的背景において、われわれがここでさらに検討・展開しておきたいのは、廣松・マルクス的社会観にいう社会の全体性の統一的把握はどのような根拠と論理において主張されうるのか、またその妥当性はいかに権利づけられうるのかという問題である。その本格的考究に先立って、以下ではさしあたって、廣松・マルクス的社会理論の鳥瞰的な構図を、これまでの「人間≈社会」観を前提にして描出しておこう。

社会の全体性の唯物論的把握の可能性の根拠づけという問題を再説的かつ少々敷衍的に展開していえば、社会とは人間が被投的に内存在しつつ企投的にとり結んでいる「対自然および人間相互」の総体的な生活関係ないしはそれを基盤とする生活様式の共時的過程ということであった。重要なことは、歴史・社会の物質的基盤をなすこの動態的な生活関係の総体すなわち対自然および人間相互（間人間的）の行為連関の総体的な社会的生活過程、このいわゆる生活世界としての社会構成体が統一的に把握可能とされるのは、それが決してのっぺらぼうなカオス的総体性としてあるわけではないからである。これまでのべてきたように、それが独自の重層的・複合的な錯構造化成態として存立しているからである。この社会的生活諸関係の統合された構造成態において最も基底的かつ原基的な生活関係をなすものが、生活の再生産のための経済的生活関係すなわち「生産関係と交通関係」であった。唯物史観は、かかる社会哲学的パラダイムに立脚することで社会構成態の全体的・統一的な把握の可能性を根拠づける。この社会という構造成態の存立と存続の客観的で物質的な根拠をなす「〝社会的存在としての人間〟の生活の再生産」という事態は、一般的にいえば当該の社会において人々がその社会的生活過程において必要とする衣・食・住を基幹とする財とサーヴィス（生活財）およびその生産のための財（生産財）の客観的な生産・再生産を基盤としている。このことは既にのべておいた。人はパンのみに生きるにあらず。これは真実である。但し、パンなしに生きることはできない。このパンの社会的再生産の客観的な定礎こそが、人間の個性的かつ独創的なそして多様な領域での多彩な生の可能的基盤を与えるのである。経済的生活過程の客観的定礎こそが人間のあらゆる社会的生活の存立と存続の物質的基盤をなすというのが、廣松・マルクスの唯物論的社会把握において出発点をなしているのである。

この視座においては、人々が内存在する社会的生活関係の総体の構造化された共時的な存立構造――その通時的な動態的過程（歴史）もまたそうなのであるが本書ではそれは措くことにする――は、その物質的な基礎としての生産関係・交通関係に定位することで、全体的・統一的に把握しうる基盤を獲得する。廣松・マルクスの「経済学批判体系」とは、かかる独自の歴史・社会認識の理論構図・方法論的視座において、最終的には特殊歴史的な一社会たる近代ブルジョワ社会の運動法則を究明しようと企図したものでもある。すなわち、近代社会を資本制生産様式を基底とする社会的生活過程として把え、そしてその下部構造としての特殊歴史的な生産関係と交通関係に定位してこれをベグライフェン（本質たる内的構造連関の概念的把握）しようとしたのである。

廣松の解読によるマルクスの唯物史観における社会哲学上の基本的理論枠ないしは社会理論パラダイムを、われわれはこのような視座と構図において把えるが、その際改ためてここで強調しておくべきは、その独自の社会観をめぐるもう一つ別の存在了解である。それは社会を一つの「運動態」として、この運動態を「生活諸関係の状態的総体の構造成態の変動」として、それも「対自然および人間相互」の関係の総体的過程として把えるという独自の弁証法的唯物論の運動実在論的存在了解である。ここで留意さるべきは、①人間の対自然関係とは、単に「人と自然」との関係としてではなく、「〈人と人との社会的関係〉を媒介とする（道具的手段を介した）〈自然との関係〉」として了解されるべきこと、②また人間諸個人は、歴史的所与としての「社会的諸関係の総体（対自然関係の契機を含む）」をその存在の本質規定とする〝歴史的に社会的な〈われわれ〉としての〈われ〉〟というあり方をしている存在であること、これである。このことは既に繰り返しのべておいた。そして、いうところの自然も、人間の社会的諸関係に媒介的に規定されて歴史・社会的に存立・存続しているいわば「生態系的全一態（関係の総体性）」としての「歴史的自然」として動態的に把えられるべきものであるということでもある。かくして、廣松・マルクスの社会了解にあっては、社会を「統一的かつ全体的な運動の過程」として、そしてこの運動を「歴史・内・存在」を基礎的な構えとして存在する人間にとっての共時的かつ通時的に形成された社会関係の総体の動態的構造態として把えるという基本構制が前提とされ、またこれに立脚したものとなっているということである。これが、われわれの了解する廣松・マルクスの人間・社会把握の基本的な構図ないしは視座である。人間観・社会観・自然観を総括的に統合するいわゆる廣松「歴史観」すなわち彼の歴史把握の全体構図とその論理構制に関しては、本書では扱われない。このことは、認識論・存在論を構造的構制契機とする廣松「実践論」——それは廣松による「マルクス物象化論」の拡張の企図の中枢をなすものであるが——が先の第Ⅰ部では除外され、われわれの次なる課題として留保されていることと併せて留意されたい。念のため。

2．「人間－社会」の構造論的存立——土台と上部構造

マルクス社会理論の導きの糸であり基本的な方法論的視座でもある「唯物史観」、このマルクスの統一的な世界観によれば、人間の生の発現・展開の基軸は「対自然および間人間（対他者相互）zur Natur and zueinander」の関係行為としての実践すなわち「協働としての労働」あるいは「社会的生産活動」に定位されて了解されていた。

ところでこの人間的「生」の発現と展開に関してであるが、廣松によれば、マルクスの独自性は、何よりも諸個人の個性的生の展開の客観的で物質的な基盤となすものを、かの「経済学批判体系」が究極の対象とした社会的生活過

程の生産・再生産そのものとしたところにある。これをより敷衍しておけば、この独自の視座においては、〝人間的生すなわち社会的生活〟、この諸個人の社会的生活の存立と存続にとって客観的で質料的な基礎、換言すれば諸個人の生活の場であり彼らの生活関係の総体である「生活世界」それ自体の再生産の物質的な基盤は、当該の社会的生活過程の総体において人々の必要とする社会的生活資料の生産・再生産に置かれていた。つまり諸個人の生活はこの過程の定礎・自立（律）化をまって始めて可能的地平を獲得しうることであった。要するに人々の各自的な生およびその社会的生活過程の存続・展開の不可避の物質的な基礎は、こうした社会的物質代謝の再生産の過程的な運動の自律化・客観化において定礎されるという了解を基本的視座としているということである。これがマルクスのいう狭義の〈生産〉概念の内実で、それはいかなる社会形態にあっても貫徹されねばならず、かつ必然的に貫徹をされざるを得ないし、貫徹されてきた人間の営み、宇野流にいえば「経済原則」――われわれ流にいい直せば「生活原則」――と呼ばれてしかるべきものである。

それでは、かかる「生活原則」を具現する経済的過程と、個人の生活過程の総体とりわけ人間の生活行為の実践的連関態たる社会的生活過程とはいかなる構造的意味連関を有するのであろうか。本質的・本源的に社会的存在としての人間はその社会生活過程において不可避的に様々な生活諸関係――政治・経済・法・社会・文化的諸関係――に入りこんで取り結んでいるし、また取り結ばざるを得ない。諸個人の生活行為連関としてのこの重層的で複合的な社会的生活関係の錯構造的な動態的な過程においては、人々がその社会的生活資料の生産・再生産のために不可避的に取り結んでいる特殊経済的行為連関こそが、あらゆる重層・複合的な生活関係＝社会的諸関係における最も基礎的・根源的な構造・機能・役割を有するものであった。唯物史観が何よりも明るみに出すのは、この社会の客観的な存立の基礎的な構造的構制である。いうまでもなく、この経済的生活関係の構造化された動態的過程の総体こそが、あらゆる社会的生活関係の物質的存立の基礎となるところの広義の「生産関係」と呼ばれるものの内実である。この広義の社会的生活の生産・再生産において編成される「生産関係」は、直接的生産過程としての狭義の生産関係と総社会的な労働と財の物質代謝過程を形成する交換・流通の社会的運動としての「交通関係」として下位分類されよう。これが、マルクスのいう「生産・交通」関係の謂いである。

かくして「唯物史観」的視座においては、人々の生の展開が社会的生活過程に即して、社会的生活過程が重層的で複合的な社会的諸関係の動態的総体の再生産過程として、そしてかかる再生産の過程が件の「生活原則」の貫徹・具現のプロセスとしてつまり広義の「生産関係」として構造化されること、そしてこれが社会的生活過程の物質的な基盤をなしているということである。「人間の本質としての社会的諸関係の総体」そして諸個人の具体的な生の発現の場としての「生活世界」の重層・複合的な生活関係の総体、この社会的諸関係の総体の編成と統合を「生産関係と交通関係」を基軸としかつこの土台（下部構造）に定位して初めて社会は全体的かつ統一的に把握されうる、というのが廣松・マルクスの基幹的な方法的視座なのである。またこのような「人間すなわち社会」に関する存在了解の基本的な構えこそが彼らの独自的な社会哲学的基幹構図と論理構制の前提枠をなしているのである。(9)

註

（1）　マルクス『経済学批判』、「序説」、国民文庫、二七〇頁。

（2）　マルクスの人間観の特質に関する先駆的問題提起に関しては、『地平』・「第二部　マルクス主義と人間の問題」および『読み返す』の「第一章・第一節　人間観をどのように改新したか」がわかりやすい。

（3）　マルクスの「関係主義的人間観」の廣松による読み取りに関しては、『地平』の第二部の「第三章・第三節　マルクス主義人間論の特質と人間変革の問題」を参照されたい。

また、上記の『読み返す』においても、次のようにいっている。「マルクスは人間存在を、第一次的に、……関係主義的な相で観じました」。「これが、先行思想家たちの人間観におけるヒュポダイム、人間存在の意識性・有意性・主体性を世界観の基底に置き自我的諸個人を社会関係の実体的基体《ヒュポケイメノン》と観ずるヒュポダイムを、抜本的に改変する革《あた》らしい人間存在論の地平を拓《ひら》く所以となっていることが認められる……」。三六頁。

(4)「フォイエルバッハに関するテーゼ」(『フォイエルバッハ論』所収)国民文庫。

(5)『読み返す』、四一頁。

(6)マルクス『パリ手稿』Neue MEGA.I.2.S.243.

(7)マルクス『経済学批判要綱』(『マルクス資本論草稿集 一』)、大月書店、三一二頁。

(8)『読み返す』の「生産の場における人間関係を基礎とした社会観」の項(四一～三頁)と「社会構造を建物に喩えると『土台』は生産関係」の項(四三～五頁)を参照されたい。

(9)以下を参照。
『国家論』「第Ⅰ部 第三章 唯物史観における社会観の新地平」
『読み返す』「第一章 第二節 社会観をどのように更新したか」

第六章　廣松「国家論」への序説

これまで、われわれは、廣松のいわゆる弁証法的社会観においては、社会とは人々の内存在している生活世界の総体の謂いであり、一定の生活様式の貫徹する社会的生活関係の総体を表示する概念であることをみてきた。この社会的生活関係の総体は、諸個人が取り結んでいる「対自然－対他者」相互行為の社会的関係の総体としての総社会的協働連関の特殊歴史的な構造成態として、諸個人の直接的意志的行為とは独立した存在性格を有する社会的に構成された物象的な構造と機能と役割において存立していることを、明るみに出しておいた。しかしながら社会は、実は以下にみるように人類史のある段階以降、必然的に「国家≈社会」という形態において体制化されてきた。ここでは、この「社会の国家社会への転化」の論理と、その一般的な存立構造について、廣松のいわゆる「国家論」の構制の理論構図に基づいて概略的にごくごく簡単に寸描しておくことにしたい。

A　「社会」の「国家≈社会」化とは

さて社会は、それがどのような歴史的形態を身に纏って現われようとも、その客観的な存立と存続のためには人々の社会的生活の総体の秩序ある安定した再生産を社会的に可能たらしめる制度と機構を有していなければならない。

当然のことながら、この社会的生活過程の客観的な持続可能性は、人々の社会的な相互の承認と合意を何らかの形で前提とするものであり、従ってこの生活過程における人々の軋轢や葛藤や対立を調整・調停・裁定・指示する機能を有する制度化された何らかの形の機構を要請する。それは、人類史の文明初期にあっても、家族長や氏族・種族・部族の長老組織機構や協議体のような形で遂行されていたはずである。

しかしながら、社会の協働連関的編成構造が、人類史のある段階以降に、階級的構造化を不可避的な事態とするものとして現われ、この社会の階級構造化が社会の存立・存続の客観的な前提的事態へと転化するに至って以来、社会的生活過程の調整は階級間の対立・葛藤の統制・統括の機能をも不可欠に有する社会的な制度や機関を生み出すに至る。単なる社会的調整による秩序維持機関を超えた階級間の対立・抗争の調整のための強い機能と権限（構造化された社会的威力＝soziale Macht od. Gewalt）をもった政治的過程と統治機関の成立である。諸個人の相互行為連関の社会的編成の構造化（物象化）において、社会的な分業的協業とそれに基づく新しい形態の占有ないしは所有の強制的・権力的な統合関係を基調とする特殊な社会的諸関係すなわち階級関係が、社会の総体的編成に及ぼす影響力の増大に相即して、社会の階級的構造化はさらに進捗し、人類史が階級闘争の歴史といわれる段階に入る。それとともに、社会的諸関係の総体における秩序化と調整および統合の機能は、単なる社会的協調・協議の機関から複合的に制度化されて、強化された特殊な政治的な社会統合と指令機関へと変質・転化して機能し役割を演ずるに至る。国家の誕生である。

留意すべきは「国家の誕生」とは、社会とは別に国家なるものが誕生したということではない。社会の制度的な統合・統制が、社会的過程において社会の共生的・協調的な機能と役割という形で遂行される段階、つまり即自的で自然生的な社会的な調整と統合の過程から相対的に独立した政治的過程において、特殊制度化された機構・システムを介して権力関係的な機能と役割を通して遂行されるような形態へと転轍したということである。「国家のない社会」はありうるし、実際のところ人類史の大半はそうであった。しかし「社会のない国家」はあり得ない。国家と社会とは別のものではない。国家とは社会である。諸個人の生活関係の総体すなわち生活世界が「社会」というあり方から「国家社会」というあり方へと変質・遷移したということである。人類史のある段階で、階級なき社会から階級社会への転化に相即して「社会体制」が「国家社会体制」へと転位したということである。(1)

B　廣松の国家観

さて、社会の国家社会というあり方への転化の事態に定位していえば、弁証法的「国家社会」の了解の構えにおいて特徴的なことの一つは、国家社会を全体的・統一的に把握するに際して、この国家社会を一つの構造成態として把え、しかもその国家契機と社会契機とを上部構造と下部構造（土台）の機能的連関構図において了解するところにある。

この国家の社会統合と統制の機能をめぐる問題をより立ち入って別の視角から照射すべく、近代的な国家観もしくは国家社会観における二つの異なったモチーフと視座を抽出しつつ、そこから二つに類型化されうる立場設定もしくは主張を、ここで廣松に依拠して少々検討しておこう。

廣松はあるところで、「近代ヨーロッパの国家観念は、status の系譜につらなるものと civitas の系譜につらなるものとの二つの類型に岐れる(2)」と整理している。前者は「国家を以って支配階級の機関＝道具とみる国家観」に連なるもので、いわば「国家統治機関論」とでも呼ぶべき主張である。これに対して後者は「国家を以って社会の一統括」

として把えるもので、いわば「国家≈社会」統体論とでも呼ぶべき立場である。彼は、また、別の表現を用いて「スタートスとしての国家」と「キビタスとしての国家」という名称での別の類別の仕方をも提示しているが[3]今は措く。ここでは、この廣松が整理した国家の機能と役割をめぐる上述の二つの国家観（国家機関説と国家統体説）の構図を軸としながら、近代的国家観を超克する彼の弁証法的国家観の特質を明るみに出していきたい。

廣松はいう。われわれの想定する社会とは「その内部において階級的編成構造をもつ……高分子的・錯分子的な協働聯関態」として存立しているのであるが、この協働聯関態は「原始共産体が終熄してこのかた、一つの国家権力によって統括されるのを常態としてきた。そして、この国家社会は『近代社会』においてこそ経済的編成と政治的編成との相対的分離がみられるけれども、近代以前においては、生活関係と統治関係とが〝実体的に同一〟であるのが常であった。すなわち、単位社会をなす協働聯関態は、近代人的な視点からみれば、経済と政治とのアマルガムともいうべき経済的＝政治的な構造成体であると同時に政治的構造成体であるのが過去の歴史的現実であった」[4]。とはいえ、近代も実は一九世紀以前には、〈国家〉概念と〈社会〉概念とは未分離かつ融合した準位で了解されており、また階級社会である限り、近代に入ってもまた社会は国家権力に統括される社会という形態を身に纏って存立していることに対して、通念的にも理論的にも何の違和感も問題意識もなく、ごく当然のこととして受け入れられてきた実態には変わりはない。

廣松は、こうした国家社会のあり方をめぐる近代国家論の系譜を、唯物史観における弁証法的国家観の基礎的な構えとの脈絡において整理して、上述のように類型化してみせたのであった。今一度再説しておこう。

「第一は、国家とは支配階級が被支配階級を支配するための機関にすぎない」というレーニン以来のマルクス主義国家論の古典的・支配的な主張につながるもので、先駆的にはスミスやファーガソンを代表する「国家＝統治機関」説にみられる国家観である。この主張は、「統治機構 government（＝政府＝統治機関）あるいは統治権力を意味する」語たる state が、もともとはラテン語の status に間接的につらなるところから「スタートスとしての国家」観と廣松は表記したわけである。[5]

「第二は、『国家』を以って上部構造と下部構造の全体を統治するもの」とみなす正統マルクス主義においてはほとんど顧みられなかった発想につながるもので、ホッブス流の「国家（Common-Wealth）とは成員の〝共同利害〟を体現するかぎりでの共同体である」という了解につながっている。この場合の国家とは、古代や中世のヨーロッパで継承されてきた civitas あるいは res publica の概念に由来する国家観に依拠していることから「キビタスとしての国家」観と廣松は表示したのである。[6]

近代ヨーロッパにおける国家論は、以上の如き「status としての国家」と「civitas としての国家」という二つの系譜に類型化されうるが、これはなにもマルクス・エンゲルス的な弁証法的国家論とのつながりから強引に類別されたものではない。近代国家論の国家了解の発想上の構えから、近代国家論それ自体に即して抽出されうる二つの系譜でもあるのだ。しかしながら、重要なことは、この近代国家論の二つの系譜は、その発想の構え、概念上の内的連関、論理構成上の前提枠において、これまで統一的に Begreifen され得ないまま並置されており、むしろ二つの主張は廣松にいわせればアンチノミーに陥っているといわざるを得ない。これに対してマルクス・エンゲルス的な弁証法的国家論においては、かの両規定が弁証法的に止揚・統一されうる地平が切り拓かれていると、廣松はいう。[7] というのは、すでにみてきたように、唯物史観における独自の「人間・社会」観がこれを可能としているからである。

これまでみてきたように、唯物史観にいう弁証法的人間観にあっては、人間諸「個人」なるものをアトム的自我という形で実体化する立場を斥けて「社会的諸関係の総体」を反照する「社会・内・存在」として把えるとともに、「社会」というものを諸個人の諸関係の一総体として規定していた。これをマルクスに即していえば、彼は、主としてヘーゲルおよびヘーゲル左派との格闘を介して、人間観の次元ではアトミスティックな自己という発想を卻けつつ、同時に「人間なるもの」という大文字の人間観をも斥け、また社会観の次元においても「要素主義的な発想を斥けつつ」しかも社会有機体論的な「全体主義をそのまま採ることなく」、独自の統一的な「人間－社会」観を定礎するに至った。廣松はこの間の事情を前提としつつマルクス主義国家観定礎の歩みを暫定的に次のように総括している。「唯物史観を確立する過程にあったマルクス・エンゲルスは、あらためてヘーゲルの市民社会＝悟性国家という発想を対自的にとらえかえしつつ、そのことにおいてstatus系統の国家論とcivitas系統の国家論とを止揚統一する途についたということができるように思われる[8]」と。これを可能ならしめた地平が廣松流にいえば「関係の第一次性」に定位する弁証法的な存在了解の構えであった。そして、すでにのべておいたように、マルクス・エンゲルスを敷衍的に拡張しながら廣松は、人間＝社会のあり方を実践的協働聯関の総体的な構造成態に定位して全体的に把えると同時に、それを生産の場面で基礎づけて統一的に、かつ階級構造化された全一的な社会編成態として把握する。そして、マルクスはこのような社会の存立の機制と構造の了解の構えに基づいて、「国家を階級的に構造化された一種の利益共同体」として、すなわち総社会的な「政治権力的統括態」として把える視座を切り拓いていった、と廣松は把える。ここにおいては、「国家」とは社会それ自体の統括という機能と役割を担う「階級社会としての国家社会」全体の上部構造と規定されるに至る。国家社会を存立構造論的視座から規定すれば、〝「土台としての社会」―「上部構造としての国家」〟ということになる。「国家社会の二契機の全体的・統一的把握」を可能とする廣松の国家社会観の弁証法的視座の地平は、おおよそこのように構図化できよう。

C　「国家≈社会」体制の近代化とその超克に向けて

われわれのこれまでの考察は、あくまで人間・社会・国家をめぐる考察を、廣松を軸にして、哲学的世界観の最も基礎的な準位からの抽象的・一般的な討究にすぎない。いわゆるメタ・レヴェルでの人間観・社会観・国家観の吟味とそれに基づく「社会－国家」論もしくは「国家－社会」体制論の原理論的考察である。しかしながら、「国家社会」のあり方は歴史社会的に特殊な形態を身に纏って現われているのであって、「国家社会」なるものが超歴史的に普遍的な形態で歴史貫通的に同じ姿態で存立しているわけではない。上記の規定は、あくまで歴史的な諸社会の論理的な抽象の産物としての一般的な理論規定であって、「国家社会」は古典古代社会には古代特有の形態で、封建社会では封建社会に特有の形態で存立しているのである。われわれの関心は、究極的には「二一世紀の国家社会」のあり方である。これまでの考察は、あくまでもそのための理論前提であり通路にすぎない。われわれは、ここで、これまでの前提作業を踏まえて、対象を近代ブルジョワ的「国家社会体制」の哲学的考察の準位にまで考察のレヴェルをもう一歩上向させて、今少し具体的な近代的「国家社会」論の準位で議論を展開しておくことにしたい。

「近代的な国家社会論」を考察するにあたって、ここではあえて全一的な社会的形象態 Gebilde たる「国家社会」というあり方を、一旦その理論的な構成契機としての国家と社会との両契機に分離・分解して考察しておきたい。まず「社会」の特殊歴史的な近代的な形態規定に関説しておけば、近代社会は「市民社会」という形態を支配的・主導的なものとして現われてくる。ここでいう「市民社会」とは、前近代的な様々な形態の社会とは異なって、そこに内存在する社会的構成員がいわゆる地縁・血縁等の強い共同体的紐帯から解き放されて、あたかも自由・平等で相互に独立した諸個人の如く立ち現われ、この自律的な個人が結合することによって成立・存立している社会という特殊な了解に基づいて規定される社会の形態である。これは、社会の近代化に相即する人間の近代化——意識および行為の近代化——の歴史的プロセスにおいて形成され支配的になっていった特殊歴史的な「人間－社会」観を理論的前提枠としている。典型的には「社会契約論」的社会観がその最初のものであろう。この社会契機論における社会観の歴史的背景と個人の集合態としての社会という独自の了解の論理はここでは問わないことにする。

因みに、ここで敷衍的に再説しておけば、社会を社会として自覚し、また思想的・理論的な考察対象として扱うようになったのは、あくまで近代ヨーロッパ型の社会的生活過程の実現を前提にして始めてである。それは、個人の誕生が近代社会の産物であるのと全く同様の事情と背景に基づく。前近代社会においては、社会とは、所与のもの、すなわち自然的共同体として人間を包摂している超人為的あるいは自生的・自然的な秩序であって、そこにおいては社会なるものは人間とのかかわりにおいて「社会とは何か」「社会はどうあるべきか」といった自覚的な理論的な考察対象ではなかったのである。人間は社会的共同体のうちに包摂され、その個人としての主体的契機は埋没されて強く共同体的秩序成態に拘束されていたのである。人間・自然・社会・国家は、そこでは融合的一体化された存在であり、各々の契機は未分化であったのである。人間と自然との分離、個人と社会との分離は、あくまで特殊歴史的な近代的生活過程（近代的な生活関係・生活様式）の産物なのである。自然とともに社会が一つの独立した経験的な理論の対象として考察されるようになったのは、あくまで近代なのである。もっとも、社会と国家との現実的分離と理論的区分とは、人間と自然および個人と国家社会の区分とは異なって、時代的にはずっと後のことであって、近代社会の形成・展開の過程においても社会と国家との両概念は、久しい間、未分化・融合した状態にあったといわざるを得ないのではあるが。

さて、議論を元に戻して、次に「近代的な国家の形態」に関してであるが、近代国家はいわゆる「国民国家」という形態を支配的なものとしてくる。これは社会の近代化に伴う「市民社会」化と世界貿易の進展という意味での国際化に相即して、周知のイェリネックのいう「国土・国民・権力」の三要素をワンセットにした国家概念への変化を表わす。部族国家・民族国家・領邦国家等々の形態を取った前近代的国家共同体の近代化の産物ともいえる。

従って近代の「国家≈社会」体制の特殊歴史的な形態は、以上の如き社会の近代化と国家の近代化に相即して「市民社会≈国民国家」体制という存在様態を主潮としてくるということになる。社会経済的体制の基盤が重商主義段階から産業資本主義・金融資本主義・国家資本主義への変遷に伴ってこの「市民社会≈国民国家」体制はその具体的内実を変化せしめてきたことは事実であるとしても、社会の階級社会化に伴う生活世界の「国家≈社会」体制化は今日まで変ることはない。総じて一般的に表現すれば、近代以降はそれが「市民社会≈国民国家」体制として特殊歴史的な形態で存立し存続しているということである。


さて、われわれは、やっと、今日の「市民社会－国民国家」という特殊歴史的な形態での「人間・社会・国家」の弁証法的存立構造連関とその存立構制および国民国家の市民社会における機能と役割の分析に向けた出立点までたどり着いた。

われわれが、最終的に目指すべきは、いうまでもなく近代ブルジョワ的な「国家社会」観とそれに依拠した「国家社会」像に対する弁証法的批判そしてその止揚の可能性の地平と論理構制である。それは、いわゆる「国家の死滅の契機」を含んだ新たな「人間・社会・国家」了解の地平を開示するものになるはずである。

しかしながら、極めて遺憾ではあるが、廣松「国家論」の本格的考察は、われわれの準備不足は今別にして、先述しておいたように当初から本書の守備範囲から「実践論」(意識・行為・制度・文化論を含む)および「歴史観」を除くことを宣言しておいたが、そのこともあって国家論の本格的展開は、序の口にすぎないこの時点で歩みを止めなければならない。近代国家論批判と将来社会論の新地平の考察も別の機会に譲らざるを得ない。本章においても、重複の多い饒舌な議論の展開に慚愧の念と忸怩たる思いを禁じ得ないが、ここではそれに代える形で今後の「市民社会−国民国家」論の展開にとって筆者が管制高地と考えるいくつかの枢要な論点をメモ風に粗描しておくことで筆を留めることにしたい。

(一) 廣松を承けた形での「市民社会−国民国家」体制の弁証法的存立構造論を、彼の弁証法的な「社会≈国家」観に依拠して、〝基盤としての「社会」−政治上部構造としての「国家」〟という存立構造連関の構図に基づいてその論理構制を解明すること。

その際、㋑社会関係の近代化(物象的依存関係)およびその基礎的社会関係たる生産関係の近代化の分析、㋺階級関係の近代化(「賃労働——資本」関係への転化)の分析、この二つの分析が中核となろう。

(二) 近代主義的「国家社会論」の展開における〈社会〉概念と〈国家〉概念の齟齬とその弁証法的な批判的統一の論理構制の開示。

近代的「国家社会論」の端緒たる「社会契約説」においては、国家と社会とは概念的に未分離で、むしろ融合的に了解されていた。しかるに一九世紀に産業資本主義段階に入るにつれ、「夜警国家論」にみられる如く、両者の概念的区別の必要性が理論的に生じ、かつまた国家の階級的性格も対自化されてきた。二〇世紀の近代的国家論の系譜においては、〈国家〉と〈社会〉の区分はある意味で前提とされつつも、当然のことながら国家の階級性は不問に付されることになっている。近代国家論の展開におけるこうした事情を歴史的背景および理論的論理構制の視座から基礎づけていくと同時に、近代主義的諸国家論では等閑に付されていた社会と国家との内的な概念的連関を弁証法的にいかにして統一的に把握しうるのかを根拠づけ論拠づけること。

(三)　弁証法的な「国家の死滅」の論理と構図、そしてその根拠づけおよび論理構制の提示。

「国家の死滅」の可能性の制約と条件との考察において基軸をなすものは、社会（関係）の階級構造成態化の止揚である。革命運動をめぐる戦略・戦術の局面にあってはともかくとして、理論的準位においては、生産関係を基盤とする社会的諸関係の総体の階級構造化こそが「社会の国家社会化」および「権力」の生成と存立の論理的な基礎をなすものであるからだ。生産関係の階級的存立構造を止揚することで階級社会の終焉が可能となり、またそのことにより国家権力の社会統制の機能は政治的国家機能としては不要となり眠りにつくことになると予料される。そうした機能は、社会それ自体のアソシエ化された協同的な——田畑稔のいう意味でのアソシエイティッドな——一つの機能へと転化していくであろう。因みにマルクスの将来社会論・コミュニズム論の断片的なスケッチから、このような論理構図が読み取れるはずである。その際、特に焦点があてられるべきは、マルクスの「依存関係三段階史観」と「自由人のアソシエーション（連合）論」であろう。

(四)　社会・国家の形象化・構造的成態化の論理としての物象化論の整序。

人間存在の基礎的構えとしての「社会・内・存在」および社会・国家の構造的な形成と存立を解き明かす「物象化論の論理」は、周知の如く、それ自体としては廣松渉によって初めて本格的に定礎されたものといってよい。われわれは、これを、弁証法的な「人間・社会・国家」観の領域においてより具体化し高次化して、歴史社会的「形象化態＝物象化態」としての資本制社会およびその国家の形成と存立の構制（メカニズムと構造）を討究していかなければならない。それが二一世紀のわれわれに残された課題である。それは、諸個人の諸行為連関の社会的物象化や社会的威力の生成と客体化、さらにはこの社会的威力の権力への物象化の運動プロセスの論理的解明へと射程が延びていくはずである。例えば、廣松の問題提起を承けて、社会的協働連関における諸個人の行為の「役割・役柄・地位」への物象化・構造化、そしてその物象化の錯分子的高次化の産物としての国家と権力という構図、こうした視座に基づく近代国家社会論の批判的超克とブルジョワ国家社会の存立構制の新しい再定礎の試み、さらには可能的将来社会論の構築の試みも既に様々な形で着手されているが、こうした試みを踏まえ参照しつつさらに展開していくべきであろう(9)。

以上、極めて大雑把にしてアトランダムなスケッチでしかないが、さしあたって、われわれが課題とする「弁証法的国家社会論」の枢軸的問題点を提示しておくことで、第Ⅱ部を閉じることにしたい。

註

（1）この間の事情に関しては、以下の文献を参照されたい。
『原像』「第二章 第三節 社会の生産協働聯関態と階級国家」
『国家論』「Ⅰ．第四章 国家理論における機関説と総体説」
『理路』「Ⅲ．第五章『市民社会——国家体制』への視角」
山本耕一「協働・役割・国家」（廣松渉『唯物史観と国家論』第Ⅱ部として所収）
（2）『国家論』、一七〇頁。

(3) 同上書、一七三頁。
(4) 『原像』、一三二頁。
(5) 同上書、一三三頁。
(6) 同上書、一三四頁。
(7) 同上書、一三七頁。
(8) 同上書、一四〇頁。
(9) 将来社会における「市民社会－国家」体制に関する散在する廣松の理論的展開の総括は未完に終わった。ただ、その初歩的イメージとしては、『読み返す』「第三章第三節および補節」・『根本意想』「1 自由・平等・友愛のマルクスにおける行方」、がわかりやすく参考になろう。
因みに廣松「国家論」の把握と理解にとって、決定的に重要かつ唯一といってもよい本格的な書は、いうまでもなく本章の「註」でも取り上げている『唯物史観と国家論』であることはいうまでもないことである。二一世紀における国家論も、この書との批判的対決を抜きにしては語れないであろう。

第Ⅲ部　廣松「物象化論」の前哨

——張一兵の「廣松物象化論」批判への反駁を軸に——

第七章　張一兵の「廣松物象化論」批判の要旨

われわれは、先に（第Ⅰ部・第三章・C、Dにおいて）、廣松「物象化論」の特質を存在論的視座から唯物論とのからみで概観しておいた。ここ第Ⅲ部においては、それを敷衍する形で廣松の〈物象〉および〈物象化〉の概念の独自性を、〈物〉および〈物化〉の概念との対比において、今少し立ち入って考究していくことにしたい。あらかじめことわっておくべきは、ここの作業は、これまでの議論と異なり、張一兵がその著作『マルクスに帰れ――経済学的コンテキストにおける哲学的言説――』（江蘇人民出版社、初版一九九九）のなかで開陳している廣松「物象化論」への批判に対する反批判という形で遂行されているという特殊な論の展開様式である。

A　はじめに：張一兵『マルクスに帰れ』における廣松渉の位置づけ

一．まず、著者張一兵とこの著作について大まかに説明しておこう。南京大学の副学長の要職にある張一兵（一九五六～）は、現代中国におけるマルクス主義哲学研究の新潮流を代表する研究者として、精力的に多くの著述や著作を発表してきている。そのうち、上記『マルクスに帰れ』が初めて日本語に訳されたのは二〇一三年（情況出版）のことであり、少なからぬ日本の研究者にも注目され、いくつかの書評も新聞・雑誌等に掲載された。彼は日本にも何度か各種の会合・研究会や調査のために訪れている。

一般に、日本では、「中国のマルクス主義研究はマルクス・レーニン主義的な教科書体系のバリエーション」準位を超えるものではないだろうとの先入観が支配的といってよいだろう。なるほど、今日でも中国でのマルクス主義研究の主流あるいは正統派とされる潮流は、かつての日本がそうであったのと同じく、古典的マルクス・レーニン主義であるやに聞く[1]。しかしながら、社会の急激な現代化に伴って、学問領域においても地殻変動的な現代化の動向が中国でもあり、マルクス主義研究においても二一世紀マルクス主義の生き残りを賭けて新しい思潮が浮上してきているように思われる。

張一兵の哲学研究は、そのような潮流に棹さす典型的な代表といっていいだろう。しかも、それは、世界的水準をいくマルクス主義哲学の研究者としてである。上記『マルクスに帰れ』が邦訳に続いてドイツのゲッティンゲン大学出版社から英訳版の刊行も準備されているのも、その一端を如実に物語るものであろう。

張のマルクス主義哲学研究の視野はきわめて広く、深く、かつまた新しい。張は、この著書で、世界のマルクス思想形成史研究を、初期から後期への転回史を軸にして五つの解読モデルに分類し、その問題論的背景と論理的地平を整理し、自らの理論構築の一素材としている。五つの解読モデルとは、①欧米の非・反マルクス主義者のマルクス学の「二人のマルクス」説モデル、②欧米マルクス主義の人間主義的マルクス学のモデル、③アルチュセールや廣松渉のマルクス思想形成過程における断絶説あるいはヒュポダイム転換説のモデル、④旧ソ連の正統派マルクス主義におけるマルクス思想の哲学から経済科学への進化説モデル、⑤中国における現代マルクス学の祖と張の位置づける恩師・孫伯鍨の二次的ゲシュタルト転換説モデルの五つである[2]。

張の根本意想は、二〇世紀古典的マルクス主義、特に教条主義的マルクス主義の根源的な批判的超克にある。マルクスの思想形成史のチェックは、そのための作業の一環として遂行されたものである。実は、留目すべき張の研究の真髄は、上記の五つのモデルを視野に収めたマルクス学の批判的再構成の作業にあるのではない。決定的に重要なのは、マルクスその人の思想形成過程に立ち返って、その過程におけるマルクスの膨大な研究ノート（抜粋・書き込み・コメント）・手稿・草稿・書簡・著述等々をフォローし、それらの文献学的チェックに基づいた徴候的解読によるマルクス思想の形成史的再構成の精密かつ精緻な作業である。それには入手可能となった新MEGAの資料も使われている。

張のこうしたかって例のない作業の手順と手続き、そして問題設定・プロブレマティック（問題論的構制）の視座は、この著作の副題にあるようにマルクスの「経済学的コンテキストにおける哲学的言説」の展開の読み取りに置かれている。すなわち、パリ時代（一八四四）に本格的に始まるマルクスの古典経済学研究の進展に相即した哲学的論理の展開・発展の跡づけ作業である。張自身のことばでいえば「本書の独特な研究視角は、マルクス経済学研究の深層コンテキストの中からあらためて彼の哲学的言説の転換を探求していくというものである[3]」。つまり、「経済学と哲学を結び付けてマルクスの思想的発展の全体を考察[4]」するという視座である。この作業のために、張は、先述しておいたようにマルクスの作った経済学研究の膨大な抜粋ノート類――「パリ・ノート」・「ブリュッセル・ノートA・B」・「マンチェスター・ノート」・「ロンドン・ノート」・「一八六一～六三ノート」――にも丹念に目を通し、またマルクスが読破した先行経済学書の原物をもチェックする労をとっているのである。

因みに、張のいう三つのマルクスの哲学思想の転換点、すなわち「マルクスの哲学思想の発展における三つの理論的到達点」・「マルクスの哲学構築の三つの理論創造の高峰」とは、①一八四四年：「パリ・ノート」中の「ミル・ノート」と『一八四四年手稿』とにおける人間学的社会現象学への到達、②一八四五～四六年：「フォイエルバッハ・テーゼ」・『ドイツ・イデオロギー』・『哲学の貧困』・「アンネンコフ宛の手紙」等における「広義の史的唯物論［唯物史観］」の定礎、③一八五七～五八年：『経済学批判要綱』における「狭義の史的唯物論［唯物史観］」・「批判的歴史現象学」の確立である。張は、これを「マルクスの哲学思想の発展過程における三つの言説の転換と認識の飛躍」[5]とも言い換えているが、改めて強調したいのは「マルクスの経済学研究の思考経路が真の意味で理解できなければ、マルクスの哲学に内在する論理展開についての科学的認識を完璧な形で獲得することはできない[6]」とする張の本書における基本姿勢である。

方法論的視座ないしは、理論構成上の論理構制において最も中核をなすもの、そして自分に固有かつ独自なものと張自身が自負し強調する「歴史現象学」に関しては、ここでは立ち入らない。それは、マルクス思想から読み取った張の哲学思想の要をなすものであり、何よりも「マルクスのテキストの表層の言葉の背後に潜むさらに深い層の構造的コンテキストの意味、すなわち、言葉の中に潜む隠れた論理[7]」を追究し、そこから発掘した現象を本質に還元・定位し基礎づけていく歴史唯物論と歴史弁証法とを統一する歴史哲学的な視座なのであるが、遺憾ながらここでは紙幅の関係もあり、後段において多少なりとも触れることでお茶を濁したい。

二　さて、張一兵と廣松渉との関係であるが、もちろん、張は廣松とは直接の面識はない（廣松は一九九四年五月没、張の廣松の著作との出会いは二〇〇〇年頃とされる）。張は自己のマルクス主義哲学研究における教条主義的マルクス主義の批判的乗り超え作業において欧米のマルクス研究や各種の二〇世紀思想にも幅広く関心をよせているが、日本におけるマルクス主義文献の長期にわたる多彩な翻訳や高水準の研究業績に対しても高い評価を与えている。張がみるに「日本の学術会におけるマルクス思想の研究は世界でも最もスタートが早く、その思考が最も深みに達した学問領域の一つである」[8]。とりわけ張が注目し評価しているのは、一九六〇～七〇年代の「日本の新マルクス主義」の思潮である。張が「新日本マルクス主義」と呼ぶのは、いわゆる望月清司や平田清明らの「市民社会派マルクス研究」の潮流と廣松渉の哲学およびマルクス主義研究である。張は、「彼らの研究成果が今に至るまで依然として世界的なマルクス文献研究の最高水準にあると思う[9]」とまでいっている。だからこそ、張を中心にして南京大学出版社から望月清司、平田清明、廣松渉等々の著作が中国語に訳されて出版されたのであろう。そして、「私は、かれらの研究成果が中国の今日のマルクス思想研究において一定の牽引作用を果たすことを望んでいる[10]」とする。なかでも張はとりわけ次のように廣松を高く評価している。

とくに言っておくべきことは、七〇年代の日本の新マルクス主義の思潮がマルクスの文献研究の中で重要な役割を担ったことである。その中でも、まず挙げられるべきはもちろん廣松渉である。彼は六〇年代の日本の新マルクス主義の思潮の真の創始者の一人である。廣松にとっては、日本のマルクス主義研究の中に存在していた教条主義の理論的枠組みを批判しこれを退けることがマルクス主義研究の出発点であった。より正確に言うならば、これは、伝統的なスターリン式のイデオロギー用語を駆使する研究とは異なる日本の戦後の新マルクス主義の思潮を代表するものであると言うべきだろう[11]。

三．こうした背景において、廣松の主要著作は、『存在と意味』をはじめ『唯物史観の原像』、『世界の共同主観的存在構造』、『廣松渉編訳 ドイツ・イデオロギー』、『資本論の哲学』、『事的世界観の前哨』、『物象化論の構図』等々の十冊を超える著作が精力的に中国語に訳され刊行されている。

以上のような廣松に対する高い評価にもかかわらず、というよりも高評価ゆえにというべきであろうが、そしてそれは張の理論家としての高い資質と真摯な研究姿勢を如実に示すものであるが、二〇一二年の第三版改訂において突然厳しい「廣松物象化論」批判が現われる。本論は、冒頭でものべておいたように、張のこの廣松批判を対象にして、これに対する反駁を試みるものである。

張の『マルクスに帰れ』の仕事に限定して彼の哲学思想の一端の大雑把な紹介を兼ねたいささか雑駁な「まえがき」になってしまったが、われわれは今や大急ぎで本論に入ることにしよう。

B　張の「廣松物象化論」に対する評価

一．さて、われわれは、張一兵の「廣松物象化論」批判の要旨とそれに対するわれわれの応接ないしは反批判に立ち入るに先立って、ここでは、まず、張の廣松理論に対する内在的理解に基づく高い評価の一端を、改めて別の視角からみておくことにしたい。というのは、張の廣松批判は外部からの単純な表層的批判ではなく、廣松理論とりわけ廣松のマルクス主義研究との理論内在的な対質に基づいて論拠を明確にした上での真の意味での批判であって、一般に流布しているような論拠も論理も曖昧模糊としたいわゆる表層的な俗流「廣松批判」あるいは単なる論難、これらに比して張の廣松批判は明確に区別されるべきであるとわれわれは考えるからである。

われわれは、先述した一般的・総括的な張の廣松評価を前提としつつ、本章においては、張の廣松の

Versachlichung（廣松訳では「物象化」、張訳では「事物化」）論に焦点をあてた評価をみておくことにしたい。張は、まず、次のような論点に関して廣松を肯定的に評価している。すなわち、廣松は「その著作の中で、マルクスのVersachlichungという概念を物象化と訳し、マルクスのVerdinglichung（物化）概念と区別した。そして、物象化をマルクスの一八四五年の思想変革の重要な立脚点とし、これ以前の人間主義的疎外史観と異なるものとした。従って、彼は青年マルクスの『人間主義的疎外論から物象化論への転換』という構想を展開するようになったのである[12]」と。

さらに張はいう。上述したコンテキストにおいて、廣松は「物象化と物化は同じものではない」ことを指摘し、その上で「後期マルクスのいう『物象化』は主体的なものがストレートに物的存在になるという発想ではなく、人と人との社会関係があたかも物と物との関係であるかのように、ないしは物の性質であるかのように倒錯視されるという現象に関わる[13]」事態を含意していることを廣松は言明しているが、この廣松の主張はきわめて重大な意味を有するものであるとしてさしあたっては張は評価する。

張はいう。廣松渉からみると、こうした特定の物象化は「近代哲学的意味での主体−客体関係、前者の後者への転化、といった発想で『物化』が云々されるわけではなく」、「人びとの間の主体的な対象的活動の或る総体的な連関が、あたかも物どうしの関係、ないしは物の性質のように仮現することである[14]」ということになるという廣松の文章を肯定的に引用した上で、張は続ける。

> 廣松のここでの指摘が重要なものであることは認めなければならない。彼は、マルクスのドイツ語テキストにおけるVerdinglichungとVersachlichungという二つの言葉を区別し、かつ、両者のそれぞれに異なる構造環境に境界線を引いたのである。もしも、Verdinglichungに「主体が客体に転化する」という意味があり、かつ、

Versachlichung が徹底的に主－客二元構造を打破したと言うのであれば、その本質は人間関係の物象化ということになる。ドイツ語のオリジナルなコンテキストに基づく廣松渉の思想的構造環境は、明らかに重要な思想状況をもたらした。これは、われわれがさらに正確にマルクスの思想の深い次元の思想的構造環境を把握することにとって極めて重要なことである。(15)

二．以上は、『マルクスに帰れ』の第三版「序文」からの引用であるが、重複することになるが、もう一ヶ所、第八章における同様の趣旨の張の廣松評価の部分をも引用しておこう。

廣松渉がマルクスの中・後期の経済学テキストの中から、二つのよく似た批判的概念、すなわち Versachlichung と Verdinglichung をたいへん眼光鋭く発掘したことをまず評価しなくてはならない。彼は Verdinglichung を伝統的な理解における物化概念に位置づけ、Versachlichung をあらためて一種の新たな思考コンテキストの中に位置づけて、それを物象化と訳した。(16)

以上、われわれが、張の「廣松物象化論」批判をみるに先立って、張の「廣松物象化論」に対する評価の一端を概観しておいたのは、既にのべておいたように張の廣松批判は廣松理論の相当に正確な把握・理解を前提とした学的批判を基調としているということを明確にしておきたかったからである。というのも、これまた繰り返しになるが、わが国の廣松批判の少なからぬものは、廣松理論の半知・半解ないしは未読・半読・誤読に基づく俗流物象化論的理解に依拠したものといってもよく、例えば、廣松がこれまでのマルクス理解において看過されてきたとする「マルクスの思想の立脚する世界観上の新地平」、すなわち存在了解における「関係の第一次性」、認識了解における「四肢構造論」、存在論と認識論の不可分離的統一性、運動の論理としての物象化論の論理構制、こうした問題提起の内実の吟味・検討を介してその上での理論内在的な批判はほとんどみられなかったからである。こうしたいわゆる俗流批判は、廣松が「マルクス主義の地平は近代ブルジョワ的世界観の地平をトータルに超克するものになっている」[17]という時、この表現が何をいおうとしているのかの理解を前提とした上での学理的批判としての資格を有しているであろうか。むしろ、近代的世界観のパラダイム地平を暗黙に前提にした上での常識的批判となっていないであろうか。

そうした傾動と対比してみた時、張の廣松批判の場合は、精度の高い廣松理解に立脚して手堅い学問的な手続・手順と論理的な基礎づけを伴ってその批判が展開されており、われわれにとっても正面からの反批判の価値があり、また廣松理論の今後におけるさらなる展開のためにも重要な問題提起が含まれているように思われる。張も、日本における「廣松物象化論」批判を伴った昨今のマルクス主義物象化論の展開に関して、次のような疑問を呈している。

すなわち、張にいわせれば、廣松は、後述するような論拠に基づいて Versachlichung に「物象化」という訳語をあてたわけだが、「私は必ずしも廣松渉の哲学的コンテキストの中にはいない日本の研究者さえも、あまり考慮せずにこの物象化概念を援用しているのはおかしいと思う。私のこの指摘はかなりの日本の学者を驚かせたようである」[18]。同様なことを別の場所において次のように張はいっている。「彼［廣松］のこの訳語は日本のマルクス研究に多大な影響を与え、研究者たちは［今では］ほとんど考慮することなくこの Versachlichung の日本語漢字訳――物象化を認めている」。しかしながら、と張はいう。「第一に、私は、廣松渉のこの訳語は彼自身の現象学による四肢構造論と論理上一致しており、一八四五年の疎外論から物象化論へのマルクスの転回は、マルクスの『関係実体論』における批判的思考に対する廣松渉の論理と統一可能であろうと考える。しかし、その他の日本の研究者が一般的なコンテキスト〔伝統的な近代的世界観の理論構制前提枠（ヒュポダイム）〕の中で『物象化』を流用してマルクスの読解を進めるのは奇妙であり正しいとは言えない[19]」と。

三、もともと「物象化」という訳語は、周知の如く、汎用されるに至ったのはルカーチの『歴史と階級意識』における平井俊彦および城塚登の訳において用いられてからのもので、それを契機に日本では広く定着していったのではあるが、この『歴史と階級意識』における「物象化」なる用語は、原語のVerdinglichungの訳語として用いられたものである。ルカーチにおいては、VersachlichungとVerdinglichungとは未区別のまま重複的に理解され用いられているといってよいが、このことはルカーチの物象化論と廣松の物象化論とは素朴に同一化することはできないという事態を暗示している。それは、むしろ廣松がSacheとDingを区別し、またVersachlichungとVerdinglichungを弁別した上で、前者に「物象」・「物象化」、後者に「物」・「物化」という訳語をあてた理論的背景と哲学的根拠づけとルカーチのそれとは論理の構制とコンテキストがある次元では異なっているということを示すものであって、このことは断じて看過されるべきではない。廣松「物象化論」批判においては、最低限、後段において詳しく論ずる世界観上のヒュポダイムの次元の相違の問題は視野に収めてしかるべきである[20]。張の上述の今日の日本における一般的な物象化論的読解に対する疑念・苦言・批判はこうした事情にも根ざしていると、われわれは考える。

C　張の「廣松物象化論」批判（一）

さて、われわれは、次に、改めて本論の主題対象としての張の「廣松物象化論」批判の論点の確認作業に立ち入っていくことにしよう。まず、われわれは張の廣松批判が展開されている二つの個所、――一つは「第三版序言」、他の一つは「第八章・第二節・第二項」における第三版において新たに追補された個所――における「廣松物象化論」批判の論旨を少し詳しくみていくことにしたい。

さしあたって、ここでは、冒頭の「第三版序言」における廣松批判に軸足を置いてみていくことにしたい。「第三版序言」での批判は、二つの視角から展開されている。第一は、〈Versachlichung〉と〈Verdinglichung〉の概念規定をめぐる廣松批判である。第二は、廣松のいう「仮現」・「仮像」・「映現」ないしは「倒錯視」あるいは「物象化的錯視」等々の用語の概念規定・内実・立脚視座に対する批判である。まず本節では、第一の問題提起あるいは廣松批判から始めることにしよう。張はこの批判に関して次のようにいっている。

> このたびの本書第三版の改訂の中で、この廣松渉の思想的構造環境を手がかりにしてさらに深層に迫ろうとした時、私はいくつかの問題を発見した。廣松渉がその探究を深めなかったところは、Verdinglichngと Versachlichungという二つの言葉にある二つの「物」の意味である。Verdinglichungの中の「物」はDingである。この言葉の意味は、………一般的に人に対して外在的な物、物質的なものを表示する。しかし、Versachlichungの中の「物」はSacheである。………日常にはこの言葉も物や物品を指すが、構造環境によっては、人に対して外在的なDingとは区別されることもあり、多くの場合は人と関連するものや事柄を指す。[21]〔強調は筆者〕

要するに、張からみると、前述の引用を再説していえば、廣松は「マルクスのドイツ語テキストにおける

Verdinglichung と Versachlichung という二つの言葉を区別し、かつ、両者のそれぞれ異なる構造環境に境界線を引いた」点では評価できるが、遺憾ながら「この二つの言葉における『物』の意味における差異に関する探究を深めていない」というのが、張の廣松に対する第一の批判である。この批判を承ける形で張はさらに続けていう。

廣松渉が Versachlichung を「物象化」と訳したことは彼自身の思想体系、すなわち四肢的構造論の中では道理があるとはいえ、マルクスのテキストのオリジナルな環境では妥当ではないことも意味している[22]。

張にいわせれば、フッサールやハイデッガーの現象学との批判的対質を介しながら〈Sache〉概念の換骨奪胎を図っていった「廣松渉の独創的なところは、まさにフッサールの現象学の影響を受けながらも、あえて Sache を「物象」と意訳し〔フッサールの日本語訳では通常は「事象」〕、かつ、直接それをマルクスの歴史現象学における物神崇拝の発生と関連させたことである[23]」と評定しつつも、しかしながら果たして廣松訳語〈物象化〉の概念規定はマルクスのオリジナルな思想コンテキストにおける意味規定に対して充分な整合性を有するであろうか、そこには重大な齟齬があるのではないかと、批判しているのである。

D　張の「廣松物象化論」批判（二）

以上のような批判的ニュアンスを含ませながら、「第三版序言」における第二の「廣松物象化論」批判を展開する。これも、また、逐語的にみていこう。批判のポイントは、「仮現」・「仮像」・「錯視」という用語の意味内容をめぐるものである。
廣松「物象化論」を立ち入って考究していくことによって、張は次のような「廣松物象化論」の第二の問題点を指摘する。

> さらに［「廣松物象化論」の］構造環境の深層に入っていくと、そこでの問題の本質は、私と廣松渉のマルクスの経済的物神崇拝の前提に対する理解の違いにある。廣松渉にあっては、経済的物神崇拝の前提は「人びとの間の主体的な対象的活動の或る総体的な連関が、あたかも物どうしの関係、ないしは物の性質であるかのように、仮現する」（ここでの引用の強調は私［張一兵］によるものであり、これは廣松渉の理解の中の「であるかのように仮現する」という意味環境を強調しようと思ったからである）ということだが、従って、物神崇拝の前提は一種の物性に類似した虚構の現象となる。このように解釈したからこそ、彼ははじめてVersachlichungを一種の物象的な見方と指摘できたのである。(24)

ここに張一兵の「廣松物象化論」批判の核心がある、と同時にわれわれの立場から先取り的に寸言しておけば、張の「廣松物象化論」に対する誤読の枢軸点の一つがある。それは、張の廣松的〈Sache 物象〉概念の捉え違いにも由来する問題でもあるのだが、この問題（張への反批判）は、次章において展開することにする。

上述のような張の「廣松物象化論」解釈に基づいて、張の立場からのより具体的な廣松批判が次のように展開される。

しかし、私から見ると、マルクスの経済的物神崇拝の前提は、まさしく人と人との連係が事物（Sache）と事物（Sache）の間の客観的な媒介関係によって客観的に代替されるということであり、たしかに主－客二元構造の中のかの「主体であるものが直接物的存在になる」ということではないにしろ、一種の主観的な見方や偽の現象にすぎないものでは絶対にないのだ(25)。

細かい論点を別にすれば、大局的には全く張の主張通りであって、それは実は廣松の主張と異なるものではない。但し、ここで張のいう「客観的」・「主観的」という用語は、近代科学主義的理論枠・パラダイム図式――廣松流にいえばウア・パラダイムという意味でのヒュポダイム――でいうそれとは、根本的に異質・異次元の概念規定へと改鋳が施されて用いられていることは、張の「歴史現象学」の論理構制あるいは「思想的構造環境」論を考慮すれば明らかである。但し、彼の場合、近代的カテゴリー批判による理論体系批判の意義の強調が相対的に弱く、不用意な使用もあって、これらの用語が近代主義的意味規定で受けとられ誤読される危険性もあるのではないかと危惧される。〈実体〉概念においてもしかりであり、彼が〈科学的〉という時もしかりである。そもそも、廣松においても張においても、近代的意味での科学的〈実体〉概念（物理学的〈実体〉概念）は批判的な超克の対象のはずである。それは「自然的実体」であれ「社会的実体」であれ、廣松の〈実体〉概念は伝統的哲学とりわけ近代哲学におけるそれとは、張のいう「思想的構造環境」の次元と論理構制の次元が異なっているはずだ。因みに、張の「自然」と「社会」・「歴史」の区別と廣松のそれに関して付言しておけば、廣松は張と違って自然界と人間・社会・歴史的世界との原理的な次元の相違は認めていない。両者の位相の差異は別にして論理構制上は同次元の準位において位置づけられている。後述するように、カント的「物自体 Ding an sich」としての自然の想定ならいざ知らず、われわれにとっての「自然」

とは「歴史的自然」もしくは「文化的自然」でしかないというのが廣松の立場である。張は廣松におけるこうした問題提起を看過とはいわないまでも、十全にはその主張の意味と意義を読み取ってはいないのではないかと予料される。詳しくは、次章において論究していくこととして、ここでは寸言しておくに留める。ただ、ここで先取り的にふれておくと、廣松のいう〈物象〉とはフッサールの Sache の日本語訳でいえば「事象」にあたるものであるが、そして「フッサールにあっては真の事象は真の現象である」ことを張は強調しているが、この意味では廣松の物象も社会的実在性に裏打ちされた事態にして、かつ人々にとっても客観的な現象的あるいは現相的（フェノメナルな）事態なのであって、断じて「主観的虚構」に基づく事態をいうのではない。もっとも「人々にとって」という際の「人々」とはどういう身分と資格なのかが大問題となり、廣松はこれを für es と für uns という用語で区別し各々の立脚するヒュポダイムの違いを前提としているが、この問題は後段で論ずる。

註

（1）このような見解・感想は訳者：中野英夫も〝「訳者」の言葉〟のなかでもらしている。（『マルクスに帰れ』情況出版、二〇一三年、六七七－七八頁）
（2）同上書、二－一〇頁。
（3）同上書、xxviii 頁。
（4）同上。
（5）同上書、xxix–xxxi 頁および一七－二二頁。
（6）同上書、一七頁。
（7）同上書、xxviii 頁。

(8) 同上書、iii頁。
(9) 同上書、v頁。
(10) 同上。
(11) 同上書、iv頁。
(12) 同上書、xvi頁。
(13) 『原像』、六一－三頁。
(14) 同上書、六三－四頁。
(15) 張、前掲書、xvii頁。
(16) 同上書、五六五頁。
(17) 廣松のマルクス研究の最大の特色・成果の一つは、マルクスにおける近代的な哲学的世界観の地平の根源的かつ批判的な止揚・乗り超えを指摘し、その論理構制と理論構図を剔抉・開示したところにある。彼の著作のほとんど全てにおいてこのことは強調されているが、ここではマルクス思想形成史研究とは別のコンテキストからのマルクス思想の解釈的研究に向けた著作、この種の著作としてはデビュー作といってよい『地平』からその一例を引用しておく。
「著者の看ずるところでは、……マルクス・エンゲルスは『ブルジョワ的世界観』の〝全体的イデオロギー性〟をトータルに相対化することによってそれを超克しうべき新しい視界を拓いている。マルクス主義が資本主義体制の根底的な止揚を嚮導《きょうどう》しうる所以も、そこに存する。本書がモチーフとするところのものは、この『マルクス主義の地平』の対自化にほかならない」。しかるに「彼らの思想的継承者たちは、始祖の拓いた新しい地平を対自的に把えることができず、『マルクス主義』を〝近代的世界観〟の平面に押し込み、その埒内で〝体系化〟を試みてきた憾《うらみ》なしとしない」。(八頁)
(18) 張、前掲書、xix頁。
(19) 同上書、五六五頁。
(20) 因みに、廣松はルカーチ物象化論について次のような批判的コメントを付している。「ルカーチがマルクスの用語として『物化』『物象化』という詞を〝再発見〟したについては、ハイデルベルグにおけるリッケルトたちの交際が媒介的な一機縁になっているのではないかと忖度される」が「これらの詞が哲学者や社会学者たちの間で割合いとポピュラーに用いられるようになった機縁は、何といってもルカーチによる術語的頻用にあると言えよう。ところが、そのルカーチは、周知の通り、『物化』という概念を『疎外』や『外化』という概念とほぼ同義に用いている場合さえあるほどであって、彼は『疎外』と『物化』とを、概念的に明別することなく、離接不全のまま使用した憾がある」。（『構図』、七二－三頁）

(21) 張、前掲書、vvii 頁。
(22) 同上書、xvii － xviii 頁。
(23) 同上書、xviii 頁。
(24) 同上。
(25) 同上。

第八章　廣松の〈Sache〉をめぐる概念規定

――張への反批判（一）

さて、前章でみてきたように、廣松に対する評価を前提とする張の廣松「物象化論」に対する批判の要点は、二つの論点に要約し得た。くどくなるが、再説しておく。第一は、廣松は、「Versachlichung と Verdinglichung という二つの言葉を区別し、かつ、両者のそれぞれに異なる構造環境に境界線を引いた」のであるが、この点は高く評価できる。しかしながら、遺憾なことに、「この二つの言葉［廣松用語でいうと物象化と物化］にある二つの「物」の意味」に関しては立ち入って探求していないという批判であった。

その第二は、「廣松にあっては経済学的物神崇拝の前提」となる物象化すなわち「人と人との関係が物と物との関係として仮現する」事態、ないしは「物の性質であるかのように倒錯視される」事態が、一種の主観的な見方に立脚した虚構の現象とされていることへの批判である。われわれは、今や、こうした張の廣松批判に対して、順を追って、しかし統合的に応接していくことにしよう。

A　廣松における関係概念〈Sache〉と実体概念〈Ding〉

まず、本章では、第一の廣松における物象化 Versachlichung と物化 Verdinglichung の概念規定ないしは意味づけの不十分性についての張の批判と対質していくことにする。張のいうように、確かに廣松は、この二つの概念規定の差異に関しては、かならずしも本格的かつ主題的に展開してはいないといえるかもしれない。しかしながら、廣松の多岐に渡る多彩で様々な著述における「物象化論」の論述においては、張の批判するこの課題は充分に遂行されているといっていいだろう。とりわけ、廣松の『物象化論の構図』の「Ⅱ 物象化論の構制と射程」および「跋文——物象化理論の拡張」をみれば、張のこの批判はあたらないことが判明するであろう。このことは、以下において、順次、関説していくことにする。

「物象化」と「物化」における二つの「物」の意味という張の問題提起に戻ろう。あえて強調していえば、Sache と Ding の二つの単語に共通の「物」という語が含まれているという張の主張はやや正確さに欠ける。廣松の「物象」と「物」の二語は、それぞれ一単語であり「物」という共通の語は含まれていない。しかしながら、Sache と Ding とには「物質的実在性」を含意する意味規定の共通性が孕まれているのと同じ意味で、廣松の「物象」と「物」の概念には物質的実在性をめぐる意味規定の差異性と同時に重複性・共通性も孕まれている。それでは、廣松においては、物象 Sache と物 Ding とはどのように概念規定されているのであろうか。張が批判するように、廣松にあっては、この二つの概念の区別は指摘はされてはいるが、それ以上はその差異をめぐっては「探求は深められてはいない」のであろうか。

まず指摘しておかなければならないのは、廣松にとって〈物象 Sache〉は関係概念であり、〈物 Ding〉は実体概念である、ということである。実体概念としての〈物 Ding〉とは、今日の日常的意識あるいは通念において受けとめられているような意味での「物質」、すなわち主観から独立に自存する客観的な物的実在、物理学的な意味での「物質」をいう。素朴唯物論でいう物質なるものをさす。今、議論を明確にすべく対象を自然的世界といわれる領域に限定していえば、それは、独立・自存・不易・不可分の自然科学でいう物質的実体であって、究極的にはアトムとしての素粒子ないしはクォーク・ニュートリノといわれるような物的最小単位成素として規定されているものである。この立場からいえば、例えばこの客観的な自然界は、前近代的な自然観におけるが如く霊的・神的・イデア的な超的・超物質的実体を原基として成立しているのではなく、純粋な物質的実体から成り立っているのであって、究極的な物的要素実体としての原子・素粒子・クォーク等の離合・集散によって生成・変化するものと想定されている。この物的アトム的実体あるいはその結合体がDingとされるものである。

他方、廣松のいう関係概念としての〈物象Sache〉とは、これとは全く異なった存在了解に基づいている。それは〈物Ding〉の立脚する実体的物質観への根源的批判を含意するものである。例えば、近代科学主義的な自然了解において前提されているようなアトム的な物質要素、すなわち客観的な独立・自存・不易・不可分の物質的実体なるものが始源的にあって、それらが自然界を構成しているというような自然の捉え方あるいは近代実証主義的科学主義的な自然像、これを廣松流の新たな世界観の地平・ヒュポダイムに依拠していえば（für uns）、それは窮極的な自然のあり方の誤読ないしは取り違え以外の何ものでもないということになる。廣松からいわせれば、物的なアトム的実体がまず先在して――実体の第一次性――、しかる後にそうした物的実体項が相互に関係を取り結ぶのではなく、ある特定の宇宙的「場の状態」の運動のなかで生成・変化している諸項、それも独立・自存・不易・不可分の実体項ではなく、本質的・本源的に相互連関状態にある諸項の織りなす函数態的運動場の総体的状態、このようなあり方こそが自然界の実相・深層・本質であるというのである。まず実体項が先在して（実体の第一次性）、次に諸項が関係を取り結ぶ（関係の第二次性）という存在了解（存在観）ではなく、マルクス・廣松流の世界観においては、内的・本源的な相互関係を本質的に有しないアトム的項というものはなく、全ての実在は場の状態のなかで生成・変化しているのであって、そこで生成・存立してくる諸項は本質的・本源的に相互作用関係にあるのであり、またかかる関係において生成・変化していると了解されている（場とそこにおける関係項・結節項の同時的第一次性）。これが廣松の「存在」観にいう「関係の第一次性」の主張である。これが、近代的世界観の超克としての新しいヒュポダイムに基づく新たな世界観の地平における新たな存在了解の構図である。このことは、既にこれまで何度ものべてきた。改めて再確認しておく。

これらのことは、廣松の独自のマルクス思想の内在的研究および広範な領域に渡る諸学の批判的研究に基づくものであって、決して廣松個人の思弁的抽象に基づく独善的な形而上学的存在論の理論パラダイムないしはヒュポダイムの主張ではない。彼は、こうした形而上学という自分に向けられた俗流批判に応えるべく、マルクスの著作の文献学的なチェックを踏まえた上での内在的研究のみならず、さらに現代の人文・社会・歴史・自然の諸科学の諸成果を幅広く視野に収めて検討・吟味しながら、こうした「実体主義的存在論」に代わる「関係主義的存在論」の論理構制の権利づけ――正当性の理論的な基礎づけ・根拠づけ――を図っている。今、彼のマルクス研究を別にすれば、とりわけ注目すべきは廣松の現代物理学における「相対性論」および「素粒子論」あるいは「量子論」・「量子力学」との真摯な対峙であり、「生態学」への強い関心である。廣松理論とりわけその基礎理論の中核をなす「関係の第一次性」のいう存在観および「四肢構造論」という構図における認識観、この二つの世界観というより正確にいえば廣松の「認識≈存在」論ないしは「存在≈認識」論の構図と構制は、近代的世界観を超克する廣松の基幹的な原理論レヴェルの問題提起の理解にとっての最重要根拠の一つをなすものである。そして、この「存在≈認識」論の理解において上記の廣松科学論は決定的に重要な意義と意味を有していることは看過さるべきではない。因みに、近代主義的自然科学と弁証法的な自然の学的把握とは、理論構制上の公理前提枠が異なるのであり、両者の間に通約可能性はないのである（公理の Inconmensurabilty）。[1]

さて、近代主義的存在論の基軸をなしてきた「実体の第一次性」に代えて「関係の第一次性」の存在論を提起する廣松理論に視座を据える時、件の〈物〉と〈物象〉との概念規定における差異とその関係も明るみに出てくる。廣松にとって、〈物〉は実体概念であり、〈物象〉は関係概念であり、前者の「実体としての物」のイメージは近代科学にいう物質概念そのものに完全に一致すると前述しておいたが、また、それは今日でも人々の日常的な意識――廣松はこれを für es、当事者意識の視座という――における物質観そのものであるといってよい。

他方、廣松にとって、〈物象〉は関係概念であったが、それは近代的世界観（実体の第一次性）とは次元を異にする独自の世界観の地平に立脚する存在観（関係の第一次性）に立脚した概念規定――この新しいパラダイム・論理構制・理論前提枠に立脚した視座を廣松は für uns の視座という――であり、われわれの für es な日常意識にとっての、あるいは現相的・フェノメナルな世界における立ち現われ――先取り的に指摘しておくと廣松のいう「映現・仮現する」等々の表現はこの意味である――に定位した規定とは本質的に異なった規定なのである。関係概念としての〈物象〉規定にあっては、全ての諸物在の原基的な諸項は、独立・自存・不易・不可分の実体物ではなく、「場の全一的状態」において生成変化している関係項なのである。つまり、それらは本質的・本源的に内的な相互作用連関にある結節項として存立し機能しているのである。換言すれば、個々の諸項は、それらが織りなす「錯構造的函数的諸関係の総体」としての「全一的運動態の諸契機」として存立しているのである。このようなあり方を本源として立ち現われてくる諸々の物的実在態を、廣松は〈物〉と区別して〈物象〉と規定したのである。

前者を「実体としての物」と呼べば、後者は「関係としてのもの」あるいは「事《こと》としてのもの」と呼ぶこともできよう。廣松用語を借用していえば、前者は「物（モノ）的世界観」に立脚した物的実在性の規定であるのに対し、後者は「事（コト）的世界観」に立脚した物的実在性の規定でもあるともいえよう。廣松における〈物象〉と〈物〉との関係は、前者は弁証的視座に立脚した für uns な物的実在性の存在様態の規定をいい、後者はその現象としての存在様態を固定してそれを本源的・本質的とする für es の立場からの規定をいう。事的世界観に立脚していえば（für uns）、一方は存在の深層・真相の次元の根源的規定であり、他方はその本質の立ち現われとしての人々の日常意識にとっての現象次元の現相規定である。他方、近代的世界観においては（für es）、後者こそが究極的な実在規定とされるものである。以上、要するに〈物象〉は件の関係主義的存在了解に立脚した物的実在性の本質規定であり、〈物〉は近代主義的存在了解に立脚した場合の物的実在性の本質規定とされるものである。

因みに、前者の視座 für uns からみれば、後者の規定は真の本質の現象化された第二次的規定にすぎないものであり、これを究極的な次元での客観的・本質的な存在の第一次規定あるいは本質的・本源的規定とすることは、「関係の実体化」という認識論的な論理構制に由来する「取り違い」ということであり、先取りして廣松流にいうと「物象化的錯認（視）」ということになる。他方、後者の近代的存在観の実体主義的な視座 für es からは、関係主義的存在観なるものはいかにしても演繹的に導出することも分析的に根拠づけることもできない理論構制をなすものであって、しかも「感覚・知覚」的には把えられないイレアールな事態をもち出す非実証主義的理論体系以外の何ものでもない。かくして、für es の視座からすれば、それは近代実証科学主義的理論の公準と手続を逸脱したわけのわからない「形而上学」ということになる。その意味でも、この両者の世界観・存在観・認識観・論理構制は共約不可能なものである。それは、世界観上のヒュポダイム・チェンジを含意するものなのである。ただ、ここで改めて留意さるべきは、関係論的視座に立脚した存在観からは、実体主義的存在観は事態の本質的あり方を「なぜ・いかにして・どのように見誤った」ものなのかを論理的に説明――因みにこれが廣松「物象化論」の一つの役割と機能――できるが、実体論的視座に立脚した存在観からは「関係の第一次性」に基づく関係論世界了解の主張や存在論は奇想天外の珍説として自らの視座からは説明も演繹的に導出もできないということである。アインシュタイン「相対性論」からはニュートン古典力学の理論構制とその限界は説明できるが、後者からは前者はいかようにしても説明・展開できないのと事情は同じである。ニュートン古典力学を修正・改善・高度化していけば相対性論に至るということでは決してないのである。既述しておいたクーンのいう「normal science」と「extraordinary science」との意味規定の違いを想起されたい。

B　廣松による「マルクス物象化論の拡張」における〈Sache〉の概念規定

さて、われわれは、ここで廣松の〈物象 Sache〉および〈物象化 Versachlichung〉の概念規定とその拡張・拡充をめぐる考究を、少々立ち入ってみておくことにしたい。廣松は、マルクスの物象化論の拡張を企図して、その著『物象化論の構図』における後書きたる「跋文――物象化論の拡張」のなかで、物象化論に関するきわめて重大な概略図と論理構制、そしてその拡張的展開の企図の概要を開陳している。われわれは、これをみていくことによって、張の「廣松がその探究を深めなかったところは、Versachlichung と Verdinglichung という二つの言葉にある二つの『物』の意味である」という「廣松物象化論」批判に対する反駁を、上述しておいたそれとは別のコンテキストないしは視角から論拠づけていくことができるであろう。

廣松は、「跋文――物象化論の拡張」の冒頭で、この著『物象化論の構図』の本論においては「たかだか〝マルクスにおける物象化論の構制〟に就いてしか論じておらず、著者自身の構想する『物象化論』の構図を全面的に抽出するものにはなっていない(2)」とした上で、この「跋文」におけるテーマを次のように記している。すなわち、ここで自分が企図しているものは、「マルクス・エンゲルスの物象化論を如何なる配備と方向で継承的に拡張しようと庶幾(3)しているのかを示しつつ、そのことを介して自分自身の「抱懐する『物象化論』の構図の点描(4)」を提示することにある、と。

まず、廣松は、「物象化」とは〝一種独特の「関係」が「実体的実在態」化して現われる〟こと、つまり「関係」が「物象へと化する」こと、というさしあたっての初次的概念規定に定位した上で、次に「物象化」の「化（する）」とはどういうことかを論理的に基礎づけていく。それは、件の世界の「関係主義」的存在了解と「四肢的存立構造論」の論理構制に基づく独特の「認識≈存在」論ないしは「存在≈認識」論的な視座からの根拠づけとなっている。「主－客」関係構図ヒュポダイムに立脚する近代的世界観――従ってわれわれの常識的なものの見方・考え方――を超克する上述の異次元のヒュポダイム・理論構成前提枠に立脚する「四肢的存立構造論」の独自の論理構制には、既に繰り返しのべてきたことでもあり、ここでは立ち入らない。こうした基礎作業を理論的前提とした上で、「物象」の概念規定と存立様態を次のように類別する。

「物象」は「実在態」と「意義態」の二種類に大別される。そして、実在態は「物的」なそれ「物質」と「心的」なそれ「精神」との二種類に岐れ、意義態は「意味」と「価値」との二種に岐れる(5)。

こうした類別を受けて、廣松はさらに続ける。

実在態に意義態の〝受肉〟したもの（という相で思念されたもの）を「用在態」と呼ぶが、この「用在態」は、意義態の二種すなわち意味と価値とに応じて、「徴相」としてのそれと「財的」なそれとに岐れる。(6)

こうした廣松の「物象」規定を、廣松自身の図表式に多少のアレンジを加えて記せば、次のようになる。

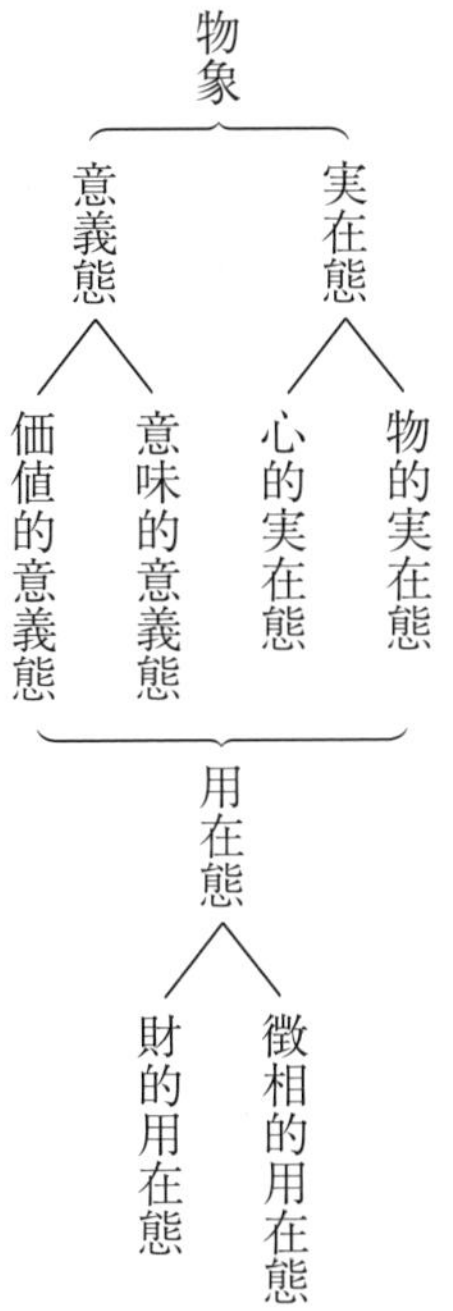

実は、こうした「物象」規定をさらに展開して、「物象」としての「実在態」・「意義態」・「用在態」のそれぞれを、さらに三つの亜種に区分して、それを図表式化して表記しているが、これについてはここでは触れない。

以上のような「物象」規定および「物象態」カテゴリーの整序の後で、廣松は「物象性の徴標」として「①能識者能知から独立に存在すること、いわゆる「客観性」、②人間的主体から独立に自存すること、いわゆる「客体性」、③内自的な合則性（Gesetzmäßigkeit すなわち、それ自身で自足的に具えている構造的聯関性ないし法則的連関性）を共通に挙げることができる。が、これら三者に加えて、（イ）実在態は、④時空間的、⑤没意義的、（ロ）意義態は、

④'超時空的、⑤'有意義的、（ハ）用在態は、④時空的、⑤'有意義的であるものと思念されている」[7]とする。その上で、「物象化現象そのことは、自存的『客観性』とか、内自的『合法則性』とか、所謂『時空性』とかいう今日的概念を推及しうるかぎり人間の認識と共に旧く、何も近代知に特有のことではない[8]」という。但し、重要なことは、こうした「物象化現象の歴史貫通性」の規定は、あくまで論理的に一般的な規定であって、具体的に問題とされるのは張の強調する「一定の」つまり特殊歴史社会的な形態規定を身に纏った具体的物象化である。前者の論理的に抽象的・一般的な〈物象化〉規定は、あくまで後者の現実的で具体的な物象化の分析のための方法的手順の理論的前提あるいは「導きの糸」でしかないことは忘失されてはならない。マルクス・エンゲルスおよび廣松が問うのは、あくまで特殊歴史的な資本制商品社会における物象化であって、この特殊な形態規定を有する歴史的物象化に由来する「顚倒」と「支配」の解明なのである。

こうした手続きを踏まえて、廣松は改めて「物象化とはどういうことか」をめぐって、次のように要言している。

> 「物象化」とは畢竟するところ、〔関係が〕右に規定した〔上述した〕ごとき「物象」的存在、すなわち、〝実在態（①②③＋④⑤）ないし意義態（①②③＋④'⑤'）ないし用在態（①②③＋④'⑤'）へと……〟化することの謂いにほかならない。[9]

その場合、「〝物象へと化する或るもの〟は、いわゆる〝心象〟でもなければ、単純に〝主体的なもの〟でもない」。「それは一種独特の『関係』である」[10]。そして、「物象化というさいの『化（する）』についてであるが」、それは日常的観念や疎外論の論理における「主体的なものの客体化」という際の「客観的な変化、つまり能知的認識とは無関係に進行する客観的過程の相で表象されるごとき変化」・「このような純然たる客体的変化」〔強調は筆者〕をいうのではない[11]ことを廣松は強調する。

因みに、もう一歩突っ込んで言及しておくと、近代的世界観の地平に立脚している直接的当事者の日常意識においては、こうした物象化はさらに高次化されて「物象の実体化」が進み、「物象」あるいは「物象態」を「物」あるいは「物的実体相」で了解する錯認にまで至るのである。いずれにせよ、決定的に重要なことは、この「化する」というのは認識から独立した外的な客観的過程における物質的変化をいうのではない。この「化する」事態すなわち「物象化」は弁証法的視座において初めて映現し、読み取り、基礎づけることのできる事態であって、またそこにおいて初めて生じる客観的事態なのだということである。近代的な世界観の視座においては、このような「化する事態」は存在せず、彼らにとってはこの物象化された事態は本質（関係）の現象（物象）への転化・仮現・仮像でも何でもなく、それは本源的・本質的に最終的な物的実在のあり方そのもの、あるいは物的運動そのものの裸の真の姿なのである。

改めて強調しておく。廣松流にいえば、上述したように「物象化というさいの『化（する）』というのは、「いわゆる客観的な変化、つまり、能知的認識とは無関係に進行する客観的過程」をいうのではないのである。以上を要約すべく廣松のいうところを聞こう。

マルクスとエンゲルスの謂う物象化は、そしてまた著者の謂う物象化も、このような〝純然たる客体的変化〟ではない。学理的省察者〔新しい世界観に立脚する「学知」〕の見地にとって（für uns）一定の関係規定態である事が、直接的当事者意識〔近代的世界観に立脚する人々の日常意識および近代「科学」知〕には（für es）物象の相［ひいては物の相］で映現することの謂いである。——但し、このさい、映現《シャイネン》というのはあくまで学理的省察者からの見地から言ってのことであって、当事者にとっては直截に〝物象の相で存在する〟と言われうる。［とはいえ］〝物象の相で存在する〟ということは、単なる認知的事態ではなく、当事者にとっては、彼の感覚や意思はおろか行動をも規制するごとき相で［つまり客観的・客体的に］〝存在〟することを意味する。——斯かる事態を称して学知的省察者たるわれわれにとっての関係（Verhältnis für uns）が当事者にとっての物象（Sache für es）と「化する」という言い方をする次第なのである。⑿

大いそぎで付け加えておくと、一方の学知者からいうと（für uns）「当事者には物象として映現している」という事態は、他方の当事者自身にいわせると（für es）それは客観的な「物そのものの現われ・運動なのである」。いずれにせよ、「主－客」二項図式を構図とする近代的世界観における「存在論」と「認識論」との相互に独立した関係を前提とする構図式は、ここでは「存在≈認識」論ないしは「認識≈存在」論として統合され超克されていることがわかるであろう。これこそが、廣松の関係主義的世界観に立脚した「四肢的関係構図式」において提起されている問題構制である。

われわれは、以上でもって、廣松にとって「〈物象〉とはどういうことか」を「〈物象化〉とはどういうことか」という問題構制とも合わせていささか先取りしながら考察してきたが、次なる課題すなわち廣松における「〈物象化的錯視〉とはどういうことか」という問題に考察を移す前に、補足的にかつ次章に向けた準備・助走を兼ねて「物象態としての商品とはどういうことか」をめぐる問題を討究しながら、張の廣松批判に対する反駁の中間的総括をしておくことにしたい。

C 廣松の「商品世界」論にみる「物象としての商品」規定

さて、われわれは、ここで廣松のマルクスによる「物象としての商品」規定をみていくことにしよう。廣松は、先述の〈Sache〉概念の拡張を承けて指摘する。「マルクスが価値を体化している商品の分析によって開示しているのは、著者流に『意義態』を『意味的意義』と『価値的意義』とに分けて論じる見地からいえば、さしずめ価値的有意性を体化している『財的用在態』の存立構制である」[13]と。すなわち、商品とは「財的用在態として現われる物象」として存立しているということである。それは「物的実在態としての使用価値」に「価値的意義態としての（交換）価値が受肉したもの（という相で思念されるもの）」すなわち「価値的用在態」という準位で規定される「物象」であるということである。因みに、「物的実在態としての使用価値」はこの準位では「物」であるが、実はそれも、本質的・本源的には、「物象」なのである。「物的実在態」とは、われわれの日常的意識においては〝自然物〟がその典型であり、近代自然科学にいう「物質 Materie」であり、究極的にはアトム的物的実体たる素粒子やクォークの如き物として措定された客観的・客体的対象とみなされるものであるが、「実を言えば人々が没意義的な実在態として思念しているところのものも、実際には既に、一種の用在態である。というのも、原理上認識不可能なカント流の〝物自体〟やアリストテレス流の〝第一質料〟といったものを積極的に立てるのでないかぎり、およそ認識可能な対象態は少なくとも『現相的所与－意味的所識』成態であって、……そこには意味的所識という意義態の一種が既に〝受肉〟しているからである」[14]。つまり「ここにあっても『意味的意義』は構造内的契機をなしている」のである。

「没意義的な実在態（用在態ならざる純粋な実在態）なるものは、ハイデッガーが用在（Zuhandensein）と物在（Vorhandensein）との区別に即して指摘している通り、意義性の契機を捨象しつつ〝学理的に〟［近代実証主義的科学主義の手法で］措定・構成された第二次的な成態にすぎないのである」[15]。廣松は、新しい世界観の地平においてしか浮上しない、つまり近代的世界観の理論装置では問題対象としては出てきようのないこうしたプロブレマティックをめぐってさらに展開していくのであるが、これは後段において再説する。

因みに蛇足として再言しておけば、古典的ニュートン力学をどれほど精緻化し高次化しても相対性論や量子力学は導出され得ないことは先に何度も指摘しておいた。それは、前近代的な呪術的・神話的自然観すなわちアニミズム的「生物態的自然観」の延長線には近代的自然観——唯物論的・機械論的・因果論的・数学的・要素主義的・原子実体主義的な自然観——は出てきようがないのと同じである。こうした転換は、理論構成上の公理的前提枠としての通約不可能なパラダイムあるいはヒュポダイムの取り換え、あるいは革命的転換の産物なのである。張も引用しているハンソンの「観察事実の理論負荷性」やポッパーの「観念は観察に先立つ」という際の〝理論〟・〝観念〟とは、世界観上のヒュポダイム・原理的理論前提枠をいうのであり、これが「事実の構成」の土台をなしているということをいうのである。張のいう「われわれは常に概念［正確には概念体系枠］によって『見る』のである」というのもしかりである[16]。ヒュポダイムの取り換えは「事実」の規定の転換をもたらすのである。存在の客観的規定は認識論的契機すなわち時代の支配的なヒュポダイム——ものごと・できごとの了解・説明・記述のための暗黙の理論前提原理枠——とは切り離すことはできないのである。それは、純粋主観的な理論枠ではないことはもちろんのことだが、しかし「一定」の時代に支配的な「共同主観的・間主体的 intersubjektive な世界観の原理枠」として存立しているものなのである。その時代に固有の共同主観化すなわち物象化された社会的なものの見方・考え方の公理枠なのである。遺憾ながら、張には、この問題に対する考察・言及が少ないように思われる。

件の「Sacheとしての商品」論の問題に立ち戻ろう。まず、われわれは、マルクスの思想における「物象化論の論理構制」を視軸にしてマルクスを具体的に読み解いてみせた廣松の画期的なマルクス解釈の一例を、廣松の『資本論』読解に即して、ここでは〈物象〉概念に定位して、繰り返しになるが改めてごく簡単に紹介しておこう。廣松はいう。マルクスにあっては「商品」は「物Ding」ではなく「物象Sacheである」と。使用価値物としての財は、さしあたっての規定としては「物」である。しかしながら「商品」とは特殊歴史的な社会的諸関係の総体的編成において「物としての財」が身に纏う特殊な形態規定であり、当該の社会関係の反照規定において存立する特殊的歴史的な「社会的財の形態」である。マルクスが繰り返しのべる「商品・貨幣・資本は物ではなく社会関係である[17]」という命題は、このことをいうのである。マルクスの強調する「商品」のみならず、商品および商品生産労働の社会性としての「価値」および「価値実体としての抽象的人間労働」もまたDing（実体概念）ではなくSache（関係概念）であるというのはこの意味である。こうした「物象」（関係の現相態）をさらに「物」として実体化して把えるのは、より高次化された「取り違えQuidproquo」すなわち累乗的「錯視」であり、これこそが「物神性の秘密」の根拠をなすものである。廣松がマルクスの「物神性論」を重視するのはそのためである。因みに、廣松の「物象化的錯視」という用語における二つの次元における三つの意味に関しては後段においてふれる。

「商品」規定に立ち戻っていえば、それは使用価値物としてはさしあたってはDingである。しかしながら、その価値物としての規定は物の規定ではない。それは、財の総社会的な生産・交通関係において規定されて生成・存立する社会的関係性・社会的普遍性を含意かつ表示する社会的抽象態・物象態としての規定なのである。すなわち諸物に受肉した相で現われる人々の社会的関係規定なのである。社会的抽象態としての「価値」なるものは、それ自体としてみれば、廣松もいうように、イレアール・イデアールな存在性格を有する社会的普遍態なのであって、従って不可視で非計量的な存立態（Bestand）なのである。[18]「商品」とは、「〈価値〉としての〈使用価値〉」あるいは「〈使用価値〉としての〈価値〉」として、使用価値に価値が受肉した二肢的二重性の相において存立している特殊歴史的な社会的財のあり方なのである。それは廣松流にいえば、前述しておいたように、「価値的意義が物的実在態に受肉した財的用在態」として存立している社会的物象態なのである。重要なことは、この使用価値への価値の受肉を介して初めて、不可視にして計量不可能な価値は可視化され計量化されうるのである。社会的生産過程において産出されたある商品の価値（社会関係規定）は、社会的商品交換関係のなかで生成・具現・存立するだけではなくそこで開示され、しかもそれは他の商品の使用価値の物としての大きさでもって媒介的にしか表示され得ないのである。この価値の計量と社会的媒介表現を特権的に有する商品が「貨幣」なのである。件の「価値形態論」における価値の生成と存立と表現の論理および貨幣生成の論理の考究は、まさにこうした「商品世界における物象化論の論理の構制」において初めて十全に読み取り可能となったのであり、また逆に「価値形態」論こそ「交換過程」論および「貨幣」章の「価値尺度」論と併せてこの物象化の論理の読み取りを明らかにしうる端緒をなす個所でもあったのである。因みに、廣松の『資本論の哲学』第二章、第七節の三における「価値関係の商品世界の物象的存立構造」における「価値関係の『四肢』的存在構造」論もこれに依拠するものである。商品世界においては、人々の取り結ぶ社会関係（人間の本質）は直接的な相互関係つまり「人格的依存関係」としては具現しない。それは、商品（物象）と商品（物象）との社会的交換関係において、つまり「物象的依存関係」を媒介にして間接的に具現され表現される。ここでは、人々は「〈商品生産者・所有者〉としての〈諸個人〉」として、「〈価値〉としての〈使用価値〉」を相互に生産・交換することで生活の基盤を確保しているのである。これが廣松が『資本論』から読み取った「商品世界の物象的な四肢的存立構造」論[19]の基軸をなすものである。こうした「物象化論の論理の構制」すなわち「物象化論のヒュポダイムの枠組・構図・構造範式」は、廣松において初めて本格的に討究されるようになったといっても過言ではあるまい。

以上の如き廣松の「商品の物象としての存立とその存在性格」に関する言説は、張一兵の「商品」論においてもきわめて近しい言説が展開されているが（『マルクスに帰れ』第八・九章）、ここでは紙幅の関係もあり省略する。

D　張の廣松批判（一）への反駁

さて、これまでみてきた〈物〉と〈物象〉の概念における二つの物性をめぐる廣松の概念規定をめぐる理論的営為をみる時、張のいう「廣松渉がその探究を深めなかったところは、Verdinglichung と Versachlichung における二つの言葉にある二つの『物』の意味である」という批判は当たらないことが改めて明らかになったであろう。われわれからすると、張のこうしたこの批判は、彼の廣松による「物象化論」をめぐる多彩な議論の看過ないし軽視あるいは誤読に由来するものと思われる。

われわれの理解する張の「歴史現象学」の思想的構造環境・方法的視座・パラダイム枠とそれに基づく歴史社会唯物論に基づく弁証法的マルクス読解の内容、さらには伝統的（正統派）マルクス主義批判の内実、そして何よりも張の現象と本質の重層構造の解析は、実質的かつ大枠としては廣松のそれと重なるところが大きい。張の廣松に対する高い評価も一つにはそのあたりの事情によるものであろう。

この問題をめぐって、例えば、張は次のようにいっていた。「Verdinglichung の中の『物』は Ding である。この言葉の意味は……一般的に人に対して外在的な物、物質的なものを表示する。しかし、Versachlichung の中の『物』はSache である」とした上で、前述しておいたように張はある重要な問題を指摘していた。このSache の言葉の意味は、「構造環境によっては、人と関連するものや事柄を指す[20]」と。これは、廣松流にいえば、Ding〈物〉は近代主義的実体概念であり、Sache〈物象〉はそれとは異なった世界観的地平（構造環境）に立脚した「対自然－対他者」関係概念であるということの別様の表現と捉えることができよう。張は続ける。以上のことから「私個人としては、Sache はDing と区別して「事物」と訳した方がいいと思う[21]」と。われわれとしては、それに対して異議はない。「事物」の中国語のニュアンスあるいは含意はわれわれにはわからないが、「物」と区別して「事物」と訳すコンテキストは納得できる。またわれわれ流に引きつけていえば、「事物」という張の用語を「事柄」・「事象」・「事態」としての物的姿態あるいは「事《こと》としての物」という概念を表わす用語として肯定できないことはない。ただし、附言的にのべておけば、廣松は自覚的にSache の日本語訳として「事物」という用語は採用していない。日本語ではそれは〈物〉概念により近いためと思われる。因みに廣松の用いた「物象」という語における「象」の中国語としての意味内容・概念規定がどうであるのか、これはわれわれにはわからない。

張のいう「事物Sache」あるいは「事物化Versachlichung」とは、われわれ流にいえば「人と関係するものや事柄」という規定を根拠とする以上、近代的な〈物質〉概念すなわち人間の意識とかかわりなく、そして人間が存在していようがいまいが外在的に独立自存する客体としての「物」なるものの規定とは異なっているはずである。それは、また、認識主観とは独立に存在する認識対象としての「物」規定を本源・本質とする近代的な存在了解を否定し、むしろこうした「物」規定を第二次的・派生的な概念規定とする立場ともつながってくるはずである。このような概念的把握は、近代的世界観の思想的構造的環境の地平に立脚した「ものごと・できごと」の捉え方・了解のしかたとは異質・異次元の世界観的地平の論理構制を不可避的に要請する思惟様式の構造的環境を意味するはずである。廣松渉が、マルクス主義の地平は近代ブルジョワ的世界観の地平を批判的に超克 Aufheben したものであり、正統派マルクス主義批判に向けたマルクス主義の根源的再構成は改めて「マルクスに帰って」このような新しい地平に依拠したマルクス読解を遂行すべしと問題提起し、こうした企図に基づく作業を終始一貫して続けたのも、このようなコンテキストと歴史背景があったのである。そのような廣松の試みと、張一兵の問題意識や彼の歴史現象学が理論的に提示している問題論的背景や理論構図とはどれ程の乖離がみられるであろうか。

われわれは、張の「事物化」という用語を「物化」という語と明確に区別されたものとして、そしてこの術語を、「歴史的環境世界・内・存在」としての人間の「対自然 - 対他者相互」の関係行為連関における「もののあり方」や「ものごと・できごと」が、媒介的に、「物件化」あるいは「事象化」・「事態化」されて逆倒的に立ち現われてくる事態を含意している概念語として、すなわち近代主義的世界了解を超克した意味において読み解く。もしそうした張一兵に対するわれわれの読解が大きな誤読ではないとしたら、それは廣松流にいえば「事としての物」＝「物象」および「〝事としての物〟化」＝「物象化」という〈Sache〉・〈Versachlichung〉をめぐる意味規定と大差はないはずである。要するに、廣松における「物象」・「物象化」と、張のいう「事物」・「事物化」とは、事実上、大差なき概念規定となっているといってもよかろう。

註

（1）この間の事情に関しては、廣松科学論を参照されたい。因みに、廣松科学論に関しては『廣松渉著作集 第三巻』が重要となる。そこには、廣松科学論の始源をなす各種「マッハ論」をはじめ、彼の主要科学論たる『科学の危機と認識論』、

『相対性論の哲学』および『物象化論の構図』所収の科学論が収められており、また野家啓一の解説も秀逸である。野家啓一の廣松科学論としては、『廣松渉論』（ユニテ、一九八二年）所収の「近代合理主義の超克——廣松科学論と現代物理学——」を参照されたい。著者としては、廣松自身の論文としては、特に「科学論の今日的課題と構案——近代知の構制の対自化と超克のために」（『廣松渉コレクション 第五巻』所収、情況出版）をすすめたい。

(2) 『構図』、三一三頁。
(3) 同上。
(4) 同上書、三四九頁。
(5) 同上書、三一六頁。
(6) 同上。
(7) 同上書、三一七－一八頁。
(8) 同上書、三一八頁。
(9) 同上。
(10) 同上書、三一四－一五頁。
(11) 同上書、三一五頁。
(12) 同上書、三一五－一六頁。
(13) 同上書、三三二頁。
(14) 同上書、三二〇頁。
(15) 同上書、三二一頁。
(16) 張『マルクスに帰れ』、五六〇頁。
(17) 張もまた、物としての商品・貨幣・資本の本質は「社会関係」であることを強調する。例えば、張はいう。「資本は物ではなく、顚倒された人間の社会関係なのである。」（前掲書、五七二頁）
(18) 因みに、張もまた、次のようにいっている。「価値は一つの『形而上』の概念であり一つの抽象物であって、価値仮説［でいうような思弁的構成物］ではない。存在はしているが［近代実証主義流に］直接明らかになるものではない。」（前掲書、五六四頁）

(19) 商品世界の「物象的な四肢的存立構造」の廣松による本格的展開は『資本論の哲学』第二章 第七節を参照されたい。

(20) 張、前掲書、xvii頁。

(21) 同上。

廣松との親近性を強調すべく、ここで張のある「事物」概念を紹介しておく。「史的唯物論に言う社会生活における物という概念は極めて難解」であって、「この社会的存在としての『事物［Sache］』は、主に人間の活動により形成される機能的な社会関係と構造性なのである」（同五五四頁）。要するに「史的唯物論の『物』は、自然物の上に立つ［受肉した］社会関係的存在なのである」。（同五五五頁）

第九章　廣松のいう「物象化的錯視」とはどういうことか

――張への反批判（二）

前章でのSacheとDingをめぐる廣松の考察を承けて、われわれは、ここで、張一兵の廣松渉への第二の批判に応接していくことにしよう。張は、廣松の用いる「仮象」・「仮現」あるいは「錯視」・「錯認」の用語、さらには「〜のように見える」・「〜のように思われる」・「〜のように現われる」という表現を捉えて、廣松においてはこうした表現を介して特殊歴史的な資本制商品社会における客観的な社会的事態であるものが、あたかも人々の意識における「主観的な虚構」の産物として把えられていると厳しく批判している。すなわち、張からいわせれば、物神性の前提をなす事態は厳とした客観的な社会的事実として存立しているものであって、廣松がいうようにそれは「主観的取り違い」・「主観的・思弁的構成像」・「主観的な虚構の産物」では決してないということである。だが、廣松のこうした用語やその用法を張流にこのような逆な意味で受け取ること、そしてそれに依拠した廣松批判は、廣松に対する完全な誤読に基づくものである。われわれは、張の上述のような廣松批判がなぜ張の廣松誤読に基づくものであるかという理由を明らかにしながら、ここでは特に廣松のいう〈物Ding〉規定における〝「物象化的錯視」とはどういうことか〟という問題に焦点を絞って議論を展開していくことにしたい。

A 「関係」の物象化的映現とはどういうことか

さて、廣松が上述した近代ブルジョワ的世界観の根源的止揚すなわちヒュポダイム・チェンジに基づく関係主義的存在了解〈実体の第一次性を超克する関係の第一次性に立脚する存在観〉、および「四肢構造論」的「認識≈存在」論を基軸とする「事的世界観」に立脚した視座——廣松の新たな実践観すなわち「役割行為論」は本書では触れない——からいえば、〈物〉概念を存在論的実在性の第一次規定として措定することは、世界のあり方の真の最終的な規定としては「Quidproquo」以外の何ものでもない、ということになる。廣松が、ブルジョワ的世界観の視座から規定される〈物〉の概念規定を、「物象化的錯視」とか「取り違え」というのは、このことを意味する。つまり、ここでいう「Quidproquo：取り違え・錯認・錯視」というのは、「物象」すなわち「事象としての物性」規定という「現相的な物質性」準位のありようを、実体的な「物」として「物性」本来の本質的・始源的なありようと誤認していることへの批判なのである。すなわち、それは、「関係規定態」としての本源的・本質的な存在者のありようを洞察することができず、その現象的な立ち現われにすぎない現相化された事態（＝「物象」）を実体化して〈物〉として把えてしまっている近代科学主義的存在了解に対する批判なのである。こうした「物的実在性」の規定を究極的な物質性の規定あるいは本源的・本質的な客観的規定とみなして、その基底・深層・本源・背後にある物性の存在根拠たる人々の「対自然－対他者相互」の社会的生活関係まで下向して把握せず、むしろこれを看過してしまっていることを批判するカテゴリー、これが廣松のいう「錯視」・「錯認」なのである。それは、彼らのこうした事態の把握を虚偽として排斥するものでもなければ、彼らの認識に立ち現われるこうした事態の存立そのものを「虚構」・「虚妄」として否定しているのではない。それは、実体主義的視座に立脚する人々の意識にとっては客観的な事態であり、近代科学的な分析そのものの成果なのである。他方、廣松的な方法的視座——張流にいえばある一定の「思想的構造環境」のコンテキストに定位した新たなヒュポダイム——に即していうと、〈物〉とは、独自の歴史・社会的コンテキストと論理構制において、〈物象〉の「実体化」を介して、物象を実体的物質およびそのような物と物の関係の「ように現われる・見える・妥当する（scheinen als・erscheinen・gelten）」という表層的準位での規定にすぎないということなのである。

くどくなることをいとわず再強調しておけば、こうした実体的規定は、本質としては関係態としての〈物象〉が、実体的〈物〉あるいは〈物〉と〈物〉との関係として現象してくるという表層次元に定位した近代主義的規定なのであるが、にもかかわらずこれを事態の究極的で本質的な規定と「取り違えている」あるいは「錯認している（verkennen）」という批判を含意するものなのである。すなわちマルクスや廣松のいう「Quidproquo」というのは、われわれ近代人の日常意識（für es）において「本質のごとく現われている・見えている」事態は、マルクス・エンゲルス・廣松の「物象化論」の地平・論理構制（思想的構造的環境）から（für uns）いえばそれは現相規定であって本質規定ではないということ、それを本質規定とすることは、すなわち「取り違い」だと批判的に開示・剔抉した用語なのである。人々や世界の「対自然－対他者」相互の「関係が物として、あるいは物と物との関係として、あるいは物に帰属する性質として〝仮現〟する」とはこのような意味において使用されているのである。「仮現」・「仮象」という中国語訳がどうなっており、その訳語の中国語的意味づけないしは意味規定がどうであるのかは全くわからないが、廣松においては、この語の意味は「一種の主観的見方や虚構」ということでは断じてない。それらは「本質の現象としての現われSchein」すなわち本質的事態の現相界における「仮りの（二次的）現われ」・「仮りの（二次的）

客体像化」という意味での「日常意識における本質の表象的・二次的な立ち現われ Schein」ないしは「本質の媒介的な映現化 Erschein」を意味するものなのである。要するに仮象〈Schein〉とは「場の状態」の総体的運動における諸関係項の相互作用を媒介とした「関係の物象化」によるフェノメナルな第二次的な立ち現われ（現象化）ということなのである。これがすなわち廣松のいう「仮現」・「仮象」ということであり、〝scheinen・erscheinen・gelten（見える・現われる・妥当する）〟ということなのである。〝scheinen・erscheinen・gelten〟あるいは〝Schein・Erscheinung・Geltung〟という語の『資本論』等におけるマルクスの用法は、このような理論的な問題意識を背景にしているのである。もしくは、そう読み取られるべき視座を先駆的に提起しているのである。廣松渉も特に強調してこのことに注意を促しているのはこのためである。

B　物象化的錯視①：物象の実体視（物化）

最後に、われわれはここで、廣松が「物象化的錯視」と批判する事態を、われわれ流に三つに類型化してのべておくことで、「物象化錯視とはどういうことか」という問題をより立ち入って理解するためのよすがとしたい。

廣松の批判する物象化的錯視の第一のものは、上述しておいたように、「物象」として現われてくる諸関係項のありようを「実体的な項（物）」の規定において把える事態をいう（「物象」の実体化としての「物」）。「場における諸関係の結節項としての物象態 Sache」を独立自存の「実体的な物 Ding」と固定して把える取り違え・錯認のことである。これはいわば存在論的錯視である。それは、また、認識論的錯視ともからまっている。

今、対象を自然界に定位して廣松流にいうと「現実に直接的な相で現前する現相態は、いわゆる〝自然界〟の分節肢たる〝自然物〟をも含めて、実は『意義性』（意味性・価値性）を〝帯び〟た『用在態』である[1]」。すなわち「物象」なのである。先述しておいたように、近代物理学にいう「物質」――廣松のいう「物的実在態」――それ自体が「関係の物象化」に基づく「物象態」なのである。要するに、科学的実証主義の方法的視座においては「第一次的存在であるかのように思念されている〝裸の自然物〟〝物的実在〟なるものは被媒介的に措定されたものであり、……物象化された一所産なのである[2]」。つまり、近代的世界観を超克する新たな学知・パラダイムの地平に立脚する「われわれの見地にとっては（für uns）いわゆる物的実在態［物］それ自身が物象化の所産なのである。すなわち、客観的に自存する物的実体、そのような実体の具備している物的性質、そのような実体の間に成り立つ物的関係、自然科学が対象とするこれらの物的実在態それ自身が既にして物象化の所産にほかならない[3]」のである。すなわち、「存在≈認識」論的視座に立脚していうと、「およそ認識可能な対象態は、少なくとも『現相的所与－意味的所識』成態であって、……そこには、意味的意識という意義態の一種が既に〝受肉〟している[4]」のである。近代自然科学の措定する「物＝物的実体」なるものは、「さしあたり『現相的所与－意義的所識』成体が自存化されたもの」という意味で特殊な近代科学的視座・方法・論理構制・概念前提枠でもって構成された概念であって、理論的抽象化によって措定されたものなのである。この「非・関係規定」概念を本質的規定あるいは究極的真理規定とみなすのは「誤認」・「錯視」・「取り違い」の産物というのが実情である。「自存的な客観相で思念されているいわゆる実在態［物的実体・Ding］なるものは、真実には『能知－所知』関係態（剴切には……『能知・能識－所与・所識』の四肢的関係態……）が物象化された被媒介的所産なのである[5]」。

因みに、現相的世界に映現する（scheinen）物象態――関係の物象化態――を独立・自存の客観的実体物と取り違えた近代的世界観の歴史的意義（いわゆる科学技術文明の創出）は今措くとして、その理論上の意義と役割に関しても廣松は次のような一考に値する言説を補足している。

誤解のないように書き添えておけば〝物象化された世界像〟に定位するとき、実在態とりわけ物的実在態が第一次的・基底的な存在で、用在態は第二次的・上架的な存在として処理されること、われわれはこのことを否認するものではない。〝裸の自然物〟〝物的実在〟を第一次的・根本的な存在とみなして体系を構築する或る種の学理的手続［近代科学のそれ］をわれわれは顛から排除してしまうつもりはない。或る種の存在的《オンティシュ》な取り扱いの次元では〝物的実在〟の基底性・第一次性という思念を〝追認〟することも許されうる。但し、存在論的《オントローギッシュ》に省察するかぎり、それは被媒介的な物象化された所産であることが対自化されざるをえない。――このさい、物象化とは決して単なる〝主体的なもの〟の〝客体化〟の謂ではないことをあらためて銘記されたいと念う。(6)

以上、われわれがこれまでみてきた第一の「物象化的錯視」とは「関係項の実体化・物化」とも要言できよう。

C　物象化的錯視②・③：社会的 Gebilde（物象態）の実体視および超歴史的一般化

大急ぎで前節Bで言及した第一の「物象化的錯視」とは位相を異にする第二・第三の「物象化的錯視」を概観しておきたい。ここでは生活世界における人々の社会的関係行為連関において産出・析出される物象態としての「社会的普遍態」・「社会的構造化成態」・「社会的形象態 Gebilde」に定位して論ずることにしよう。

今、仮に、近代的人間観を前提にしていえば、そこでは人間存在のあり方は、独立した「アトム的個人」・「我」・

「自己」としての存在様態が原基とされている。意識においても行為においてもそうである。ここにおいては、「コギトとしてのわが意識」にして「自由意志に基づく主体的行為」・「実存的投企」・「単独者の決断行為」が人間の本源的・本質的な意識・行為のあり方なのだ。この人間観は、マルクスや廣松の「人間観」が「人間の本質は社会的諸関係の総体」という構えにおいて了解・規定されているのと決定的に異なる。彼らは、人間の原基的規定を「〈われ〉cogito」としてではなく「〈われわれ〉としての〈われ〉cogito als cogitamus」すなわち「社会的存在者としての諸個人（社会的個人）」とする新たな世界観の地平において把え直しているのだ。それは、社会観・歴史観のパラダイムにおいてもしかりである。このこともまたくり返し、しつこくのべてきたことである。彼らの自然観の画期性に関しては既に寸言しておいた。補足的にいえば、近代主義的観点からすればマルクスおよび廣松の自然観すなわち「関係としての自然」・「歴史的自然」・「文化的自然」という自然の了解のしかたは全くもって奇妙な自然観としかいいようがないが、しかし今日流にいえば「環境としての自然」・「生態系としての自然」ということになることは既に暗々裏にのべておいた。

議論を「社会的 Gebilde」としての「社会的普遍」の存立構制の問題に戻そう。とりあえず、ここでは、百歩譲って、近代的人間観に立脚して（für es）、人間存在の原姿を「アトム的個人」という前提をとって論を進めることにする。「自由意思主体」としての独自の選択・決断に基づく実存的諸個人の行為は、奇妙なことにその社会的相互関係の生活過程において、彼らの意志や目的志向とは独立の社会的普遍・社会的力を生み出す。例えば、資本主義経済過程における「需給法則」・「景気変動」・「価格運動」等の如き運動法則である。このような構造化され制度化されて現われる社会的運動の姿態は、für uns には、成程、諸個人の個々の行為に基づくものではあるが、しかしながらそれは諸個人の行為の単純なる代数的な社会的総和として成り立っているものではない。それは、諸個人の意図や目的とは超越した独立の構造的存立成態としていわば「自然史的運動過程」の相で、諸個人とは無縁・独立の過程として、逆に諸個人を支配し従属せしめる社会的形成態（Gebilde）としての普遍として作用する。これを、マルクス・エンゲルス流にいえば「社会的活動のこうした自己膠着、われわれ自身の産出物がわれわれを制御する一つの物象的な強制力と化すこうした凝固――それはわれわれの統制をはみだし、われわれの期待を裏切り、われわれの目算を無に帰さしめる――これが、従来の歴史的展開においては主要契機の一つをなしている」[7]のだが、こうした社会的運動の全体化における奇妙な事態こそが「社会的関係行為連関の物象化」といわれるものなのである。このような「対自然－対他者相互」間の相互関係行為連関の総社会的編制・統合の過程における動力学的な合成化あるいはベクトル的統合化に基づく特種化的綜合の運動の機制と構造化の解明、およびその産物としての社会的構造成態・社会的普遍態・社会的Gebildeの生成・存立の機制と構造の分析こそが「物象化論の方法論的視座および論理構制」において解明さるべき問題対象であったのである。

マルクス・エンゲルスは、こうした「社会的物象化」についてさらに次のように続ける。「社会的威力、すなわち幾重にも倍化された生産力――それらはさまざまな諸個人の分業の内に条件づけられた協働によって生じる――は、協働そのものが自由意志的でなく自然発生的であるために、当の諸個人には彼ら自身の連合した力としてではなく、疎遠な彼らの外部に自存する強制力として現われる。彼らはこの強制力の来しかた行く末を知らず、したがってもはやそれを支配することができず、反対に、今やこの強制力の方がそれ独自の人間たちの意思や動向から独立な、それどころかこの意思や動向を第一次的に主宰する一連の展相と発展段階を閲歴するのである」[8]。以上は、『ドイツ・イデオロギー』からの引用であるが、こうした社会的物象化の運動について、マルクスは一〇年以上後の『経済学批判要綱』においても次のように語っている。「社会的物象化とはどういうことか」を理解する上で核心をなすマルクスの言明である。長くなるのをいとわず引用しておく。

こうした運動の全体が社会的過程として現われれば現われるだけ、またこうした運動の個別的諸契機が諸個人の意識した意志や特殊的諸目的から出発すればするだけ、過程の総体はますます自然生的に成立する客体的連関として現われる。しかも、意識した諸個人の相互作用から出てくるものではあるのだが、彼らの意識のうちにもなく、全体として彼ら諸個人に服属させられることもないような客体的連関として現われる。諸個人自身の相互的衝突が、彼らのうえに立つ、疎遠な（fremd）社会的力（Macht）を彼らにたいして生み出す。つまり彼らの相互作用が、彼らから独立した過程として、ゲバルト（Gewalt）として［現われる］[9]。

こうした社会的事態、すなわち「社会関係が諸個人から独立したものとして現われるだけでなく、社会的運動それ自体の全体までもが諸個人から独立したあるものとしても現われる[10]」のは〝なぜ・いかにして・なにをもって〟であるのか。それを明るみに出すのが「物象化論の論理」なのである。さしあたってマルクスはいう。「諸個人のうえに自立化した力としての諸個人間の社会的連関は、いまやそれが自然力として、偶然として表象されようと、またはその他の任意の形態で表象されようと、出発点が自由な社会的個人でないという、そのことの必然的な結果なのである[11]」と。

この社会的構造成態化の運動の自然史的過程の規則性・秩序性・法則性を文字通り超歴史的・自然的な構造性として、その現象的・表層的な準位に固定・定位して、それをより深層次元の基盤に還元することをせず、その自然史的現相の運動において法則的に把握することに自足した典型が世俗的古典経済学すなわち俗流経済学とマルクスが侮蔑的に呼んだ経済学者たちの営みだったのである。これが、われわれのいう現相的運動を本源的・本質的運動と取り違えその法則を普遍的自然法則と誤認した「第二の物象化的錯視」である。

しかしながら、誤解を避けるべく付言しておけば、古典経済学それ自体の歴史的な意味と意義は看過されてはならない。彼らは、実証主義的科学においては視野に入らないところの、すなわち経験的に覚知できない現象的社会的運動の法則的把握を定礎したという点では大いに評価されるべきであり、初期マルクスの思想形成においても曲折はあったが重大な影響を及ぼしたものである。このことは、張の精緻な研究によっても明るみに出されており、張はこれを「社会唯物論」の定礎として評定している。

それはともかくとして、改めて強く強調しておこう。われわれがいう「第二の物象化的錯視」とは「社会的Gebildeとしての物象化成態の実体視化あるいはそれに基づく物質化・自然的実在化」とも換言できよう。

「物象化錯視」の第三のものは、本来の古典経済学者たちの陥った錯視である。それも最良の古典経済学者たるアダム・スミス、そしてとりわけデーヴィット・リカードさえも陥った「物象化的錯視」である。ごくごく簡単にふれておく。

彼らは、表層の現相的な社会的経済運動の法則性を、その生成と存立のより根源的基盤にまで下降して、人々の経済的な生活関係それも労働の社会的関係という深層構造に基礎づけて解き明かしていった。これは、経済学における一大飛躍であった。物の運動の背後・根底にある人々の社会関係――マルクス流にいうと「生産関係」・「交通関係」――を読み取り、それに定位して経済的運動の深層法則を解読したのである。現象を本質に定位して、現象的法則の深層の機制と構造を解明し、その本源的で本質的な法則＝価値法則を明るみに出したのである。

それでは、現象の背後にある社会的本質としての社会関係に定位してその社会的経済法則・価値法則を概念的に把握 Begreifen（本質に定位した内的関係の解明）したスミスとりわけリカード等の営みが、われわれにいわせるとなぜに「第三の物象化的錯視」とされるのか。それは、この資本主義的商品世界の特殊歴史的な社会関係を、超歴史的・普遍的な社会関係すなわち自然的な人間関係と「錯認・錯誤」して取り違えているからだ。張一兵は、この事態を一定の評価とともに、批判的に「社会現象学」の定礎として評定している。

以上、「第三の物象化的錯視」とは、「特殊歴史・社会的 Gebilde の超歴史的一般化」あるいは「特定の特殊歴史的関係の超歴史化・一般化」とも要言できよう。

D　張の廣松「錯視論」の誤読――張の廣松批判（二）への反駁

張のいう「歴史現象学」にあっては、要約していえば、物象的運動の背後にありその本源的基盤となる人々の社会的諸関係の総体――経済学的には「生産・交通」関係――を歴史貫通的・自然的・一般的に捉えて規定するに留まったスミスやリカードを批判的に超克し、それを「一定（特定）の eine bstimmte」特殊歴史的な形態規定を身に被った独自の社会関係として解読して措定する。現象の本質的根拠を、一般的にではなく具体的に、すなわち「一定の歴史的な形態性・特殊性」において明るみに出すことによって、特殊歴史的な資本主義商品生産様式社会における歴史的な社会的諸関係の総体の事物化（物象化）とそこにおける顛倒性と支配性を明るみに出すこと、これが上述しておいたスミス・リカード流の「社会現象学の物象化的錯視」を乗り超えたマルクスの歴史弁証法であること、そしてこれを発掘してみせたのが張の「歴史現象学」の意味と意義の一つであるとわれわれは考える。

こうした張のいう「狭義の史的唯物論」および「歴史現象学」においては、「フォイエルバッハ・テーゼ」・『ドイツ・イデオロギー』・「アンネンコフへの手紙」等で定礎された「広義の史的唯物論」の一般的範式が、マルクスの第三次の古典経済学研究（「ロンドン・ノート」）を介した一八五七〜五八年の『経済学批判要綱』においてより高次化され、精緻化され、重層複合化され、具体化されたものとして確立されるに至ったものとして、マルクス哲学思想の最高到達点に定位して張によって基礎づけられている。その「歴史現象学」の核心は、『要綱』解読を軸にして、とりわけ『マルクスに帰れ』の第八章・第九章において精力的に論じられている。だが、同時に、そこにおいても廣松の「物象化的錯視」に対するこれまでみてきたような批判が展開されているのである。

この「廣松物象化論」に対する張の第二の批判も、われわれにいわせると、これまた的外れであることは本章において確認されたことと思う。因みに、張のいう歴史現象学と廣松物象化論との間には、哲学的論理の構制・ヒュポダイム、発想枠、問題意識、批判対象において、それ程大きな隔壁があるとは思えない。それなのに、なぜこのような廣松批判が第三版において突如として挿入されたのか、理解に苦しむ。

もちろん、両者の間には、問題構成上のプロブレマティック Problematik や問いの立て方、理論構成、立証手続等々には看過すべからざる違いはあるにしても、張の廣松批判の二つの要点すなわち、廣松は、①「Versachlichung と Verdinglichung における二つの『物』の概念的差異を深く追究していない」という批判と②「物神性の客観的・物質的な基盤・前提である『事物化（物象化）』を〝主観的虚意識の産物〟とみなしている」という批判とは、双方とも完全に張一兵の廣松誤読に由来するものである、というのがわれわれの結論である。このわれわれの反駁は本論において論拠づけられたものと確信する。

元来、張の歴史現象学の視座と論理とは、われわれにいわせれば、廣松がマルクス「経済学批判体系」の理論的核心の一つであると強調したところのものでもある。例えば、それは、「具体的有用労働一般としての〝労働一般〟」と「資本制商品社会における諸労働の社会的抽象化・物象化の産物としての社会的一般労働（社会的単位労働）すなわち〝抽象的人間労働〟」との違いを執拗に討究・強調したのは、廣松も張も同じではなかったか。前者の労働一般は論理的抽象の産物であるが、後者の抽象的人間労働は歴史・社会的抽象の産物である。「社会的抽象化」とは何か。それは、廣松にあっては「社会的物象化」のことである。社会関係の構造成態化のことである。資本制生産様式下の社会的諸関係の総体的過程（生産・流通の過程的運動）において、諸個人の具体的諸労働が「なぜに・いかにして・なにをもって」社会的に抽象化され〝抽象的人間労働〟という「特殊歴史的形態の社会的一般労働」を生成・存立せしめるのかの討究、それが廣松「抽象的人間労働」論の一つの重要なテーマであったはずである。そして、それを資本制商品世界の社会的諸関係の総体的過程における特殊歴史的な社会的抽象化すなわち物象化の機制と構造化に基づくものと開示してみせたのが廣松の著作『資本論の哲学』であり、張の著作の第八・九章における「関係としての商品・価値・貨幣・資本」概念の精力的で緻密な読み取り作業ではなかったのか。このようなわれわれの読解が誤っていないとしたら、この問題をめぐっても、張は廣松物象化論をあのような論拠をもって批判することはなかっただろうと考える。

以上、われわれは、これまで、張一兵の二つの視軸からなされた廣松物象化論批判に対する反批判を展開してきた。それは、主として張の廣松の用語および論理の構制をめぐる誤解ないしは誤読に由来するものだというのがわれわれの主張であった。しかし、ここで不必要な誤解を防遏すべく寸言しておくと、われわれのこの批判はこの張の著作に対する批判を意図するものではないということである。張の『マルクスに帰れ』における廣松批判はあくまで補足的・附録的なもので、ごく短いものでしかない。『マルクスに帰れ』の主題ともかならずしも直接かつ密接には関係するものでもない。従って、われわれのこれまでの議論はこの著作への批判を主眼とするものでは全くない。むしろ、われわれは、この著述を、一定の留保つきであっても、高く評価する。

さて、ここで最後に、再度指摘しておきたいのは次のことである。廣松のマルクス研究の眼目は、伝統的マルクス主義の批判的超克をマルクスその人に帰って展開し、マルクス思想そのものの批判的継承を企図するところにあった。その点でも、張一兵の根本意想と重なっている。廣松の正統派マルクス主義批判の基軸は、正統派がマルクスが切り拓いたブルジョワ的世界観の地平とそのパラダイムを批判的に超克した新たな地平を看過し、近代的世界観の「主-客」関係図式の構図の枠内でマルクスの思想を解読してしまっていることへの批判にある。それが、今日のマルクス主義が理論的あるいは実践的な閉鎖情況に陥った元凶だというのである。

マルクスの思想の哲学的地平を、廣松は、件の関係論的・四肢構造論的な論理構制に依拠した物象化論の構図・構制において剔抉し開示してみせたわけだが、それはマルクスにおける人間観・社会観・自然観・歴史観のヒュポダイム・チェンジを意味するものであることを強調するものでもあった。張の「歴史現象学」理論にも、また、大枠においては同様の発想と論理が貫かれているとわれわれは読み取っている。もし、このようなわれわれの読み取りに大きな錯誤がないとしたら、われわれからすると張の廣松批判において、補足的であってもこの点に関する言及がもっとあってもよかったのではないかという思いが強い。さらに、張の『マルクスに帰れ』の本論全体への注文をのべさせてもらえば、今日風の術語を使っていえば、マルクスにおける人間存在の「歴史的世界・内・存在」としての基本的な構えや、意識や行為の存在被拘束性や被投的企投性の構造、あるいはIntersubjektivitätの論理構制への言及、これらの論点ももっと前面に出してもよかったのではないか、という思いをぬぐいきれない。また、張からいえば直接の問題対象外であったかも知れないが、自然と人間・社会・歴史との哲学概念上の同次元性と差異性、さらには近代的実体概念への批判の論理、等々に関しても立ち入ってほしかった。他面で、われわれが、この著作の延長線上に張に期待するのは、『経済学批判』刊行（一八五九年）以降の「一八五九～六〇年ノート」、「一八六一～六三年ノート」、「一八六四～六七年」の『資本論』刊行に向けた準備ノートおよび草稿類における〈価値〉概念および〈抽象的人間労働〉概念の改鋳・再措定の足どり等々に関する張一兵の解読である。それだけではない。『資本論』刊行（一八六七年）以降のマルクスのノート類に関しても張の研究成果と見解を知りたいし、学びたい。この時期にはマルクス自身の理論上の論理構制、張流にいえば「歴史現象学」の構造環境におけるある種の修正と進捗の可能性もうかがえるからだ。

こうした不満や注文はあるにしても、廣松物象化論の論理構制や理論構図と張一兵の歴史現象学のそれとは、何度も繰り返すことになるが、基軸において重なるところが大きいようにわれわれには思われる。〝本質（関係）と現相〈物象〉〟あるいは〝「抽象」と「具体」〟等の問題にしてもしかりである。先にのべておいたように、われわれは廣松用語の中国語訳の妥当性――両者の学術語間の対応性や概念的意味規定上の差異の実態――については全く無知であるし理解力もない。われわれの側に張に対する大きな誤読や判断ミスや理解不足の可能性もある。張哲学思想の立場からの、否、問題意識を共有する識者からの今後の率直な批判と教示を期待しつつ、あわただしく第Ⅲ部の筆を擱くことにしたい。

註

（1）『構図』、三三一頁。
（2）同上書、三三一－三三頁。
（3）同上書、三一九頁。
（4）同上書、三三〇頁。
（5）同上。
（6）同上書、三三二頁。
（7）マルクス・エンゲルス『ドイツ・イデオロギー』廣松渉編訳・小林昌人補訳、岩波文庫、二〇〇二年、六九頁。
（8）同上書、六九－七〇頁。
（9）マルクス『マルクス資本論草稿集 一』大月書店、二〇五頁。
（10）同上書、二〇六頁。
（11）同上。

補論　マルクスからルカーチにおけるマルクス主義「物象化論」の展開

本「補論」においては、われわれは、一九六〇年代に始まる内外のマルクス「物象化論」を軸にした新たなマルクス主義論争を総括し「二一世紀マルクス主義」の可能的地平を展望すべく、その前提的準備作業として「マルクスからルカーチに至る物象化論の展開」を整理しておきたいと思う。

主として一九六〇年代に始まったこの論争は、われわれにいわせると初期マルクスの疎外論と後期マルクスの物象化論との関係をどう把えるかという問題にいきつくが、同時にそれは「人間主義的マルクス主義」と「科学主義的マルクス主義」との統一はいかにして可能かという問題をめぐる論争でもあった。あるいは、また、それは教条主義的マルクス・レーニン主義の行き詰り情況を前にして、マルクス理論における「人間の問題」ないしは「自由の問題」の可能性をめぐる批判と反批判の応酬でもあった。本稿はこうした視点と問題意識において、戦前のマルクス「物象化論」の展開をマルクスとルカーチを軸にして概括しておこうという予備作業である。

ところで、われわれのこの作業は、マルクス「物象化論」の哲学的地平とその論理構制の開示を焦点にして遂行される。その際、留意してほしいのは、本論は、戦後の「物象化論」論争において物議をかもした廣松の〝マルクス思想形成過程における「疎外論から物象化論へ」という提題〟において彼が強調した「疎外論の地平」と「物象化論の地平」の差異、あるいは前者から後者への哲学的論理構制ないしはヒュポダイムの転換・飛躍という問題に焦点をあてて、そのプロブレマティックを明るみに出すことにつなげるための準備作業として行われているということである。要するに、ここでは物象化論における廣松のいう「マルクス主義の地平」の開示を暗黙の視軸にして展開されているということである。

A 「物象化論」の歴史的背景

われわれは、まず、マルクス「物象化」論の定礎のプロセスをみていくに先立って、いわゆる「物象化論の歴史的背景」を大雑把に鳥瞰しておくことにしよう。人々の生活世界における様々な営みが、その社会的生活過程において、彼らにとって不可視・不可思議な様態において彼らを統御・支配する力を生み出し、人々から自立したものとして立ち現われる事態それ自体は、人類史においては共通の現象である。一般に、前近代においては、それは神、霊魂、超越的宇宙神秘力、運命等々の御業・働きによるものと解されてきた。

しかしながら、生活過程・生活様式の近代化に伴う人間の意識や行為そして人間相互の関係および対自然関係の近代化に伴い、換言すれば人間観・社会観・自然観・歴史観の近代化の進捗に相伴して、上述したような人々を超越する力の支配を、呪術的・神話的・宗教的に理解・説明するのではなく、現実の人間の生活過程や社会のあり方そして経験的自然了解に即して、すなわち近代的理性に依拠して解明し対応していこうとする生活態度・思考様式が成長してくる。近代的な自然科学や諸社会科学の形成や展開はそのプロセスを表示するものといえよう。超越的な社会的力の理解とその記述・説明における「脱呪術化 Entzauberug」である。

一八世紀後半から一九世紀初頭においては、人間諸個人の社会的生活過程に定位して、こうした社会的力の発現を表示すべく――いまだなかば半宗教的思惟様式を伴ってはいるが――カントの「意志の現象すなわち人間の行為は、他のあらゆる自然事象と同様、普遍的な法則によって規定されている」とか「人間の意思の自由のはたらきを全体として考察するならば、それらの現象が規則正しい歩みかたをしていることを発見しうる」（『世界公民の見地における一般歴史の考察』）といった言辞や、周知のスミスの「見えざる手」（『諸国民の富』）、ヘーゲルの「絶対精神の社会的生活過程における〝理性の狡智〟を介した外化・自己展開」（『論理学』、『歴史哲学』etc.）というような表現様式もみられるようになる。

一八世紀後半から一九世紀にかけての産業革命の進展は、急激かつ大規模な社会的な生活様式と生活過程の変貌を招来し、人間の意識や行為そして「対自然－社会的人間相互」の関係のあり方を変化せしめる。人間関係・社会関係や組織・制度のあり方は複雑化し、その重畳的重層化・錯構造化は一気に大規模に進展していくことになる。ここにおいて、上述した個人的生活過程とその社会的生活過程の分裂・乖離は人々の目にも明らかになる。諸個人の意図や目的意識的行為とは独立して現象する社会的運動過程、例えば経済的活動の社会的過程における「需給法則下の価格運動」・「景気変動ないしは景気循環」や社会の階級的構造化、さらには歴史的過程における国際化の進展に伴う軋轢・葛藤さらには各種の紛争・動乱や戦争・革命の「予期せざる発生と展開そして結末」の輩出等がそうである。それらは単なる偶然事あるいはその連鎖を超えて、あたかも自然的過程における自然法則的必然性の相で、人間諸個人とは無縁で独立した力をもって人々を制約し・統御し・支配する。ここに「個人と社会」あるいは「個と全体」の関係をめぐる難問が生じる。われわれがいう「個と全体の弁証法」あるいは「個の社会化・全体化の弁証法」という問題である。

この諸個人の営為の社会的全体化において生成し存立するに至る知覚的には不可視のいわば社会的な実在態とその

力Gewalt、これが「物」とは区別さるべき「物象」という概念の含意するところのものである。そして、この社会的普遍態としての実在性を生み出す社会的相互作用の合成力としてのベクトル的合成態化・構造成態化・擬似自然成態化とその力動性を表示する術語が社会的な「物象化」ということなのである。この社会的な物象と物象化の成立機序と存立構制を問題としたのがマルクスであったというのがわれわれの主張である。マルクス「物象化論」は、このような歴史的問題背景において、主としてこの社会的力の生成と存立の機序と構造を問うべくいわば先駆的に構築されたものであるということである。

因みに、補足しておくと、「物象化」とは人々の社会的生活過程における相互行為関係における外在化的に対象化される事態――後期マルクスの語議での〈Entgegenständlichung als Entäußerung〉――のみをいうわけではない。それは、今日流にいうと、人間の意識や行為における物象化（共同主観性・間主体性）、歴史的運動過程における物象化（歴史法則の析出）、自然の運動における物象化（環境生態学的自然法則の析出）、等々、人間・社会・自然・歴史のあらゆる過程における様々な準位と範囲そして形態においてこうした「物象化」の運動が可視的に指摘されうるに至る。その間の物象化の運動論理は今措として、マルクスとしては、主題的には、社会的生活過程における「生産関係と交通関係」の物象化を画期的な方法的視座と論理構制に立脚して初めて本格的に問題としたということである。

さて、一九世紀後半から二〇世紀にかけての資本主義の変質（金融化・帝国主義化）や高度の技術革命（イノヴェーション）を介した大衆社会化・消費社会化・組織社会化・管理社会化ひいては情報社会化・地球社会化は、「個と全体」の問題をめぐるこうした物象化的事態とその考察をさらに高次化させ汎化させる。二〇世紀初頭に限ってみても、ルカーチは今別にして、M・ウェーバーのいう「官僚制的合理化による固い鉄の檻」のような社会的合理化の「予期せざるかつまた統御できざる結果」の産出、フロムのいう全体主義を生み出した「権威主義的性格とその社会化現象」、ホルクハイマー・アドルノのいう「啓蒙の狂気と野蛮への回帰という道具的理性の働きにおける逆倒的物象化の弁証法」、デュルケムの「諸個人の行為の特種的綜合化としての物象化」あるいは「物としての社会」観──社会を物象として捉える見方──、ケインズの乗数理論にいう「合成の誤謬」論──部分の単純総和が全体をなすわけではないとする見方──や「ミクロ－マクロ」問題等々、人文・社会諸科学に限っても枚挙に暇がない。自然科学においても、すでにみてきたように、アトム実体主義的発想に対する疑念あるいは「個と全体」をめぐるわれわれ流にいえば弁証法的発想（物象化論）の要請は今や奇抜な問題提起ではない。

B　マルクス「物象化論」の定礎と展開

以上の如き現代の人間・社会をめぐる物象化の問題、すなわち人間諸個人のつくり出した社会的形象態soziale Gebildeが諸個人から自立し、逆に諸個人の生を拘束し支配するものへと逆倒的に現われるという物象化、それも資本主義社会に固有な形態での「物象化」の問題に、実践的にも理論的にも、自覚的かつ本格的に立ち向かったのは、上述しておいたように、やはりマルクスが最初であったといってよいだろう。因みに、マルクスは「物象化」・「物化」という術語を多用しているわけではない。田畑稔によれば、マルクス自身の用例としては、『ドイツ・イデオロギー』以降、物象化Versachlichungは一六カ所──『資本論』では一回のみ（第一巻・第三章・第二節「a 商品の変態」論における〈Personifizierung der Sache und Versachlichung der Personen〉という表現）──に使用されているにすぎないし、物化Verdinglichungに至っては三ケ所にすぎない。但し、物象Sacheと物Dingの使用に関しては事情は大きく異なるが、これについては後述することにする。われわれが「マルクスの物象化論」という表現を用いているのは、マルクスの理論上の発想枠や論理構制が、第三者的にみてあるいは今日的にいって「物象化論」として規定されうる内実となっていることを明示すべく、これを学術語として強調的に使用しているのである。「物象」ないし「物象化」という言葉は、日常語としてはいまだ定着していないし、日本語辞典類にもわれわれの用いる意味においては採用されていないが、しかし術語としては今日では思想界においては市民権を得ているといってよい。この間の事情は、かつての「疎外」という語の日常言語化のプロセスと同じであるといってよかろう。今ではあたりまえに使用されているこの「疎外」ということばは、日本語辞典に載るようになったのは、一九七〇年前後のことであったし、そもそもかつての「ヘーゲル・レキシコン」にさえ採用されていなかったのである。それは、例えば竹内良知がいうように、初期マルクス研究から反作用的にヘーゲル研究に逆輸入されたのが実情であった。廣松も一九八〇年代のある時点で次のような指摘をしている。「因みに、現在完結しているヘーゲル全集としては唯一のものであるグロックナー版全集のレキシコンには『疎外』の項が存在しない始末である！」と。

ところで、ヘーゲル・バウアー的な自己意識の観念論者として出立したマルクスは、その思想形成のプロセスにおいて現実の歴史的・社会的な生活過程に定位した思索の展開の重要性に目覚め、やがて共産主義運動や古典経済学との接触を介して唯物論的視座を定礎しつつ「自己疎外論」的現実批判を展開するのが〝パリ時代〟である（『パリ手稿』）。そこでは、人間の自己実現・自己展開の活動としての「労働」の意義をヘーゲルから学び取りつつ、それをフォイエルバッハ的唯物論の立場から改鋳し、同時に古典経済の第一次的研究成果（『パリ・ノート』）に依拠して近代社会における「労働の自己疎外」を批判する視座を設定したのである。パリ時代のマルクスの発想においては、「疎外 Entfremdung」とは、当該社会において「人間の本質・本源的人間性」あるいは「労働の本来のあり方」が歪められ、いびつな形で外在化 Entäußerung され畸形化されて、非人間的に外的対象化 Entgegenständlichung されて具現化されているという事態の批判を含意するものであった。その論理は「主体の客体化」・「人格の物象化」・「人間の本質の歪曲」を骨子とするものであった。因みに、この〈Entäußerung〉と〈Entgegenständlichung〉さらには〈Entfremdung〉等の用語は、初期と後期においてはその概念規定の内実と用法が異っているが、この問題はここでは問わない。

その後のブルッセル時代にかけてのマルクスの思想的展開のなかで、以上のような理論構制上の発想枠と論理枠、すなわちパラダイム図式と理論前提枠の急激かつ大胆な変質・転換・飛躍が生じる。『聖家族』はいま措くとして「フォイエルバッハ・テーゼ」や、第二次古典経済学研究ノート（『ブルッセル・ノートA・B』『マンチェスター・ノート』）等にみられる研究と思索を介してのエンゲルスとの共著『ドイツ・イデオロギー』においてそれが定礎されるに至る。それが厳密な意味での「マルクス物象化論」である。

この「物象化論」の理論的な発想と論理構制においては、先の「疎外論」における「人間の本質」なるものは否定される。パリ時代の「疎外論」においては、「人間の本質」とは、あらゆる人間の内奥に定位された人間の本源的・本質的な超歴史的人間性というべきものである。この人間存在の有する超越的なヒューマニティなるものがこの社会では疎外・歪曲された形で具現されてしまっている。従って、現実的にも理論的にも問題となる課題は、この疎外された人間性、疎外された労働の本来性を回復すべし・取り戻すべき、ということになる。これが若きマルクスの「疎外論」の発想と構図であった。

これに対して『ドイツ・イデオロギー』・『哲学の貧困』・「アンネンコフへの手紙」以降のマルクス「物象化論」においては、上述のような人間の本質なるもの、労働の本来のあり方なるものは否定される。このような超歴史的で超越的な実体化された人間の本来性なるものは、近代的人間観を前提にして、それを思弁的に抽象化かつ理想化し、その上であらゆる人間存在に内属する本質規定として実体化されたものでしかない。このことを、この段階に至ってマルクス・エンゲルスは気づき、これを峻拒したのだ。その際にマルクスが提示した「人間の本質は個々の個人に内在する抽象物ではない。人間の本質とは、現実には、社会的諸関係の総体である」（「フォイエルバッハに関するテーゼ」）という新しい視座に基づく人間観は、疎外論にいう人間の本質規定とは異質の論脈と論理構制において、全く異なった意味規定においてなされている。その具体的内実を要約していうと、第一は、人間諸個人は一定の社会的生活関係・生活過程に内存在しているという基本的構えにおいて、本質的・本源的に「社会的個人」として自己の主体性を形成しながら展開していること、第二は、諸個人は、意識においても行為においても当該の生活世界の社会関係および生活様式に本質的・本源的に規定され、それを反照する形で人間になり個人となっていくのだということ、第三は、そのような「社会的個人」という規定を本源的存在規定とする人間諸個人は、道具を介した「対自然かつ社会的相互の関係行為」すなわち「協働としての労働」に基づいて、自己の生を社会的かつ主体的に生産・再生産しているのだということ、第四はそのようなプロセスを介して人間は「歴史社会につくられ・歴史社会をつくっていく」ところの「間主体的で主体的な存在」であること、以上さしあたって四つの契機を軸にした「人間・社会・歴史」観となるだろう。後期マルクスがいう「人間存在の本質」というのは、人間の自己実現・自己展開としての「社会的生活の生産・再生産を介した個人的生の生産・再生産」の必然的契機、あるいはその運動の一般的な論理的規定をいうのであって、初期マルクス「疎外論」でいうような人間の内奥本性に帰属する超越的実体的な何かをいうのではない。

留意すべきは、後期マルクスのいう人間の以上のような本質規定は、人々の生の必然的な一般的規定であり、従っていないかる時代においても人間と社会との存立と存続がある限り実現されてきたし実現されていく規定なのである。

留意さるべきは、このような「人間の本質は社会的諸関係の物象化的反照として規定される」というのは、歴史的な諸々の現実的生活過程に定位して理論的に読み取られた発想と理論枠とはいえ、それはあくまで論理的に一般化された抽象的な理論規定であって、現実分析・把握のための「指針」ないしは「導きの糸」にすぎない。「社会的諸関係の総体」のあり方は、現実的・具体的には歴史的・社会的・文化的に多種・多様なあり方をしている。人間の生活関係の社会的物象化という〝論理的に一般的な抽象的規定〟もまたそれ自体としては、様々な具体的な生活世界において読み取りうる理論的に一般的な、その意味で超歴史的なものであり普遍的で抽象的な理論上の規定なのである。しかし、マルクス理論の主題は、それを導きの糸として現実の具体的な資本制商品世界における「特殊歴史的な社会的諸関係」における特定の形態規定における「物象化」である。これが、後期マルクスのいう「論理と歴史」・「抽象と具体」の弁証法の方法的規定の問題なのである。

従って、いうまでもなく資本主義社会においても、人々は社会的諸関係を取り結びつつ自己を実現している。社会的存在としての人間は、いつの時代にあってもそれ以外のしかたで自己を実現することはできない。しかしながらこの「人間存在の本質的条件」は、特殊歴史的な形態を身に纏った社会関係において、特殊歴史的生活様式に規定された特殊歴史的な行為を介して、特殊歴史的に具現されているのだ。例えば、この世界における社会的諸関係の総体は、前近代の共同体におけるように、地縁・血縁等の共同体的紐帯に依存する直接的な人間関係（人格的依存関係）としてではなく、商品（物象）と商品（物象）との関係に媒介された人間関係（物象的依存関係）を基盤として形成され存立している。従ってこの歴史的社会における物象化は、特殊歴史的な物象化として特殊な生成機序と存立構造および機能と役割をもって現われてくるのである。後期マルクスが問うのはこの具体的形態の「物象化」である。

このことは、後期マルクスにあっては、いわゆる初期マルクスの「疎外論」における問題意識や現状告発や批判的発想が否定されているということをいっているのではない。そうではなくて、そのような資本制生産様式社会における現象、日常的にわかりやすい表現でいえば「疎外」、この人間疎外の現象は『パリ手稿』時代のマルクスの「疎外論の論理」では原理的に解き明かすことはできないということをいっているのである。換言すれば、初期マルクスの疎外論の視座・理論構図・論理構制においては、「主体の客体化」・「人格の物象化」がなぜ・いかにして・なにゆえに生成し構造的に存立しうるのかは原理的に問えないということである。この「疎外論」の論理は、近代的世界観の実体主義的「主－客」図式からはいまだ充全には蝉脱し得ておらず、従って主体の客体化、労働およびその生産物の疎外が理論的に説き得ない準位にある。というのは、近代的世界観の地平においては、デカルトをもち出すまでもなく、「主体と客体」・「精神と物質」・「人間と自然」の両項は、相互に独立・無縁の二つの実体であって、それらを関連させることも、統一的に統合することも原理的にできないはずである。二つの平行線を原理的に交わらせることができないと同じである。ここでは、主・客の統一の主張は単なるレトリックでしかない。要するに、「疎外論の論理」の延長線上で、その論理の改善・修正・拡張・高次化することで「物象化論の論理」に至ることができるというのは「Quidproquo（取り違い・錯認）」なのだということである。『パリ手稿』におけるマルクスが、その労働の自己疎外論の展開に挫折し、執筆を中断し、やがて「労働の疎外」を前提として「社会的分業」をその結果とする発想と構図を逆転させていくのはそのためである。因みに、補足的に付け加えておけば、マルクスはパリ時代のフォイエルバッハ的「自然的唯物論」および古典経済学流の「社会唯物論」から、『ドイツ・イデオロギー』においては「実践的歴史唯物論」すなわち真の意味での「弁証的唯物論」へと移行・飛躍あるいはヒュポダイム・チェンジを果たしている。「唯物史観」の定礎はこのヒュポダイム・チェンジと相即しているのである。このことをここでは指摘するだけにしておきたい。

いささか先走りすぎてしまったが、それは、上述した「疎外論」と「物象化論」との関係をどう把えるかという問題、つまり一九六〇年代の「物象化論」論争で浮上し主題化していく問題、これをここで取り上げたのは、先に指摘しておいたように本論があくまで二〇世紀後半の「物象化論」の論争の概観と問題提起を解読するための予備的作業であり、それゆえ本「補論」の問題意識と論議の方位を読み取って欲しいからである。蛇足ながら、ここで弁明させて頂くことにする。

さて、マルクスの「物象化論」の構築史に立ち戻って、その後の展開を簡単にみておくことにしよう。既にのべたように、マルクス「物象化論」は『ドイツ・イデオロギー』において定礎されたとわれわれは把えるわけであるが、その「物象化論」の準位はあくまで資本制商品世界の物象化ではあっても、いまだこの歴史的物象化の「論理的に一般的な範式の準位」に留まっており、その資本制世界における具体的な物象化の内実の分析とこの物象化の社会的運動の機制と構造の解明は始まったばかりの階梯に留まっていた。マルクス「物象化論」の第二の管制高地は、一八五〇年代の第三次古典経済学研究（「ロンドン・ノート」）を介した『経済学批判要綱』（一八五七〜五八年）および『経済学批判』（一八五九年）にある。ここでは、マルクスは資本主義的物象化の機序と構制を立ち入って考究しており、「関係が物象へと化する」資本主義的運動の広範囲の領域における物象化と資本制世界の物象的存立構造、そしてその逆倒化および階級構造化と支配化構造、さらには物神性の構制が明るみに出されていく。マルクス「物象化論」の第三の管制高地は、いうまでもなく、第四次経済学研究（「一八六一〜六三年ノート」）および『資本論』の準備草稿を介した『資本論』にある。ここでは、マルクスの「価値」および「抽象的人間労働」の形成と存立の物象化およびその物神性の考究が一段と深められている。さらにそこには、いくつかの理論上の修訂と進捗もみられるが、ここでは措くことにする。

C　マルクス「物象化論」のロシア・ソヴィエトにおける継承的展開

周知の如く、マルクスの以上の如き「物象化論」の視座と論理構制は二〇世紀ロシア・マルクス主義のいわゆる科学的マルクス主義（正統派マルクス・レーニン主義）においては黙視され地下水脈化する。とはいえ、廣松渉も指摘しているように、二〇世紀初頭のマルクス経済学者たちは『資本論』や『経済学批判』を承けて、「経済学の対象、経済学的対象カテゴリー［〈商品〉・〈価値〉・〈貨幣〉・〈資本〉等々」というものは社会関係（ただし、事物の属性や事物の法則の相に物象化して現象する在り方での社会的関係）を扱うものだということを当然の了解事項にして」論じていたことは看過さるべきではない。少なくとも当初はカウツキーやプレハーノフにしてもしかり、ボクダーノフ、ローザ・ルクセンブルク等々がそうであった。因みに、「スターリン以前には、ことマルクス経済学の方法的前提、存在論的・認識論的な基礎として物象化という構制に留目するのは、マルクス経済学者のむしろ〝常識〟だった」といってよいこうした事態を、廣松は資料をあげて典拠を示しつつかなりの頁数をさいて論じている（『資本論の哲学』、「増補版付録」）。また、スターリン体制下において弾圧・断罪され、一九六〇年代以降に復活し脚光をあびることになるルービンの経済学思想も戦前の「物象化論」の重要な位置を占めている。しかしながら、以下でのべる「ルービン－コーン」論争の顛末が如実に示すように、こうしたマルクス・エンゲルスの思想における「物象化論」の諸契機は、一九二〇年代以降、正統派マルクス・レーニン主義の確立以降においては断罪的消滅に向かっていく。

ところで、上述しておいた「ルービン－コーン」論争に関してであるが、実はこの論争は、われわれからみて、一九六〇年代以降の「マルクス主義物象化論」論争と深くかかわるところがあり、かつ決定的な論点と意義を有する論争であったと考える。それゆえ多少なりともここでこの「ルービン－コーン」論争を概説しておくことにしたい。主として一九二〇年代後半のソ連において交わされたこの論争は、一種のマルクス「価値論」をめぐる論争であった。この論争は、まず第一に、価値の実体の「生理学的エネルギー支出説＝自然的実体説」（コーン）と「社会的抽象化態説＝社会的実体説」（ルービン）との対立として、第二に、「〈抽象的人間労働〉カテゴリー」をめぐる「歴史貫通的（超歴史的）カテゴリー説」（コーン）と「歴史的カテゴリー説」（ルービン）との対立論争として概括できる。上述の二つの論争点は問題構制が重なっている。また『資本論』においても一見したところ二つの説が混在していることもあって、これをどう読み解くかは今日でも重大な意味を有する大問題であるがここでは措くことにする。コーンの立場（正統派）をとれば、価値および価値実体（抽象的人間労働）は科学的・理論的な抽象化の手続によって導出できる自然的実体として、つまり人々の生活関係とはかかわりのない「物的属性」として規定できる。しかし、ルービンの立場（正統派からみれば修正主義・観念論）からいえば「価値」も「抽象的人間労働」も社会関係反照規定すなわち社会的実体であり、それは現実的な社会的抽象化の産物であるということになる。ここでいう「社会的抽象化」とはすなわち「社会的物象化」のことである。要するに、コーンのいう「実体」とは近代科学のいう独立・自存・不易・不可分の「物的実体」ということになる。他方、ルービンのいう「社会的実体」とは社会関係の特種綜合的抽象化の産物としての「物象」ということになる。前者と後者の〈実体〉概念は異なっている。コーンの規定からすれば価値も抽象的人間労働も自然的実体の一種としての古典的意味での実体概念であり、従って商品・貨幣・資本は「物 Ding」ということになる。ルービンの規定からすれば価値や抽象的人間労働は社会的形象態 soziale Gebilde であり、関係概念ということになる。従って商品・貨幣・資本は「物」ではなく「物象Sache」ということになる。Ding とSache との概念規定の相違は後述する。

以上のことは、ルービン自身がそのように概念規定を自覚的にではあってもかならずしも十全に遂行しているということではかならずしもない。だが強調さるべきは、ルービンは、事実上、そのような問題提起を先駆的にしていたということである。ルービンの「物象化論」的な問題意識・発想・方法的視座・論理は、後述するルカーチに匹敵するものといってよい。ルービンとルカーチの関係はここでは問わない。

ところで、この論争は、政治的な圧力のもとにルービンの敗北として決着し、彼は「反革命集団の一員」として五年の刑を科せられ、その後の消息は不明とのことである。しかしルービンの理論は一九六〇年後半から一九七〇年代初頭に欧米において復権され、とりわけ一九八〇年代以降に再評価がドラスティックに進行し、内外の「価値論・物象化論」論争においても重視され脚光をあびることになる。こうした事情は、日本でもやや遅れて進行する。廣松もこの問題には強い関心を示している（『資本論の哲学』：「増補 ルービンの問題に言寄せて」）。

D　マルクス「物象化論」のルカーチによる継承的展開

さて、戦前の「物象化論」論争において、決定的な意味と重要性を有する思想家は、いうまでもなくルービンに少し先んじるルカーチである。二〇世紀初頭のスターリン以前のマルクス経済学者たちの上記のようなマルクス物象化論的視点の重視と踏襲は今別として、廣松の言辞を待つまでもなく「『物化』(Verdinglichumg) とか『物象化』(Versachlichung) とかいう概念は、……ルカーチによって顕揚されるまで、マルクス主義者たちのあいだでは忘失されてきた看があった」。それは、戦後のある時期まで続く。当時は「これらの用語は、むしろ、新カント学派のハインリッヒ・リッケルトやマックス・ウェーバー、それにまたゲオルグ・ジンメルやエルンスト・カッシーラーなどの用例を通じて、折々に眼を惹くようになっていた」にすぎない。そこにはマルクスの思想の影響もあった。「ルカーチがマルクスの用語として『物化』・『物象化』という詞を〝再発見〟したについては」リッケルトやウェーバー等の新カント学派との交流が「媒介的な一機縁になっているのではないかと忖度される」が、「これらの詞が哲学者や社会科学者たちの間で割合いとポピュラーに用いられるようになった機縁は、何といってもルカーチによる〔『歴史と階級意識』における〕術語的頻用にあると言えよう」（以上『構図』：「I　唯物史観の宣揚の為に、第三節　疎外論の止揚と物象化論」）。いずれにしてもルカーチのこの著作は、現代マルクス主義「物象化論」のスタートといってよい。

因みに、このルカーチの『歴史と階級意識』（一九二三年）の邦訳は、戦後の一九六〇年代以降であるが、そこでの邦語「物象化」は原語では〈Verdinglichung〉に当たる――平井俊彦訳（未来社、一九六二）および城塚登訳（白水社、一九六八）――。ルカーチのこの著作においては、〈Versachlichung〉と〈Vedinglichung〉とは、概念規定上の区別はされておらず、ほぼ同義に用いられているといってよい――因みに〈物象〉・〈物象化〉という用語自体は、西欧でも古くから用いられているが、それは神学的および法学的コンテキストにおいてであり、また日本でも『資本論』の長谷部訳等に一九六〇年代以前にもみられるが、その概念規定の内実は省みられていない――。〈Sache〉と〈Ding〉においても同じである。われわれとしては、〈Sache〉には「物象」、〈Ding〉には「物」という訳語を当て、それゆえ〈Versachlichung〉には「物象化」、〈Verdinglichung〉には「物化」を当てる。というのは、われわれからいわせると、マルクスにおける〈Sache〉・〈Versachlichung〉と〈Ding〉・〈Verdinglichung〉との間には概念規定上の重要な区別が指摘されうるからである。マルクスにおいては——これは廣松や張一兵においても同じであるが——〈Sache〉は関係概念であり、〈Ding〉は実体概念である。〈Sache〉とは「関係がその全体化の過程において物的相貌で現われる事態」をいい、〈Ding〉とはそれ自体が存在の究極の実在的実体としての「物」をさす。前者はマルクス的世界観の地平において初めて読み取り規定しうる存在の現相的実在性準位での規定であり、後者は近代的世界観の地平における存在の究極的な実在規定である。マルクスの切り拓いた「弁証法的世界観」の視座と論理構制からいうと、「物象」を「物」と了解して規定することは「Quidproquo 取り違え」、廣松流にいうと「物象化的錯視・錯認」以外の何ものでもないということになる。このことは、人間・社会・歴史の事象においてのみならず自然界の存在規定においてもしかりである。但し、このことを明るみに出し権利づけることができるのは、再度強調しておくが、「弁証法的世界観の地平」における物象化論の視座における解読・分析によってであり、「近代的世界観」の視座・論理においては物的実体規定こそが客観的・究極的な規定であり、真理なのである。近代的世界観の理論装置をいかに改善・修正・高度化しても、弁証法的世界観に至ることはないのである。それらは、理論構成上の公理前提が異なるのである。ユークリッド幾何学からは非ユークリッド幾何学は導き出し得ないと同じ理屈である。現代科学論においてハンソンやクーンのいう「事実の理論負荷性もしくはパラダイム負荷性」あるいは「事実が理論を倒すのではなく、理論が事実を倒すのである」という誤解されやすい提題は、まさに上述の「事実や科学・学問の世界観負荷性」のことをいうのである。しかも、いずれの世界観が真であるかの決定は、実証や論証によっては不可能であり、それは実践の準位での歴史的に設定された課題に対する有効性の範囲と度合、および人々の選択的態度決定の問題なのである。永遠不変の絶対的真理とは「近代的世界観」ではいえても、現代科学論や「弁証法的世界観」ではそれは「錯認・誤解された真理観」なのである。世界観の転換は、究極的にはパラダイムをめぐる歴史的・総社会的な実践的立場設定の問題なのである。

少々逸脱してしまったが、以上の問題は「二一世紀物象化論争」においても主題の一つとなることは間違いないと確信するがゆえに、敷衍的にのべておいた。ルカーチに戻ろう。まず引き続きルカーチの「物化論」の問題点の指摘の方から先にすませておこう。既にのべておいたようにルカーチにおいては、Sache と Ding、Versachlichung と Verdinglichung が十全に区別されずほぼ同義に使用されていたのであるが、そのこともあって「物象化 Versachlichung」と「疎外 Entfremdung」との区別が不全で、また「外在化 Entäußerung」や「外在的対象化 Entgegenständlichung」もヘーゲルや「疎外論」時代の若きマルクス同様に、「疎外」と同義に使用されていた。というより、「主体の客体への転化」あるいは「人格の物化」という論理（疎外論の論理）と社会的諸関係の外在化（後期マルクスの用法での Entäußerung）すなわち物象化論の論理との融合・融着・未分離において使用されている。もっとも、これは、最初期の物象化論者としてのルカーチの時代的・思想史的な制約ないしは背景、すなわち一九三〇年代に公表される『パリ手稿』や『経済学批判要綱』をまだ目にすることができず、また理論的にも先行者の研究の蓄積もほとんどなかった――新カント派の非マルクス主義者たちの研究ぐらいであった――いわば早すぎた物象化論者としての当時のルカーチにとっての事情も考慮する必要もあろう。

ところで、何よりもルカーチの「マルクス物象化論」研究を際立たせるものは、マルクスをドイツ古典哲学のコンテキストのなかに位置づけ、とりわけ「ヘーゲル・マルクス」問題を視野に収めつつ「弁証法的唯物論」をブルジョワ哲学の止揚という視座から問い直し、マルクス物象化論を発掘・展開したところにもとめられるであろう。『歴史と階級意識』におけるエンゲルス批判および隠れたレーニン批判も興味深いが、ここでは触れない。議論を元に戻そう。戦後とりわけ一九六〇年代の論争において復活し再注目されるルカーチ「物象化論」を核にしたマルクス主義論争をみていく上で、また「二一世紀物象化論」を展開していく上でも、上述しておいたルカーチの Sache と Ding、あるいは Versachlichung と Verdinglichung との未区別の問題と「マルクスとカント・ヘーゲル」の問題とは看過すべからざる決定的な重要性を有するとわれわれは考える。付言しておく。

いずれにしても、今日の「物象化論争」の一つの核をなす「疎外論と物象化論との関係」、「初期マルクスと後期マルクスとの関連」をみていく上でルカーチ「物象化論」は外せない。そこで、いささか突飛ではあるが、ここで「疎外論から物象化論へ」という周知の問題提起を行った廣松のルカーチ批判のポイントを直に一瞥しておこう。廣松はいう。「Versachlichung, Verdinglichung という詞は、法律用語としての旧くからの用法を脇に置けば、G・ジンメル、M・ウェーバー、それに新カント派のH・リッケルトやE・カッシーラーなどが折々に用いていたとはいえ、何といってもG・ルカーチによって脚光を浴びるようになったマルクス的概念である。遺憾なことには、しかし、ルカーチの物象化概念は疎外概念との区別性が十分明確でない。初期マルクスの鍵概念たる疎外概念とマルクスとしてのマルクスの物象化概念とを、筆者は厳格に区別する」（『ヘーゲル／マルクス』）。別のところでも、次のようにいっている。「ルカーチは、周知の通り、『物化』という概念を『疎外』や『外化』という概念とほぼ同義に用いている場合さえあるほどであって、彼は『疎外』と『物化』とを概念的に明別することなく、離接不全のまま使用した憾がある」（『構図』）と。要するに廣松は、疎外論と物象化論における世界観上の断絶と飛躍をルカーチは対自化していないといいたいわけである。物象化論は疎外論のアウフヘーベンにおいて定礎されたものであるが、ルカーチはそのマルクスの苦闘の内実に注意を払っていないことを厳しくかつ執拗に批判しているのである。ルカーチの「疎外・物象化」論は、所詮は、ヘーゲル左派のルーゲー派の準位に留まっている、とまでいっている。そして、その批判は、ルカーチのカント・ヘーゲル解釈にまで及んでいる。この問題にはこれ以上立ち入らない。

因みに、ここで補足的にのべておくと、留意さるべきは〈Sache〉と〈Ding〉という語に関しては、後期マルクスは看過すべからざる用い方をしている。例えば、ルカーチの物象化 Verdinglichung の理論が基軸的に定位している『資本論』の「物神性論」の個所においても、マルクスは Sache と Ding の用語を多用している。それも、この二つの言葉の概念規定ないしは意味規定の差異を踏まえた用法においてである。われわれにいわせると、既述しておいたように、Ding は、そこでは人々の日常的意識 Für es に現われる「自然的な物」の意味で、Sache は、自然的実体としてのこの「物 Ding」の生成・存立の本質基盤を解き明かす立場 Für uns からの社会関係を反照する「社会的物在性」という特殊な意味において用いられている。すなわち、この両者は、用法・意味・機態において区別され差異化されて用いられているといってよい。ここで詳しく立ち入ることはできないけれども、少なくとも当時のルカーチには、この問題に気づいていた兆候はみられない。ルカーチの Versachlichung と Verdinglichung との未区別、Entäußerung と Entfremdung との未分離、Versachlichung と Entfremdung との融合等々は、一つにはこうした事情にも由来するものといえよう。

さて、以上の如きルカーチ批判はともかくとして、ルカーチの『歴史と階級意識』はいうまでもなく、当時も今日も、世界的規模で、マルクス主義においてのみならず様々な社会思想領域において大きな衝撃と影響を与えた著作である。ルカーチは、とりわけ『資本論』の件の「物神性論」の解読を軸にして、とりわけ『歴史と階級意識』の第一章・第三章・第四章において次のような事態を明るみに出していく。すなわち資本制商品世界の総社会的物質代謝過程における「社会的な人間相互および対自然」関係の編制と統合は商品形態をもって遂行されるが、ここでは人間と人間との関係が物（商品）と物（商品）の関係として媒介されて具現され、人間の諸活動が商品という物の属性として現われる事態である。しかも、この社会的現象の運動の総体が、人間にとって制御できない社会的威力として諸個人に対立し、一つの疎遠な社会法則として人間を支配する運動へと転化して作用しているとする。ここでは、諸個人の労働もまた諸個人の生きた営みから離れて商品となり、人間には疎遠な社会法則に支配されるようになる。この社会現象が、資本制商品社会の特殊歴史的なルカーチのいうところの「物（象）化」というわけである。われわれからいわせると、それはEntfremdungの論理ではなくてVersachlichungの論理に基づいた運動の産物であり、VerdinglichungではなくVersachlichungなのであるが。

ところで、この著作の刊行当時（一九二三年）、いわゆる科学主義的マルクス主義といわれるロシア・マルクス主義の教条主義化が急展開していくなかで、後にコルニュやグラムシやブロッホと並んで西欧マルクス主義の祖と称されるようになるルカーチのこの書は、理論的のみならず政治イデオロギー的にも物議をかもすことになる。正統派マルクス主義からの厳しい批判、というより断罪である。ルカーチがマルクスから読み取った「物（象）化論」は、資本主義社会のあらゆる生活過程の物象化を、その基盤としての「労働過程の物象化」に基礎づけて解明しようとしただけでなく、特に留目すべきは、マルクスの社会的事象・社会的諸関係の物象化をさらに拡張して人間の意識と行為の物象化――要するに諸個人の意識と行為およびその社会的組織化・制度化における近代的合理化に伴うその同質化・数量化（質の量への還元）および現状肯定的生活態度化（世俗的ポジティヴィズム化）さらには人間諸個人の匿名化・アトム化・要素主義化（マンハイムの大衆社会論あるいはリースマンのいう孤独なる大衆化論）等々――を解明し、それを革命の主体としてのプロレタリアートとその階級意識の問題性とを結びつけて強く前面に押し出したところに特色がある。そればかりではない。ルカーチはブルジョワ的思考様式のもたらす二律背反（アンチノミー）を明るみに出すとともに（第四章「物象化とプロレタリアートの意識」）、意識や行為の経済的下部構造における物象化のみならず、政治・法・学問・文化等の上部構造における物象化、そしてそれらの社会的相互の作用とその関係にも視野を拡大して論じているのである。後の廣松渉の「物象化論の拡張」の企図を髣髴させるものがある。

さて、伝統的マルクス主義においてはネグレクトされてきた「革命運動と階級意識」の問題に焦点を移していえば、ルカーチによれば、プロレタリアートは社会を意識的に変革するという歴史的課題を可能的に与えられているが、しかし彼らの階級意識においては現実生活上の具体的・直接的な利害と革命という究極目標との間の葛藤があり、弁証法的矛盾が現われている。日常的生活にあっては、ブルジョワのみならずプロレタリアートの意識も物象化されているのではあるが、彼らは労働力を売り自らの商品化を余儀なくされているゆえに、商品世界の秘密を自覚し社会構造の根底的認識に至る契機をも有する。こうした矛盾を孕んだプロレタリアートの即自的意識を対自的・能動的な主体意識に鍛えあげ、自覚的な階級形成・主体的な革命への参画をいかにして可能たらしめるか、これが、ロシア革命（一九一七年）後に、ルカーチ自身が直接にかかわったハンガリー革命の失敗（一九一九年）やドイツ革命の挫折（一九二三年）を経験した彼の問題意識であったのである。革命は、社会の自然史的過程の必然的産物として生起し実現されるのではない。社会的な構造化・物象化の産出物としての即自的なプロレタリアートは、その共同主観的・間主体的な階級意識の自覚化と対自化を介した目的意識的・能動的な革命運動への参与・創出を介して初めて革命を可能とするのである。こうした問題意識と問題構制がルカーチをこの著述に立ち向かわせたのだ。とはいえ、『歴史と階級意識』の最終章たる「組織問題の方法的考察」における〝党と個人〟の問題をめぐるルカーチの立論には、上述の問題意識とは相容れない危うい論点が多く含まれていることも看過されるべきではないが、ここでは問わない。

因みにこの著のもう一つの大きな意義は、人間・社会・歴史を「全体性」において把える視座にある。それは、メルロ＝ポンティやL・ゴルドマンやいわゆる「ブダペスト学派」に影響を与え引き継がれていく。われわれのいう「全体化の弁証法」もこれにかかわるものである。「全体化の弁証法」とはすなわち「物象化の弁証法」のことである。これに関しては既にのべてきたことでもあり、ここでは付言に留める。

ただ、ここで改めて強調しておきたいのは、ルカーチがこの著で一貫して問題としたのは、社会革命を歴史の必然性として自然成長的な過程であるかのように把える科学主義的・客観主義的な正統派ロシア・マルクス主義や当時のドイツ社会民主党の指導者たちの主張に対してであった。当然のことながら、創設期のソ連におけるマルクス主義の主潮流とりわけ「コミンテルン」からは、厳しく批判・断罪される。革命の現実化を変革主体の側から展望し革命主体の形成を宣揚する「主観的ラジカリズム」としてである。一九二四年のコミンテルンでのジュノヴィエフ等の「極左派」・「理論上の修正主義者」等の批判をうけて、ルカーチも自己批判を余儀なくされる。一九三〇年代後半、ルカーチはこの著を「革命的焦燥感の所産」として最終的に自己批判――擬装かどうかは別にして――することで決着をつける。かくして、ほぼ同時代における「ルービン－コーン」論争の決着とともに、戦前のマルクス主義陣営における「物象化論」は姿を消すことになる。

それにもかかわらず、直接・間接は別にして、ルカーチのマルクス疎外・物象化論の影響は、一九三〇年代以降コルシュ、マルクーゼ、そしてアドルノをはじめとするフランクフルト学派、等々の西欧における非党員のマルクス研究者の一部に広がり、そして先にも指摘しておいたように、第二次世界大戦後とりわけスターリン主義批判後の一九六〇年代の「マルクス主義論争」のなかで『歴史と階級意識』は、ルービンの著作とともに、再び注目をあびることになる。この著は、当時の思想界における初期マルクスの実践哲学・疎外論の再発見とマルクスにおけるヒューマニズムへの関心の高まりのなかで、これらの問題を注目すべき形で先取りしたものとして高い評価を受ける。その過程において、「物象化」という概念に関するルカーチの分析が「人間主義的マルクス主義」と「科学主義的マルクス主義」との間の論争の矢面に立つことになる。この著は、当初から欧米左翼知識人にインパクトを与え続け、また一九五〇年代後半以降の「人間の顔をした社会主義」の先駆として各国の「新左翼運動」に影響を及ぼしてきたことは今さらいうまでもなかろう。

以上、われわれは、これまでマルクスからルカーチへの「物象化論」のマルクス主義における主たる流れを展望し、スターリン主義批判を踏まえた一九六〇年代以降の内外の「物象化論」論争の総括のための大まかな予備的前提作業に従事してきた。この作業は、われわれにとっては、前世紀末の社会主義諸国家の全面的崩壊を踏まえて、二〇世紀マルクス主義を批判的に総括し、二一世紀のマルクス主義を再構想するために必要となる新たな「物象化論」論争の内実・方位・課題を確認するための準備作業ともなるべきものである。遺憾ながら、一九六〇年以降の「物象化論」論争の内実とその現状と展望は、別の機会を期さざるを得ない。尻切れ蜻蛉の感が強いが、とりあえずは筆を擱くことにする。

〔**参考文献**〕
（ルカーチ）
『歴史と階級意識』古田光・城塚登訳　白水社　一九六八。（『ルカーチ著作集九』所収）
ジョージ・リヒトハイム『現代の思想家　ルカーチ』古賀信夫訳　一九七三。

『論争 歴史と階級意識』池田浩司編訳　河出書房新社　一九七七。

ジョージ・パーキンソン『ルカーチ』（フィロソフィア双書六）青木順三・針谷寛訳　未来社　一九八三。

西角純志『移動する理論――ルカーチの思想』御茶の水書房　二〇一一。


（ルービン）

『マルクス価値論概説』竹永進訳・解説　法政大学出版局　一九九三。

『ルービンと批判者たち――原資料 二〇年代ソ連の価値論論争』竹永進編訳・解説　情況出版　一九九七。

「ルービンの問題に言寄せて」廣松渉（『新訂・増補版 資本論の哲学』所収）

（廣松渉）
『マルクス主義の地平』勁草書房　一九六九。（講談社学術文庫　一九九一）
『事的世界観の前哨』勁草書房　一九七五。（ちくま学芸文庫　二〇〇七）
『物象化論の構図』岩波書店　一九八三。（岩波現代文庫　二〇〇一）
『新訂・増補版 資本論の哲学』勁草書房　一九八七。（平凡社ライブラリー　二〇一〇）
「疎外概念小史」一九八〇。（『ヘーゲルそしてマルクス』、『著作集⑦』岩波書店　一九九七所収）

（その他の関連参考文献）

モイシェ・ポストン『時間・労働・支配――マルクス理論の新地平』白井聡・野尻英一監訳　筑摩書房　二〇一二。

張一兵『マルクスに帰れ』中野英夫訳　情況出版　二〇一三。

田畑稔『増補新版 マルクスとアソシエーション――マルクス再読の試み』新泉社　二〇一五。

内田弘『『資本論』のシンメトリー』社会評論社　二〇一五。

あとがき

〔まえがき〕でものべておいたように、本書は廣松哲学の新たな世界観的地平の稜線を描き出すことを意図した筆者の廣松哲学の再整理・再確認のための記録ノートのようなものである。

彼の哲学は、その用語・文体の難解さ・晦渋さ以上に、われわれの時代の主潮流をなす近代思想の発想や理論上の公理前提枠とは全く異質・異次元の論理に立脚している超・近代思想という性格もあって、誤解や反発も強く、不正確な読解に基づく批判や敬遠あるいは無視の傾動も強い。そのような流れのなかで、本書で展開した内容にどの程度関心が寄せられ、どの程度理解されうるか不安である。しかし、本書の目ざす理論的方向や提題が、その賛否はともかくとして、一応は了解はされうると評して頂ければこれ以上の悦びはない。

ところで、本書においては、当然立ち向かうべきテーマの設定において重大な欠落を残している。まず「本論」第Ⅰ部においては、伝統的な哲学における領域区分たる存在論・認識論・実践論のうち実践論にかかわる考察は含まれていない。そもそも、廣松哲学においては、存在論と認識論とは不可分一体の「存在≈認識」論あるいはむしろ「認識≈存在」論として構成されており、それがまた近代的世界観の超克の一つの徴表でもあった。本書でも、そこに焦点の一つをあてている。しかしながら、決定的に重要なことは、廣松哲学においては、認識論・存在論はあくまで実践論において統合され統一される理論上の一契機としての位置あるいは意味と意義を与えられているものであって、この「実践論」を欠落させている本書は致命的な欠陥書と評されてもしかたないことはよくわきまえている。廣松自身も、未刊に終わったその主著『存在と意味』の全三巻の体系的仕上げにおいて「要《かなめ》」をなすものは、実践論的「役割論的構制」への物象化論の拡張であり、この作業が不可欠であることは明言している。実際にも、資本制生活世界の全体的・具体的な分析と把握に向けて、『存在と意味』第二巻においてそのためのこの前提作業を展開していることとは周知のことがらである。

しかし、いささか言い訳めくが、筆者が「事的世界観」における実践論の地平の開示を回避したのは、自己の力不足あるいは準備不足さらには紙幅の関係といった事情もあるが、それ以上に、筆者としては、自分の物象化論を視軸とした『資本論』研究の展開のなかで、この問題を理論上の基礎作業・前提作業という形でくり込んで展開したいとの企図を秘めてもいるからである。

以上のことは、「本論」第Ⅱ部における「歴史観」の欠落に関しても事情は同じである。第Ⅱ部においては、廣松の事的「人間≈社会≈国家」観の統一的地平が討究され、それが近代主義的な人間観、社会観、国家観の地平を踰越する由縁のものが考察されている――因みに近代的自然観を超克する「事的自然観」に関しては本書全体において考究されている――が、しかしこうした廣松「人間≈自然≈社会≈国家」観にかかわる共時的な全体的統合のための諸契機が、さらに全体化された動態性の視座から（通時的に）高次化されて統一・統合される「歴史観」の地平は、本書では扱われていない。これまた致命的ともいえるこの欠落は、上述しておいた第Ⅰ部での「実践論」の欠落の理由と同じである。

事のついでに、弁解めいた反省の辞ものべておこう。

すでに何度ものべておいたように、本書は筆者による廣松哲学研究ノート、その苦闘の痕跡メモという性格もあって、内容および記述上の重複や繰り返しが必要以上に多く、読者には煩雑かつ執拗すぎるとの感を与えたかと畏れる。筆者も、一時は、再整理して表現上の簡素化と統一を考えなくもなかった。しかし、これも執筆時期を異にする諸論考にその都度反映している苦闘の跡の表現として読み取って頂くのも一考かと思い、大半はそのまま残すことにした。そのことによって、読者にも同じ主題を異なった問題意識やコンテキストあるいは視角から繰り返し再吟味して頂くのも無益ではあるまいと考えたからである。

また、本書が廣松思想の地平の再確認・再整理そして筆者なりの読解の書であるというのなら、難解にして晦渋なる廣松の用語や文章を解きほぐし、筆者なりのことばで手際よく簡明にして明晰に、つまり、やさしく・わかりやすく表現し解説すべきであったのにとの叱責・忠告もあるやに思う。しかし、そのためには相当に高い水準での廣松思想の咀嚼と受容が求められる。遺憾ながら筆者はいまだその準位に達しておらず、今なお廣松思想の深い霧と迷路を脱することができず、稚拙で曖昧模糊とした文体に留まってしまった。

これらもまた、筆者の今後の課題ということで、御容赦をお願いしたい。

本書は、主としてここ十年前後に渡って書きためてきた関連する諸論稿を集めたものであり、いわば論文集の体裁において成っている。従って、本来なら初出一覧の如きものが必要とされよう。しかしながら、実は本書を編むにあたって、筆者はこれらの論文を大胆に解体し組み直したばかりでなく、大幅に修正・加筆・補完した。さらに、未発表の論文の組み込みも行っているばかりではなく、「本論」の第Ⅲ部の廣松「物象化論」は全て新たに書き下したものである。このような理由から、初出一覧表の作成はいささか無意味ともいえる事情もあってこれを省略することにした。

とはいえ、元になった諸論文の発表・掲載にあたって多くの配慮と便宜を図って頂いた関係者の方々には感謝の意を表させて頂きたい。まず、筆者も所属する社会理論学会およびその学会誌『社会理論研究』にかかわる関係者の皆さん、次に多くの論文の研究の掲載に御高配頂いた『季報 唯物論研究』編集関係者とりわけ田畑稔氏、雑誌『情況』の関係者、編著『危機の時代を観る〔現状・歴史・思想〕』の刊行に御尽力頂いた社会評論社の方々には特に強い感謝の念を申しのべておきたい。筆者の研究と本書の刊行までの道程においては、他にも実に多くの方々の御教示・御助言・御指導にあずかった。一々、ここで御名前を挙げることは控えさせて頂くが、それなくば本書の完成はなかったであろう。このことを銘記して今後とも精進を重ねたい。

とはいえ、ここで改めて特記しておくべきは、筆者がその末席を汚す社会思想史研究会の諸メンバーの高い理論水準の廣松思想研究からうけた刺激と励ましと御指導である。とりわけその座長役を務める吉田憲夫氏の御教示・御助言にはつきせぬ感謝と敬意の念を表させて頂く。

最後になったが、本書の出版にあたって、多大なる御配慮と御教示を頂いた小堺章夫氏をはじめとする御茶の水書房の関係者各位、とりわけ橋本盛作社長には、改めて深甚なる感謝の念を表させて頂きたい。

私事に渡るが、早くして父を喪ったわれわれ四人の兄弟と今は亡き母とを見守り、常に暖かき御配慮をもって御支援を頂いてきた今はなき松尾克己および山本進治朗の両叔父、そして郷里・広島にお元気にお過ごしの松尾博之叔父と山本奏子叔母に、ささやかながら本書を捧げたい。

二〇一六年三月吉日

人名索引

さ

た

な

は

ま

や

ら

わ

著者紹介

日山紀彦（ひやま　みちひこ）

1975 年東京教育大学大学院文学研究科博士課程単位取得満期退学。

1990-91 年ゲーテ大学（フランクフルト）在外研究。

現在、社会理論学会顧問、元会長。元東京成徳大学人文学部長。

主な著作：

『「抽象的人間労働論」の哲学―二一世紀・マルクス可能性の地平』

（単著、御茶の水書房）

『危機の時代を観る〔現状・歴史・思想〕』（共編著、社会評論社）

『自由の腐蝕』（単著、八千代出版）

『倫理と思想』（共著、法律文化社）

『日本文化探訪』（共編著、八千代出版）

『廣松理論と現代科学論』（編著、情況出版）

他

廣松《ひろまつ》思想《しそう》の地平《ちへい》

――「事的《ことてき》世界観《せかいかん》」を読《よ》み解《と》く

2016 年 5 月 6 日　第 1 版第 1 刷発行

著　者　日　山　紀　彦

発行者　橋　本　盛　作

発行所　株式会社 御茶の水書房

〒 113-0033 東京都文京区本郷 5-30-20

電　話　03-5684-0751

Printed in Japan

印刷・製本／東港出版印刷㈱

ISBN 978-4-275-02039-0　C3010